Meine Gemüseküche für Herbst und Winter

Meret Bissegger

Meine
Gemüseküche
für Herbst und Winter

Fotografiert von Hans-Peter Siffert

AT Verlag

AT Verlag, Aarau und München
Lektorat: Petra Holzmann, München
Fotos: Hans-Peter Siffert, www.weinweltfoto.ch
Gestaltung und Satz: AT Verlag, Aarau
Bildaufbereitung: Vogt-Schild Druck, Derendingen
Druck und Bindearbeiten: Offizin Andersen Nexö, Leipzig
Printed in Germany

ISBN 978-3-03800-828-6

www.at-verlag.ch

Diese Buch erscheint gleichzeitig auch auf Italienisch
bei Edizioni Casagrande, Bellinzona, www.edizionicasagrande.com

Inhalt

Hintergrundtexte

Vorwort

Lustbewusst essen

Das vorliegende Buch von Meret Bissegger macht Lust. Lust auf Kochen und Lust auf Essen. Aber auch Lust, mehr zu erfahren über all diese Wurzeln und Blätter, die wir uns einverleiben. Was sind ihre Inhaltsstoffe? Woher stammen sie? Wie wurden sie produziert? Wer profitiert davon? Wir von der Erklärung von Bern sind froh, dass wir für diesen Teil des Buches ein paar Informationen beitragen durften.
Die Erklärung von Bern (EvB) ist eine entwicklungspolitische Organisation, die sich seit bald fünfzig Jahren für gerechtere Beziehungen zwischen der Schweiz und den Ländern des Südens einsetzt. Diese Beziehungen betreffen immer wieder auch Nahrungsmittel. Eine der ersten größeren Aktionen der EvB war der Import von Ujamaa-Kaffee aus Tansania. Eine Initialzündung der Fairtrade-Bewegung in der Schweiz. Später machten wir Kampagnen zum Babymilch-Skandal von Nestlé oder zur Umweltzerstörung durch die Crevettenzucht. Die Themen sind uns in den letzten Jahrzehnten leider nicht ausgegangen. Kinderarbeit im Kakaoanbau, Patente auf Nutzpflanzen oder der Verkauf von hochgiftigen Pestiziden durch Syngenta beschäftigen uns heute.
Das mag alles nicht sehr appetitlich tönen, und dennoch haben auch wir schon versucht, diese Informationen mit einem Kochbuch unter die Leute zu bringen. Mit großem Erfolg haben wir 1987 ein Gemüsekochbuch publiziert, das viele Hobbyköchinnen und Hobbyköche für die Produktions- und Machtverhältnisse hinter unserer Nahrung sensibilisierte und unter anderem Topinambur auf den Schweizer Esstisch brachte, was wohl bei einigen Kindern eine bleibende Erinnerung hinterließ. Die Lust nach gutem Essen lässt sich also sehr wohl mit dem Bedürfnis nach Information verbinden.
Wollen wir die nicht nachhaltigen und teilweise menschenverachtenden Produktionsbedingungen in der Landwirtschaft ändern, brauchen wir zuallererst informierte Konsumentinnen und Konsumenten. Indem Sie dieses Buch gekauft haben, sind Sie bereits ein Teil dieses Wandels. Denn wer informiert ist, kauft anders ein. Und wenn anders eingekauft wird, ändern sich auch die Produktionsbedingungen.

François Meienberg, Erklärung von Bern (www.evb.ch)

Die Knospe bringt den Geschmack zurück

Was haben Meret Bisseggers »Gemüseküche« und die von ihr besuchten Biobetriebe gemeinsam? Der Biolandbau erfordert eine ganzheitliche Betrachtung, und diese finden wir auch im vorliegenden Kochbuch. Im Biolandbau wollen wir aus den Erfahrungen unserer vielen Pioniere, mit der Unterstützung durch ökologische Züchtungen und dank neuen Erkenntnissen der Forschung der gesamten Landwirtschaft nachhaltige Lösungen für die Ernährungssicherheit von morgen bieten. Dieses Buch zeigt, wie mit bewusstem Einkaufen und saisongerechten Gerichten attraktive und genussvolle Menüs entstehen. Damit leisten die Konsumentinnen und Konsumenten ihren Teil für eine enkelwürdige Zukunft.
Das Buch spannt den Bogen vom Anbau bis auf den Teller. Es zeigt, dass die Richtlinien von Bio Suisse und Demeter zu den strengsten weltweit gehören. Herrliche Bilder von Biogemüsebauern zeigen, mit wie viel Herzblut Anbau, Pflege und Ernte geschehen. Und dann die Rezepte: Schon die Bilder lassen einem

das Wasser im Mund zusammenlaufen. Nachhaltiger Genuss kann so einfach sein. Und immer mehr Menschen merken, wie viel die Qualität der Lebensmittel mit Lebensqualität und Lebensfreude zu tun hat. Dieses Buch wird Sie überzeugen. Vielleicht machen Sie dabei die gleiche Erfahrung wie der mürrische Gastrokritiker Anton Ego im Film »Ratatouille«. Dank des wunderbar intensiven Geschmacks versank er in frühesten Kindheitserinnerungen ... Beim Nachkochen der feinen Rezepte und der Verwendung von Biogemüse kann dies nicht ausgeschlossen werden. En Guete!

Urs Brändli, Präsident Bio Suisse

»Eat it to save it!«

Für Slow Food steht jedem Menschen das Recht auf Genuss und gutes Essen zu. Meret Bissegger zeigt in ihrem neuen Buch, wie wir uns dieses Recht sichern: Mit einer großen Portion Neugier und einem beherzten Einsatz beim Einkauf und in der Küche.

Dass es sich bei diesem Kochbuch um ein weitgehend vegetarisches handelt, mag manchen Slow-Food-Fan der ersten Stunde erstaunen. Die Organisation hat sich in den letzten Jahren gewandelt, hat sich intensiv mit der Erzeugung von tierischen Lebensmitteln auseinandergesetzt und dabei vieles gelernt: über Tierwohl und Tierhaltung, über die Umweltbelastung durch den weltweit steigenden Fleischkonsum. Weniger ist mehr, lautet die Devise sinngemäß.

Slow Food bewegt weltweit einige Millionen Menschen, die sich mit Überzeugung und Leidenschaft für gutes, sauberes und faires Essen einsetzen: Chefköche, Aktivisten, Jugendliche, Bauern, Fischer, Experten und Akademiker aus mehr als 150 Ländern. In der Schweiz ist Slow Food mit gut zwanzig Convivien – so heißen die lokalen Sektionen – aktiv. In den vergangenen Jahren investierte Slow Food viel Energie in den Aufbau von »Presidi«-Projekten, ganz nach dem Motto »Eat it to save it«. Dass Meret Bissegger in diesem Buch so häufig »Presidi«-Produkte verwendet, freut uns deshalb riesig. Herzlichen Dank!

Mike Weibel, Slow Food Schweiz

Alle zwei Jahre treffen sich die Akteure der sogenannten Lebensmittelbündnisse aus aller Welt – Landwirte, Hirten, Fischer, Verarbeiter – am »Salone del Gusto« in Turin, um im Rahmen des Netzwerks »Terra Madre« Wissen und Erfahrungen auszutauschen.
Das Terra-Madre-Netz besteht aus Kleinproduzenten, zu denen sich auch Köche und Forscher gesellt haben. Sie sind Teil des lokalen Nahrungsmittelsystems, setzen sich für faire und verantwortungsbewusste Produktionsmethoden ein und wollen damit Geschmacksvielfalt und Biodiversität der Nahrung fördern.

Palmzucker

Einleitung

Seit vielen Jahren koche ich: leidenschaftlich, genussbetont, spielerisch. Ich koche mit Bio- und Nischenprodukten, und der größte Teil davon ist Gemüse. Gemüse ist – neben Gewürzen, aromatischen Kräutern und essbaren Wildpflanzen – mein Lieblingsthema in der Küche, und es bildet bei mir meistens den wichtigsten Teil auf dem Teller, egal ob es sich um einen Happen zum Aperitif, um Vorspeisen, Zwischen- oder Hauptgänge oder manchmal sogar um Desserts handelt.

Es ist mir wichtig zu wissen, woher die Produkte kommen, und ich entscheide beim Einkauf so gut wie möglich nach den Prinzipien: *ökologisch, nachhaltig, fair.* Aus diesen Grundsätzen ergeben sich die Qualitätskriterien, nach denen ich die Frischprodukte aussuche: Knospe (Bio Suisse), Demeter oder Bio, immer saisonal, regional und vollwertig, oft Spezialitäten und Produkte von kleinen handwerklichen Herstellern, manchmal auch ohne Zertifizierung. Dabei gehe ich nach dem Drei-Kreise-Prinzip vor: Die erste Wahl sind immer die regionalen Produkte. Als zweiter Kreis kommen Produkte aus der gesamten deutschen Schweiz und den nahen italienischen Regionen hinzu. Die dritte Wahl schließlich kommt aus Italien und Frankreich, ausnahmsweise auch mal aus Spanien; dabei handelt es sich meistens um Produkte, die bei uns gar nicht wachsen, wie Zitrusfrüchte oder Ingwer, oder auch Spezialitäten wie Puntarelle oder junge Artischocken. Dabei versteht es sich von selbst, dass es bei mir im Winter (bis auf ganz seltene Ausnahmen) niemals die typischen Sommergemüse wie Zucchetti, Tomaten, Auberginen und Peperoni (Paprika) gibt. Schließlich will ich mir die Vorfreude auf die geschmackvollen heimischen Früchte und Gemüse, die ab Juni oder Juli auf den Markt kommen, nicht verderben. Und bis dahin kann ich gut darauf verzichten, indem ich Lagergemüse mit frischen Wildkräutern und dem ersten Frühlingsgemüse kombiniere.

Durch meinen langjährigen Kontakt mit verschiedenen Bauern – bei denen ich im Frühjahr oft Wildpflanzen ernten darf (und ihre Felder damit gleichzeitig vom sogenannten »Unkraut« befreie) – kenne und schätze ich ihren Einsatz. Ich weiß, wie hart ihre Arbeit mit stets gebeugtem Rücken ist und wie wertvoll daher ihre Erzeugnisse sind. Auch habe ich Verständnis für nicht immer perfekte Ware: Ein Blick auf ein Gemüsefeld zeigt schnell, wie unterschiedlich die Pflanzen wachsen können, wie sich lange Regenperioden, Hagel oder das Ausbleiben des Regens auswirken können.

So hat sich im Laufe der Jahre eine stark von der *Saison* geprägte Küche entwickelt, in der fast jedes Gemüse seine Zeit hat und dann auch entsprechend gefeiert wird. Im April freue ich mich über die ersten weißen Spargeln von Cantello, nahe der Grenze zu Italien; im Herbst sind es die Kürbisse, die ersten Bodenrüben oder der erste durch den Frost zart gewordene Federkohl, die ich kaum erwarten kann. Wer also auf das einheimische, wirklich ausgereifte Gemüse der jeweiligen Saison warten kann, der wird belohnt mit viel Ge-

LOCARNO

schmack, Freude und zudem einem guten Gewissen. Denn ein solches Verhalten belastet die Umwelt viel weniger und fördert den regionalen sozialen Austausch.
Es gibt natürlich auch Gemüse, das wirklich fast das ganze Jahr über verfügbar ist, sei es, weil es gut lagerfähig ist oder weil es verschiedene Sorten davon gibt, die man zeitlich versetzt anpflanzen kann. Für dieses Buch mussten wir eine Auswahl treffen, die nicht immer leicht fiel, da die saisonalen Grenzen nicht eindeutig sind. (Da ein zweites Buch über Frühlings- und Sommergemüse geplant ist, wird alles, was Sie hier nicht finden, im nächsten Band zu Wort kommen.) Schon in der Schweiz gibt es auf relativ kleinem Raum, zwischen dem südlichen Tessin und den Regionen nördlich der Alpen, große Unterschiede in Bezug auf Saisonbeginn und -ende. Noch größer sind die Unterschiede vom südlichen Italien bis zur Nordsee. Somit ist mit einer gewissen Unschärfe zu rechnen, und der eine oder andere Leser wird vielleicht auf ein anderes Angebot treffen, wenn er auf die Felder oder auf den Markt geht. Nach dem Prinzip der Saisonalität geht es aber immer darum, die Produkte seiner unmittelbaren Umgebung zur jeweiligen Jahreszeit zu bevorzugen.

Produzenten und ihre Produkte

Während der Recherchen für dieses Buch haben der Fotograf Hans-Peter Siffert und ich verschiedene kleine und größere Biobetriebe besucht. Dabei ist uns nochmals deutlich bewusst geworden, dass es aufgrund der wachsenden Nachfrage nach Bio-»Knospe«-Gemüse neben den vielen kleineren Biohöfen auch leistungsfähigere Produktionsstätten oder Kooperativen von Produzenten braucht, die sich dank ihres größeren Umsatzes die nötigen und durchaus sinnvollen Mittel der Mechanisierung leisten können. Einen kritischen Aspekt dieser Entwicklung sehe ich in der Saatgutproduktion, die diesem starken Wachstum momentan nicht immer mit samenfesten Sorten nachkommen kann. Mehr darüber auf Seite 30.

Zu den »Tavolate«, den geselligen Koch- und Genussabenden in der »Casa Merogusto« in Malvaglia, kommen manche der Teilnehmer und Teilnehmerinnen schon einige Stunden früher, um der Köchin über die Schulter zu schauen, in den Gewürzen und Ölen zu stöbern oder auch einmal Hand anzulegen für das reichhaltige Überraschungsmenü. Die Kochkurse finden in dieser offenen Küche statt.

Oben: Lina und Maurizio Cattaneo mit Setzlingen von Lauch und Schwarzkohl. Unten: Sibylle Sigrist in ihrem wunderschönen Gemüsegarten.

Mein Dank geht an all die Bauern, die uns ihre Hoftore geöffnet, uns hilfsbereit und engagiert empfangen haben und uns spannende Einblicke in ganz unterschiedliche Unternehmen ermöglichten, dafür danke ich allen herzlich.

Renzo Cattori in Cadenazzo, einer der ersten Biobauern im Tessin, der vor vielen Jahren sein Unternehmen als Bio-Grossist gegründet hat (mittlerweile von seinem Sohn geführt), herrscht über den bisher größten Tessiner Biogemüse-Betrieb, während seine Frau den gut bestückten Hofladen betreibt. Auf 13 Hektaren Land – davon weniger als 10 000 Quadratmeter Glashäuser oder Plastiktunnels – wachsen pro Jahr mehr als 100 verschiedene Gemüsesorten, aber auch Ackerpflanzen wie Mais, Dinkel und Soja. Die Produkte gelangen hauptsächlich auf den lokalen Markt. Hier ist vieles noch Handarbeit, sogar das Jäten. Da nicht maschinell geerntet wird, können auch speziellere Sorten angepflanzt werden, wie zum Beispiel Buschbohnen.

Donato Pedroia in Gordola hat sich auf Nischenprodukte spezialisiert (z. B. 30 Sorten Tomaten, Chayote, Lady fingers, Schwarzkohl und Asia-Greens) und betreibt einen einfachen Hofladen. Er bewirtschaftet 2,5 Hektaren mit Gartenkulturen; dort finde ich sehr viele essbare Unkräuter.

Lina und Maurizio Cattaneo in Lodrino hat ein Stück Weideland umgegraben und pflanzt dort mit viel Engagement ausschließlich samenfestes Saatgut von allerlei Gemüse an. Es ist ein Kleinstbetrieb mit weniger als einer Hektare, so wie es auch die meisten vor allem in der zweiten und dritten Welt sind. Diese leisten einen wichtigen, nachhaltigen Beitrag zur Ernährungssicherheit und Ernährungssouveränität, zur Landschaftspflege und zum bewussten Umgang mit den natürlichen Ressourcen.

Bei **Sybille Sigrist in Küttigen** haben wir einen Paradiesgarten vorgefunden, wie man ihn von idyllischen Werbeplakaten kennt. So farbenfroh und abwechslungsreich sieht es in einer kleinen Familiengärtnerei aus: Jedes Gemüse nimmt etwa eine bis drei Reihen ein, sodass man auf einen, Blick fast das ganze Sortiment sieht. Da wenig maschinell gearbeitet wird, kommt hier mehr die Bodenbedeckung zum Einsatz: Es ist aber nicht Plastik, was da am Boden schwarz glänzt, sondern es sind spezielle organische Folien, die sich bald wieder in Erde verwandeln.

Auch bei **Urs Baumann in Kirchdorf** in der Nähe von Thun haben wir gestaunt: Ein Sortiment von so vielen Karottensorten, alle liebevoll beschriftet, hatte ich noch nie gesehen. An seinem Marktstand auf dem Berner Bundesplatz bietet er aber nicht nur Karotten, sondern auch viele Sorten Zichorien, Asia-Greens, Randen, Kohl, neben exklusivem Gemüse wie Knollenziest, violettem Rettich oder Kardy an.

Renzo Cattori zeigt beim Cicorino, welche Schäden die kleinen Feldmäuse anrichten können (oben). Donato Pedroia (unten links) baut wenig bekannte Gemüsespezialitäten an.

Urs Baumann pflückt Catalogna (unten rechts). Das Vlies schützt die Pflanzen vor dem ersten Frost.

Auf dem Biogemüsehof **Enderli & Deiss in Eschlikon** wird auf Feldern, die den idyllischen Vorstellungen des Gemüsebauern von einst entsprechen, eine große Vielfalt an Gemüsesorten angebaut. Ihre Produkte werden ausschließlich in ihrem Hofladen und auf dem Wochenmarkt in Winterthur verkauft.

Bei **Rathgeb in Stammheim**, vergleichsweise ein Riesenbetrieb mit 300 Hektaren Freilandkulturen und 8 Hektaren Gewächshäuser, geht es um eine schon fast industrielle Dimension der Gemüseproduktion, die allerdings den strengen Grundsätzen von Bio Suisse Genüge tut. Solche großen Betriebe spezialisieren sich auf Sorten, die meist maschinell bearbeitet und geerntet werden. In einer großen Halle werden am Fließband die fertigen Packungen hergestellt, die der Konsument dann am nächsten Tag beim Großverteiler vorfindet (siehe Seite 314). Hier wird einem der Zweck der immer größeren Standardisierung von Formen und Größen deutlich vor Augen geführt. Andererseits sind es gerade solche Betriebe, die auf nationaler Ebene mithalten und die gesteigerte Nachfrage bei den Großverteilern bedienen können. Sie beweisen, dass Bio auch im großen Stil tauglich und eine nachhaltige Bewirtschaftung unserer Erde möglich ist.

Viele Biobauern aus der Umgebung beliefern die große Zentrale von Rathgeb in Stammheim (unten links). Im farbenfroh einladenden Hofladen von Daniel und Stefan Müller in Steinmaur (unten rechts) findet man allerlei gute Produkte.

Rechte Seite: Bei Enderli & Deiss wird Anfang September der Nüsslisalat (Feldsalat) gepflanzt, der Ende November gepflückt wird (siehe Foto Seite 248).

Aschmann in Illhardt ist ein weiterer großer Biobetrieb. Die Leidenschaft für Landwirtschaftsmaschinen war hier besonders gut spürbar; Beispiele dafür sind etwa eine ausgeklügelte Einsaatmaschine oder eine riesige Karotten-Waschmaschine. Ein erstes Experiment mit Knoblauch zeigte, wie jede neue Art, die man kultivieren will, viel Wissen und Erfahrung braucht, bis ein marktfähiges Produkt verfügbar ist. Aschmann hat sich mit anderen Produzenten zusammengetan, um die Vermarktung ihrer Produkte an den Detail-

handel selbst zu übernehmen. Die riesige Kühlhausanlage hilft dabei, das Lagergemüse über viele Monate frisch zu halten.

Wir haben aber noch andere gut organisierte Betriebe kennengelernt. **Stefan und Daniel Müller in Steinmaur** haben uns eine Ahnung ihres umfangreichen Wissens und ihres schon lange anhaltenden Engagements vermittelt. Ihr Hofladen ist ein Musterstück: Modern und geschmackvoll eingerichtet, werden hier viele alte und neue Gemüsesorten farbenfroh präsentiert. Auf dem Acker und in den Gewächshäusern gedeihen viele unterschiedliche Gemüsesorten. Interessant ist auch die Spargelanlage; Ende August dürfen die Engadinerschafe, eine alte Bergschafrasse, die nach der Ernte eingesäte Spezialfuttermischung abgrasen – eine clevere Idee, um das Unkraut im Spargelfeld in Schach zu halten.

Oder **Fritz Lorenz in Tägerwilen**, der uns seine über die ganze Gemeinde verstreuten Felder zeigte und die Präzisionsarbeit bei der Rüebli-Pflege mit dem Traktor vorführte. Er

Im ProSpecieRara-Schaugarten auf Schloss Wildegg hat uns Hofgärtner Robert Holenweger viele Raritäten gezeigt.

Linke Seite oben: Der Betriebsleiter Peter Aschmann und Biobauer Daniel Gutswiller arbeiten Hand in Hand.

Unten: Fritz Lorenz. Präzisionsarbeit beim Jäten der Karotten.

hat uns von der Entstehungsgeschichte der Bio-Bauernhöfe in seiner Umgebung berichtet, die durch die Zusammenarbeit mit der Firma Biotta in Gang kam. Der im Biolandbau übliche Fruchtwechsel – Gemüse aus der gleichen botanischen Familie dürfen erst nach vier bis fünf Jahren wieder auf dem gleichen Boden angebaut werden – und die Spezialisierung auf bestimmte Gemüsesorten, wie hier Karotten, haben in dieser Region zu einer engen Zusammenarbeit mit anderen Bauernhöfen, die zum Beispiel Viehzucht betreiben, geführt.

Mit dem **Ekkarthof in Lengwil** waren wir immer wieder in Kontakt: Von ihm bekomme ich die köstlichen Chicorée-Wurzeln, deren aufwendige Produktion wir miterleben durften.

Neben den hier aufgeführten haben wir noch weitere Bauern, Produzenten von Slowfood-Presidi-Produkten (manche auch aus nicht biologischem Anbau), Saatgut-Gärtnereien und ProSpecieRara-Schaugärten, Märkte und Messen im In- und Ausland besucht. Sie haben uns einen Einblick in ihre Arbeitswelt gewährt, uns auf ihre Felder geführt oder am Marktstand unsere Fragen beantwortet. Auch ihnen danken wir herzlich für ihren Einsatz!

Konsumenten-Produzenten-Bündnisse

Neben der schon länger bekannten Direktvermarktung ab Bauernhof oder auf dem Markt gibt es mittlerweile eine ganze Palette spannender Projekte, die zum Ziel haben, Produzenten und Konsumenten einander näher zu bringen, Lieferwege zu verkürzen, Verständnis und Wissen zu fördern und Verantwortung zu übernehmen. Stadtbewohner organisieren sich mit Bauern und sichern ihnen den Verkauf ihrer Produkte. Manche Projekte sehen auch die aktive Mithilfe vor. Man organisiert Gemeinschaftsgärten, benutzt Balkone, Dächer, Brachstellen oder sogar Fassaden als Pflanzorte, beteiligt sich am Kauf einer Kuh, eines Stücks Land, eines Traktors oder hilft bei der Ernte und kann dann den sogenannten Ausschuss mit nach Hause nehmen.
www.neustartschweiz.ch, www.uniterre.ch, www.solidarische-landwirtschaft.org, www.interkulturelle-gaerten.ch, www.urbanfarmers.com, www.gartenpiraten.net

ConProBio (CPB), die Tessiner Kooperative von Konsumenten und Produzenten im Biobereich ist eine Erfolgsgeschichte, die hier näher vorgestellt sei, weil sie als Ansporn für andere Regionen dienen kann. CPB wurde 1992 gegründet und wächst seither stetig. Anfangs waren es 20 Produzenten und circa 200 Familien, die in 14 Gruppen aufgeteilt wurden. Heute liefern 80 Tessiner Produzenten teils jede Woche, teils wenige Male pro Jahr ihre Produkte ab, die dann in einer Zentrale auf die 190 Kundengruppen (1580 Familien) verteilt werden (über 3 Millionen Umsatz; Stand 2013). Eine Gruppe besteht aus mindestens fünf Familien bzw. Haushalten, die mehr oder weniger regelmäßig bestellen, wobei eine Person jeweils als Gruppenleiter fungiert. Der Leiter trägt die Bestellungen der einzelnen Teilnehmer zusammen und gibt sie an die Zentrale weiter. Von hier aus gehen die Bestellungen zu den Produzenten, die so besser kalkulieren können. Der Lieferdienst fährt weit in jedes Tal hinauf und beliefert so auch viele Orte, die schon lange keinen Dorfladen mehr haben; wo es noch einen Dorfladen gibt, fungiert dieser oft als Leiter und CPB-Basis. Mittlerweile sind auch viele andere, nicht aus dem Tessin stammende Produkte auf der Liste, sodass man bei der CPB fast den kompletten Einkauf für den eigenen Haushalt beziehen kann. *(www.conprobio.ch)*

Auch die **Slow-Food**-Bewegung möchte das Verständnis für die Produzenten und die Produktionsbedingungen sowie die Zusammenarbeit zwischen Konsumenten und Produzenten fördern. Carlin Petrini, der Gründer dieser internationalen Bewegung, fordert uns auf, Ko-Produzenten zu werden. Anfangs organisierte Slow Food vor allem sogenannte Geschmackslabors, bei denen man Produkte und deren Produzenten kennenlernen konnte. Aufgrund der Beobachtung, dass von Jahr zu Jahr immer mehr spezielle, regionale Nischenprodukte verschwanden, entstand das Bedürfnis, eine **»Arche des Geschmacks«** in die Welt zu rufen. Um diesem Anliegen mehr Nachhaltigkeit zu ver-

schaffen, gründete Slow Food, zusammen mit den jeweiligen Produzenten vor Ort, die sogenannten **Presidi**, eine Art Förderkreis: Nach der genauen Aufnahme der Produktionsmethoden, des Inhalts und der Region, die man dafür abgrenzen will, verpflichten sich die Produzenten – meist in Vereinen organisiert –, dieses Produkt weiter zu produzieren und für die interessierten Konsumenten zugänglich zu machen. Slow Food hilft einerseits den Presidi-Teilnehmern durch fachmännische Beratung und betreibt andererseits Öffentlichkeitsarbeit auf vielen Ebenen, bringt die Presidi-Produkte und deren Geschichten unter die Leute. **Terra Madre** ist ein weiteres Projekt von Slow Food, das Bauern, Köche, Wissenschafler aus aller Welt zusammenbringt und vernetzt.
www.slowfood.com, www.terramadre.info

In diesem Sinne möchte dieses Buch auch die Lust und die Neugier wecken, sich vertieft zu informieren, mit den Produzenten ins Gespräch zu kommen, bei den Großverteilern und in den Läden nach Hintergrundinformationen zu fragen und natürlich ganz einfach mehr saisonales und lokal produziertes Gemüse zu kaufen.

In der Rüsthalle der ConProBio, einer Kooperative von Konsumenten und Produzenten in Cadenazzo, werden die Produkte für die einzelnen Gruppen von Familien, die damit beliefert werden, zusammengestellt.

Ökologische Landwirtschaft

Wenn ich den Begriff »bio« oder biologische Landwirtschaft brauche, meine ich damit viel mehr als nur ein Label oder eine Zertifizierung. Es ist damit eine ökologische und nachhaltige Landwirtschaft gemeint, die nach dem heutigen Stand der Wissenschaft die einzige ist, die unserem Planeten und seiner Bevölkerung langfristig genug gute, lebendige und gesunde Nahrung gewährleisten kann.

In Europa gibt es allgemeingültige Bio-Verordnungen, und die Bio-Verbände haben eigene, meist strengere Richtlinien aufgestellt. In anderen Ländern, etwa in den Tropen, funktioniert die Landwirtschaft nach anderen Prinzipien, aber auch dort ist nur durch ökologisches Denken und Handeln längerfristig die Ernährungssouveränität zu sichern. Die Erde mit ihren komplexen Lebenszusammenhängen muss erhalten oder sogar verbessert werden, damit sie auch in vielen Jahren als Grundlage für landwirtschaftlich erzeugte Lebensmittel dienen kann.

Es geht bei Bio-, Öko- oder Demeter-Richtlinien also mehr um die Umwelt, den Boden, den nachhaltigen Umgang mit Ressourcen als um unsere persönliche Gesundheit. Dass sich dabei auch für uns selbst ein Nutzen ergibt, ist lediglich ein willkommener Nebeneffekt (siehe Felix von Löwenstein, Seite 76).

Die folgende Darstellung (mit Schwerpunkt Gemüseanbau) der wichtigsten Unterschiede zwischen den verschiedenen Zertifizierungen bzw. Labels soll einen ersten Einblick geben (erstellt vom Forschungsinstitut für Biologischen Landbau FiBL in Frick; Theresa Rebholz, Martin Koller und Adrian Krebs). Mehr zu den Richtlinien und Reglementierungen finden Sie bei den jeweiligen Organisationen. Das Wissen und ein vertieftes Verständnis der verschiedenen Richtungen im Anbau können einem ganze Welten erschließen, im praktischen wie im philosophischen Sinne.
www.demeter.ch, www.bio-suisse.ch, www.ifoam.org, www.ifoam-eu.org, www.bioland.de, www.naturland.de, www.aiab.it

Ein guter Kompost mit vielen Regenwürmern ist ein wichtiger Beitrag zu einem fruchtbaren und lebendigen Boden.

Biologisch-dynamische Landwirtschaft

von Christian Butscher, Geschäftsstelle Demeter Schweiz, www.demeter.ch

Schon im Jahr 1924 erkannte Rudolf Steiner, dass für eine zukunftsfähige Landwirtschaft ein ganzheitliches neues Naturverständnis nötig war und begründete die biologisch-dynamische Landwirtschaft. Die biologisch-dynamische Wirtschaftsweise hat seither die Entwicklung des biologischen Landbaus weltweit mitgeprägt.

In einem Langzeitversuch (DOK) vergleicht das Forschungsinstitut für biologischen Landbau (FiBL, www.fibl.org) seit 1978 die Umweltauswirkungen der biologisch-dynamischen, der organisch-biologischen und der konventionellen Landwirtschaft. Es zeigt sich, dass das biodynamische Landbausystem die Ressourcen schont und die Umwelt wenig belastet. Die lebendigsten Böden mit der höchsten Artenvielfalt finden sich in den biologisch-dynamischen Parzellen. Die Anwendung spezieller Präparate zur Anregung der Substanzen und Kräfte in Boden und Pflanzen ist eine Besonderheit der biologisch-dynamischen Landwirtschaft. Bekannt sind das Hornmist- und das Hornkieselpräparat oder die aus Pflanzen hergestellten Dünger- und Kompostzusätze.
Die biologisch-dynamischen Bäuerinnen und Bauern berücksichtigen zudem die Einflüsse des Kosmos (Sonne, Mond, Planeten und Sterne): Tag und Nacht, aufsteigender und absteigender Mond, Ebbe und Flut, Jahreszeiten. Die Arbeiten, vom Säen über die Pflegemaßnahmen bis zum Ernten, werden an dafür geeigneten Tagen vorgenommen, damit die kosmischen Kräfte in Boden und Pflanze wirksam werden.
Die biologisch-dynamische Landwirtschaft schreibt die Tierhaltung vor und betreibt damit einen konsequenten Stoffkreislauf. Auf die wesensgemäße Tierhaltung wird besonderer Wert gelegt. Demeter-Kühe tragen ihre Hörner und sind regelmäßig auf der Weide. Die Kälbchen erhalten einzig die Milch der Kühe vom Hof und werden nicht mit zugekaufter Ersatzmilch getränkt. Den Demeter-Schafen werden die Schwänze nicht beschnitten, und die Hühner sind in Ställen mit großzügigem Auslauf untergebracht.

In der biodynamischen Landwirtschaft wird jeder Hof, jede Gärtnerei als Organismus verstanden: als das Zusammenleben von Menschen, Tieren und Pflanzen an einem bestimmten Ort, unter gegebenen Bedingungen von Boden und Klima. Auf dieser individuellen Grundlage gestalten die Bäuerinnen und Bauern ihren Betrieb als Hofindividualität.

In der biodynamischen Landwirtschaft wird unter anderem mit Hornmist- und Hornkieselpräparaten gearbeitet, die in sehr geringen Mengen zur Vitalisierung von Boden und Pflanzen eingesetzt werden. Sie werden in Wasser dynamisiert; dazu wird eine Stunde lang kräftig gerührt, bis sich ein Wirbel bildet, dann wird die Richtung gewechselt. Die Präparate werden in Kuhhörner gefüllt und für längere Zeit im Boden vergraben.

Biologische Landwirtschaft

von Theresa Rebholz, Forschungsinstitut für biologischen Landbau FiBL, www.fibl.org (aus: FiBL und Bio Suisse: Biowissen, 2014)

Eine der großen Herausforderungen der biologischen Landwirtschaft im Bereich des Gemüseanbaus ist die Unkrautkontrolle. Aufgrund des Verzichts auf Herbizide besteht neben dem frühzeitigen Abflammen einzig die Möglichkeit der mechanischen Entfernung. Dabei können selbst ausgeklügelte Landwirtschaftsmaschinen (noch) nicht die menschliche Hand ersetzen, vor allem wenn die Pflänzchen noch jung und delikat sind.

Die Engadinerschafe bei Müller in Steinmaur tun sich an der Einsaat zwischen den Spargeln gütlich und helfen so, das Gelände sauber zu halten.

Im Unterschied zur konventionellen und zur integrierten Landwirtschaft verwendet der Biolandbau keine chemisch-synthetischen Pestizide, keine leichtlöslichen Mineraldünger und gentechnisch veränderten Organismen. Die Tierhaltung ist artgerecht und bezüglich der Intensität limitiert. Biolandbau lässt sich jedoch nicht auf das Schlagwort »zurück zur Natur« reduzieren, denn Landwirtschaft greift immer in die Naturzusammenhänge ein. In der Biobewirtschaftung sollen jedoch die natürlichen Lebensprozesse gefördert werden. Der Betrieb wird als Ökosystem betrachtet, in dem die selbstregulierenden Kräfte optimal aufeinander abgestimmt werden. Mit diesem Grundprinzip sind ein schonender Umgang mit begrenzten Ressourcen und gleichzeitig eine verringerte Umweltbelastung verbunden. In Gesetzen und in den privatrechtlichen Richtlinien der Biolandbau-Verbände ist reglementiert, wie diese Grundprinzipien auf den Betrieben der jeweiligen Verbandsmitglieder umgesetzt werden sollen.

Biobetriebe streben eine Bewirtschaftung in möglichst geschlossenen Kreisläufen an. So werden die Pflanzen mit betriebseigenen organischen Düngern wie Mist, Kompost oder Gülle gedüngt. Dabei spielt die Förderung der Bodenfruchtbarkeit eine zentrale Rolle: Sind es doch die Mikroorganismen, die Kleinstlebewesen im Boden, welche die in den organischen Düngern gebundenen Nährstoffe für die Pflanzen verfügbar machen. Der Schutz der Kulturpflanzen vor Krankheiten und Schädlingen erfolgt über vielseitige Fruchtfolgen, robuste Sorten, biologische Pflanzenschutzmittel und gezielte Maßnahmen zur Förderung von Nützlingen. Unkräuter werden nicht wie in der konventionellen Land-

wirtschaft mit Herbiziden, sondern mit Hacken, Abflammen oder geeigneter Bodenbearbeitung sowie durch die Fruchtfolge reguliert.
Die Futtermittel für die Tiere werden möglichst auf dem Betrieb selbst produziert. Im Idealfall werden nur so viele Tiere gehalten, wie mit den Erträgen der Betriebsfläche gefüttert werden können. In der Tierhaltung wird mit vorbeugenden Maßnahmen und alternativen Heilungsmethoden der Einsatz herkömmlicher Tierarzneimittel vermindert. Nahezu täglicher Auslauf für die Tiere ist Vorschrift.

Die Umstellung eines bislang konventionell bewirtschafteten Betriebs auf biologische Landwirtschaft braucht eine gewisse Zeit, in der sich z. B. der Boden als wichtige Produktionsgrundlage regenerieren kann. Die Umstellzeit dauert mindestens zwei Jahre.

Für die Glaubwürdigkeit des Biolandbaus ist eine zuverlässige Kontrolle wichtig. Kontrolle und Zertifizierung führen private Firmen durch, die ihrerseits von staatlicher Seite zugelassen und überwacht werden. Kontrolliert wird die gesamte Kette von der Produktion auf den Höfen, über die Verarbeitung bis hin zum Verkauf. Jeder Biobetrieb wird mindestens einmal pro Jahr kontrolliert. Zusätzlich werden unangemeldete Stichprobenkontrollen durchgeführt.

Vergleich von Richtlinien privater Biolabel und der Bioverordnung der EU und der Schweiz

Label	EU-Bioverordnung	BIOSUISSE (für Schweizer Produkte) / BIO (für Auslandprodukte)	Demeter
Was steckt dahinter?	Die Bioverordnung der EU besteht seit Beginn der 1990er-Jahre. Sie enthält die grundlegenden und für alle Bioproduzenten und -verarbeiter in der EU verbindlichen Bestimmungen zum Biolandbau. Die Schweizer Bioverordnung lehnt sich stark an die EU-Bioverordnung an, ist in einigen Bereichen aber strenger. Alles, was sich »bio« oder »öko« nennt, muss mindestens diese gesetzlichen Grundlagen erfüllen. Die privatrechtlichen Richtlinien der Bioverbände gehen über diese Grundanforderungen hinaus.	Bio Suisse besteht seit 1981 und ist der Dachverband der Schweizer Biolandbauorganisationen. Sie vereinigt mit ca. 5700 Landwirtschaftsbetrieben aus 32 regionalen und überregionalen Mitgliederorganisationen 90 % der Schweizer Biobauern. Die Produkte werden mit dem Knospe-Label ausgezeichnet. Auch ausländische Produkte können das Knospe-Label bekommen. Die Anforderungen an die ausländischen Betriebe sind gleichwertig, aber nicht identisch.	Das Demeter-Siegel wird seit 1954 vom Verein für biologisch-dynamische Landwirtschaft verliehen. Diese fußt auf den Grundlagen der Anthroposophie. Wichtig sind ein möglichst geschlossener Hofkreislauf, Einsatz von Kompost- und Spritzpräparaten, Beachtung kosmischer Einflüsse. Die Demeter-Richtlinien und Label sind weltweit gültig. Die Schweizer Demeter-Bauern sind gleichzeitig auch Mitglieder von Bio Suisse. Weltweit gibt es ca. 4800 Demeter-Höfe (Deutschland ca. 1400, Italien ca. 300, Schweiz ca. 250).
Gesamtbetrieblichkeit	Nach EU-Bio-Verordnung kann ein Betrieb teils biologisch und teils konventionell bewirtschaftet werden; in der Schweiz muss der gesamte Betrieb biologisch sein (Ausnahme: mit Dauerkulturen wie Obst und Weinbau).	Der gesamte Betrieb muss biologisch bewirtschaftet werden.	Der gesamte Betrieb muss biologisch bewirtschaftet werden.
	Düngung Im konventionellen wie im biologischen Landbau wird die Ernährung der Pflanzen über Fruchtfolge, Bodenbearbeitung und Düngung gesteuert. Im konventionellen Anbau steht die Düngung, insbesondere die mineralische Stickstoffdüngung, jedoch klar im Vordergrund. Im Biolandbau sind die Nährstoffe aus der Fruchtfolge (z. B. über Kleegras, Zwischenkulturen, Gründüngung) und über die Bodenbearbeitung (Nährstoffmineralisierung) ebenso wichtig wie die direkte Düngung. Im Biolandbau dürfen ausschließlich organische Dünger eingesetzt werden, die dann im Boden mineralisiert werden.		
Zukauf von Stickstoffdünger N = Stickstoff ha = Hektar	Zukauf nicht limitiert.	Zukaufsmenge indirekt beschränkt, da die Düngerbilanz ausgeglichen sein und der Betrieb mindestens 50 % des anfallenden Hofdüngers auf eigenen Flächen ausbringen muss.	Anwendung von organischem Handelsdünger darf maximal 40 kg Gesamt-N pro ha und Jahr betragen (Ausnahme: Dauerkulturen).
Organische Handelsdünger	Blut-, Tier- und Knochenmehle zugelassen.	Fleischknochenmehle zugelassen.	Knochen- oder Fleischmehle von bio- oder biodynamisch zertifizierten Tieren zugelassen.
Konventioneller Wirtschaftsdünger	Gülle, Jauche und Geflügelkot aus konventioneller Tierhaltung sind als Dünger zulässig.	Zugelassen nur wenn nicht biologisch verfügbar und unter Einhaltung bestimmter Vorschriften, z. B. keine Fütterung der Tiere mit gentechnisch veränderten Pflanzen.	Verwendung von konventionellem Wirtschaftsdünger ist mengenmäßig stark eingeschränkt. Gülle, Jauche und Geflügelkot aus konventioneller Tierhaltung nicht zulässig.
	Pflanzenschutz Pflanzenkrankheiten und Schädlinge sowie Unkräuter können die Erträge landwirtschaftlicher Kulturen empfindlich verringern. Konventionell arbeitende Bauern schützen ihre Pflanzen deshalb mit Fungiziden gegen Pilzkrankheiten, mit Insektiziden gegen Schadinsekten und mit Herbiziden gegen Unkräuter. Biobauern und -bäuerinnen verzichten konsequent auf alle chemisch-synthetischen Pflanzenschutzmittel, da diese die Umwelt belasten und zudem Rückstände auf den Ernteprodukten verursachen können. Um die Pflanzen ohne chemische Hilfsstoffe vor Krankheiten		
Kupfereinsatz*	Max. 6 kg/ha/Jahr	Max. 4 kg/ha/Jahr bei Wein, Hopfen, Kartoffeln, Gemüse und Steinobst; max. 2 kg/ha/Jahr bei Beerenobst; max. 1,5 kg/ha/Jahr bei Kernobst.	Max. 3 kg/ha/Jahr. Einsatz nur in Dauerkulturen (Wein-, Obst- und Hopfenanbau), nicht z. B. bei Kartoffeln.
Sack- bzw. Cotainerkulturen	Erlaubt.	Nicht erlaubt.	Nicht erlaubt.
Saat-/Pflanzgut aus CMS-Hybriden	Erlaubt.	Derzeit noch erlaubt (Regelwerk wird zur Zeit überarbeitet).	Nicht erlaubt.
Beheizung Gewächshäuser im Gemüsebau	Keine Beschränkung.	Beheizung zulässig, aber von 1.12. bis 28.2. nur auf maximal 5 °C und, wenn isoliert, auf maximal 10 °C (ausgenommen Jungpflanzenanzucht).	Beheizung auf eine angemessene Verlängerung der Kulturzeit im Herbst und eine Verfrühung im Frühjahr begrenzt. (ausgenommen Jungpflanzenanzucht).
Verwendung von Torf	Keine Begrenzung im Gartenbau, kann auch zur Bodenverbesserung eingesetzt werden.	Bei Jungpflanzenanzucht dürfen maximal 70 %, bei Topfkulturen maximal 50 % Torf im Substrat vorhanden sein; keine flächige Ausbringung zur Bodenverbesserung.	Torf nur in Anzuchtsubstraten und Topferden zugelassen; er ist so gering wie möglich zu halten und darf maximal 75 % betragen; keine flächige Ausbringung zur Bodenverbesserung.
Anzahl erlaubter Zusatzstoffe	47	34	13

Bioland	Naturland	AIAB
Bioland wurde Anfang der 1970er-Jahre in Deutschland als erster organisch-biologischer Bioverband gegründet. Mit ca. 5800 landwirtschaftlichen Betrieben ist es der größte Bioverband in Deutschland. Seit 1991 gibt es Bioland mit inzwischen ca. 500 Mitgliedsbetrieben auch in Südtirol.	Der Naturland-Verband wurde 1982 gegründet und engagiert sich seit 1986 auch im internationalen Ökolandbau. Über 50000 Bauern weltweit arbeiten nach Naturland-Richtlinien, ca. 2600 in Deutschland. Naturland führte als erster Ökoverband Richtlinien zur ökologischen Waldnutzung und zur ökologischen Aquakultur ein. Seit 2010 bietet Naturland auch eine »Fair«-Zertifizierung an.	Der italienische Bioanbauverband AIAB ist 1988 aus dem 1982 gegründeten Coordinamento Cos'è Biologico entstanden. Er besteht aus 16 regionalen Verbänden und hat rund 14000 Mitglieder, hauptsächlich Biobauern. 1988 wurden die ersten Biorichtlinien eingeführt, ursprünglich nur für Lebensmittel, heute auch für Zierpflanzen, Textilien und Biokosmetik.
Der gesamte Betrieb muss biologisch bewirtschaftet werden.	Der gesamte Betrieb muss biologisch bewirtschaftet werden.	Der gesamte Betrieb muss biologisch bewirtschaftet werden.

Schnell verfügbare chemisch-synthetische Stickstoffdünger sind nicht erlaubt. Es wird zwischen Wirtschaftsdüngern wie Mist und Gülle und Handelsdüngern wie Hornspäne, Knochenmehle usw., die bei Kulturen mit hohem Stickstoffbedarf Anwendung finden können, unterschieden. Welche Dünger und welche Mengen erlaubt sind, ist den verschiedenen Richtlinien zu entnehmen.

Zukaufmenge von organischem Handelsdünger bzw. Wirtschaftsdüngern auf 40 kg N pro ha und Jahr begrenzt (Ausnahme Sonderkulturen).	Zukaufmenge von organischem Handelsdünger bzw. Wirtschaftsdüngern auf 40 kg N pro ha und Jahr begrenzt (Ausnahme Sonderkulturen).	Siehe EU-Bioverordnung.
Organische Handelsdünger wie Blut-, Tier- und Knochenmehle verboten.	Organische Handelsdünger wie Blut-, Tier- und Knochenmehle verboten.	Siehe EU-Bioverordnung.
Verwendung von konventionellem Wirtschaftsdünger ist mengenmäßig stark eingeschränkt. Gülle, Jauche und Geflügelkot aus konventioneller Tierhaltung nicht zulässig.	Verwendung von konventionellem Wirtschaftsdünger ist mengenmäßig stark eingeschränkt. Gülle, Jauche und Geflügelkot aus konventioneller Tierhaltung nicht zulässig.	Siehe EU-Bioverordnung.

und Schädlingen zu schützen, müssen sie indirekte und direkte Maßnahmen optimal nutzen und aufeinander abstimmen. Indirekte Maßnahmen sind z.B. die Wahl der Fruchtfolge oder die Förderung von Nützlingen durch Hecken, direkte Maßnahmen sind z.B. der gezielte Einsatz von Nützlingen oder der Einsatz von biologischen Pflanzenschutzmitteln wie Neem oder Kupfer.

Max. 3 kg/ha/Jahr; bei Hopfen max. 4 kg/ha/Jahr.	Max. 3 kg/ha/Jahr; bei Hopfen max. 4 kg/ha/Jahr.	Siehe EU-Bioverordnung.
Nicht erlaubt.	Nicht erlaubt.	Nicht erlaubt.
Nicht erlaubt.	Nicht erlaubt.	Siehe EU-Bioverordnung.
Beheizung auf eine angemessene Verlängerung der Kulturzeit im Herbst und eine Verfrühung im Frühjahr begrenzt. (ausgenommen Jungpflanzenanzucht).	Beheizung auf eine angemessene Verlängerung der Kulturzeit im Herbst und eine Verfrühung im Frühjahr begrenzt (ausgenommen Jungpflanzenanzucht)..	Siehe EU-Bioverordnung.
Bei Jungpflanzenanzucht dürfen maximal 80%, bei Topfkulturen maximal 50% Torf im Substrat vorhanden sein; keine flächige Ausbringung zur Bodenverbesserung.	Bei Jungpflanzenanzucht dürfen maximal 80%, bei Topfkulturen maximal 50% Torf im Substrat vorhanden sein; keine flächige Ausbringung zur Bodenverbesserung.	Siehe EU-Bioverordnung.
23	22	Siehe EU-Bioverordnung.

*Kupfer wird als Pflanzenschutzmittel gegen Pilzkrankheiten eingesetzt. Wegen seiner Anreicherung im Boden ist der Einsatz im Biolandbau umstritten.

Von Züchtung, Sorten und Saatgut

Saatgut ist das erste Glied in der Kette der Nahrungserzeugung. Die Züchtarbeit von vielen Generationen von Bauern hat eine grandiose Vielfalt von Pflanzensorten und Tierrassen hervorgebracht. Diese Biodiversität ist heute in großer Not. Die weltweite Entwicklung der Saatgutzüchtung (siehe Texte Seite 104, 170, 345) verlangt Wissen und Mitverantwortung von uns allen.
Dieses wichtige und sehr aktuelle Thema soll im Folgenden aus zwei ganz unterschiedlichen Positionen beleuchtet werden: Einerseits erzählt eine leidenschaftliche Gemüsezüchterin von ihrer Arbeit mit samenfesten Sorten, andererseits erklärt Martin Koller vom Forschungsinstitut für biologischen Landbau FiBL die etwas technischen Begriffe der Hybridzüchtung und der CMS-Hybriden. (Weitere Informationen dazu: www.bioverita.ch)

Gärtnerische Sortenzüchtung – auf dem Feld

von Christine Nagel, www.kultursaat.org

Wie werden samenfeste Sorten erhalten, wie weitergezüchtet? Wie wird dafür gesorgt, dass sie trotz starker Konkurrenz der Hybriden anbauwürdig werden oder bleiben? Um eine samenfeste Sorte zu entwickeln, bedarf es zuallererst eines reichen Erfahrungsschatzes im Anbau des jeweiligen Gemüses und guter Kenntnisse um die Vermehrungsbiologie der betreffenden Gemüseart. Unentbehrlich für das Züchten ist aber auch der Drang, Unterschiede aufzuspüren und das Erntegut sortieren zu wollen – der Züchterblick eben. Hat man dann noch eine Sorte auf dem Feld, die einem ans Herz gewachsen ist und in der man ein Potenzial zur Verbesserung erkennt oder eine Idee zur Kombination zweier Sorten, braucht es nicht mehr viel zum Einstieg in die Züchtung. Es beginnt entweder mit der ersten Auslese aus dem Bestand oder dem gemeinsamen Abblühen zweier Sorten, aus deren Nachkommen dann ausgelesen wird. Die »Gefälligsten«, die mit den positiven Merkmalsausprägungen, werden nicht zu Markte getragen, sondern es wird versucht, von diesen hervorragenden Pflanzen Saatgut zu gewinnen. Bei einjährigen Kulturen wie Salat und Gurken erhält man im gleichen Jahr noch das Saatgut der ersten Zuchtgeneration, bei Karotten, Kohl und anderen zweijährigen Pflanzen braucht es für diesen Schritt zwei Jahre. Sie werden vom Feld geholt, eingelagert und beginnen dann erst im Frühling ihren Blütentrieb zu bilden. Mit Spannung wird das Ergebnis des Nachbaus erwartet – nun zeigt sich, ob die Köpfe fester, die Rüben glatter, die Salate weniger schossanfällig, die Pastinaken leckerer sind. So tastet sich ein Züchter Schritt für Schritt mit »seiner« Sorte voran. Dabei gibt es Glücksfälle genauso wie Rückschläge: Es kann sein, dass man sich mit seinem Brokkoli schon auf der Zielgeraden wähnt, und dann bringt die nächste Generation allenfalls mittelgroße, viel zu lockere Köpfe hervor, oder aber man

Oben: Saatgutvermehrung im geschützten Raum bei Sativa in Rheinau: Karotten, Zwiebeln, Salat. (www.sativa-rheinau.ch)

Unten: Saatgutzüchtung. Die Kohlköpfe werden nach verschiedenen Kriterien wie Form, Festigkeit, Strunklänge geprüft. Jene, die sich für den nächsten Züchtungsschritt eignen, werden eingelagert und im folgenden Frühjahr wieder ausgesetzt, damit sie blühen. Auch bei der Zuckerhut-Selektion braucht es ein geübtes Auge. (Foto: Christine Nagel, www.kultursaat.org)

bemerkt umgekehrt im Salatbestand eine ganz besonders widerstandsfähige Pflanze, und dieses Merkmal hält sich auch in den nächsten Generationen. Am Ende des Züchtungsweges, der zwischen zehn und bis zu zwanzig Jahre dauern kann, steht eine vernachlässigte Sorte wieder anbauwürdig da, oder es gibt eine gänzlich neue Sorte.

Diese Art der Züchtung braucht natürlich wesentlich mehr Zeit als die Hybridisierung oder gar das Arbeiten mit pollensterilen Linien. Dafür hat man am Ende jedoch eine Sorte, die von jedem weiterentwickelt und im Sinne eines Kulturguts an die nächste Generation weitergegeben werden kann. Samenfeste Sorten werden sich aufgrund ihrer Qualitäten ihren Platz auf den Feldern wieder zurückerobern. Und diese Qualitäten sind nicht nur mit Ertragszahlen und Uniformität zu ermitteln.

Moderne Sortenzüchtung und Hybrid-Saatgut

von Martin Koller, Forschungsinstitut für biologischen Landbau FiBL

Erst durch Auslese und züchterische Arbeit sind die heutigen Gemüsearten entstanden. Die wilde Karotte zum Beispiel ist eine dünne, weiße Rübe, die wilde Pastinake ist stark verzweigt. Viele der alten Sorten und Arten, die es heute noch gibt und wie sie etwa von der Stiftung ProSpecieRara erhalten werden, haben noch etwas von diesem wilden Charakter in sich. Sie bereiten oft mehr Mühe beim Anbau und bei der Zubereitung in der Küche, dafür wird man mit einem großen Formen-, Geschmacks- und Farbenreichtum belohnt. Die moderne Züchtung hat viele dieser »wilden« Eigenschaften gezähmt; das kann zwar als Verlust betrachtet werden, hat aber auch den Vorteil, dass zum Beispiel eine regelmäßig geformte Karotte schneller zu rüsten ist, durch effizienteren Anbau höhere Erträge zu erzielen sind und ein größerer Anteil der Ernte vermarktet werden kann (weniger »Food Waste«).

Moderne Sorten weisen – entgegen der weit verbreiteten Meinung – oft eine höhere Widerstandskraft gegenüber Krankheiten und Schädlingen auf. Eine Steigerung dieser Eigenschaften konnte durch die Hybridzucht erreicht werden. Dabei werden zwei Linien (so werden Sorten im frühen Stadium genannt) so lange mit sich selbst gekreuzt, bis zwei einheitliche Linien entstehen. Für die endgültigen Sorten werden diese Linien miteinander gekreuzt, dadurch entstehen in der Regel einheitliche Sorten, die sogenannten F1-Hybriden, dieses Verfahren wird vor allem bei Fremdbefruchtern (z. B. Karotte und Zwiebel) angewandt, aber auch bei einigen Selbstbefruchtern (z. B. Tomate). Um F1-Hybride möglichst einheitlich zu züchten, muss die Mutterlinie pollenfrei sein; das erreicht man bei Mais zum Beispiel durch Abschneiden der Fahnen (männliche Blüten) oder bei Tomaten durch mechanisches Entfernen der Blüten- und Staubblätter. Bei anderen Pflanzen

Die Schaugärten der Stiftung ProSpecieRara dienen dem Erhalt alter Nutzpflanzensorten und dokumentieren deren Geschichte.

Im Rahmen des »Salone del Gusto« in Turin präsentieren die Bauern aus dem Süden am Treffen der »Terra Madre« stolz ihr selbst vermehrtes Saatgut (rechts); es ist wichtig für die Unabhängigkeit ihrer Lebensmittelproduktion.

sind in der Natur pollenfreie (männlich sterile) Pflanzen gefunden worden, die man für die Hybridzucht verwenden kann. Bei Kohlarten und Chicorée fand man keine Pflanzen mit diesem Merkmal (CMS = cytoplasmatische männliche Sterilität), weshalb man diese Erbinformation mit Labormethoden aus nahe verwandten Arten eingeschleust hat; diese Methode nennt man Cytoplastenfusion. Nach geltendem Recht handelt es sich dabei nicht um Gentechnik; da viele Bioverbände dieses Verfahren aber als der Gentechnik nahe einstufen, verbieten sie die so gezüchteten Sorten (z. B. Bioland, Naturland, Demeter oder Bio Austria) oder wollen daraus aussteigen (Bio Suisse).

Wenn man die »alten Charakterköpfe« den »angepassten Modernen« gegenüberstellt, entsteht meiner Meinung nach kein Gegensatz, beide haben ihren berechtigten Platz auf dem Feld und in der Küche.

Denken in größeren Zusammenhängen

Viele weitere Themen sind mit der Ernährung und der Landwirtschaft verbunden. Meine ersten Aha-Erlebnisse hatte ich vor vielen Jahren dank der lehrreichen Kochbücher der Erklärung von Bern. Themen wie Nachhaltigkeit, fairer Handel, Pestizidrückstände und viele mehr wurden hier zwischen den Rezepten aufgegriffen und klar und knapp behandelt, sodass man sich eine eigene Meinung bilden konnte. So lag es nahe, dass ich die Erklärung von Bern um einen Beitrag zu diesen Themen für das vorliegende Buch gebeten habe. Daraus entstand eine Palette an kurzen Texten, weitere kamen von anderen Institutionen und Personen (FiBL, WWF, Claudio Beretta). Alle diese informativen Texte finden Sie in das Buch eingestreut (siehe Inhaltsverzeichnis Seite 7). Diese Beiträge sind mir sehr wichtig: Sie leisten wertvolle Denkanstöße, erweitern unseren Wissenshorizont und geben uns die Möglichkeit, größere Zusammenhänge zu verstehen. Vielen Dank an alle, die mitgewirkt haben *(www.evb.ch, www.wwf.ch, www.foodwaste.ch, www.fibl. org).* Weitere Links: *www.wir-essen-die-welt.ch, eaternity.ch, www.greenpeace.org.*

Speziell erwähnen möchte ich das Buch von Felix zu Löwenstein, »Food Crash. Wir werden uns ökologisch ernähren oder gar nicht mehr«, das mich sehr inspiriert hat und mir auch die Kraft gab, dieses Buch herauszugeben.

rotel

Zu den Produkten
Die Grundsätze der *vollwertigen Ernährung* begleiten mich seit vielen Jahren. Ich finde sie immer noch die logischste und konsequenteste Art, unsere Ernährung zu gestalten. Mittlerweile bin ich jedoch nicht mehr ganz so extrem, und brauche zum Beispiel ab und zu auch Weißmehl. Beim Zucker jedoch finde ich es nach wie vor spannend, die vielen alternativen natürlichen Süßmittel einzusetzen. Eine vollwertige Mahlzeit besteht aus viel Gemüse, einem Getreide oder Kartoffeln als Kohlenhydratspender und aus Hülsenfrüchten oder Nüssen, Fleisch oder Fisch als hauptsächlichen Eiweißlieferanten.

Einkauf
Die meisten Produkte, die in diesem Buch Verwendung finden, sind in Bio- und Naturkostläden, bei Bioproduzenten und auf dem Markt erhältlich. Daneben verwende ich einige Spezialitäten, die ich zum Teil direkt beim Produzenten bestelle oder von Messebesuchen und Reisen mitbringe. Sie sollen vor allem die Neugier wecken und ein Bewusstsein schaffen für das riesige Spektrum an interessanten Nischen-Produkten, die auszuprobieren sich lohnt. Dabei ist natürlich nicht gemeint, dass man dafür extra eine Reise unternimmt. Man kann sie gut durch herkömmliche Produkte ersetzen (siehe auch das Glossar, Seite 374).

Lagerung
Die meisten Gemüse lagert man am besten im Kühlschrank, in Plastik- oder Cellophan-Beutel verpackt, damit sie keine Feuchtigkeit verlieren und knackig bleiben. Mehr darüber finden sie in den jeweiligen Kapiteln und auf Seite 338.

Rüsten und Gemüsefond
Beim Vorbereiten der Gemüse fallen Abfälle an, die man zum Teil weiterverwenden kann. Zuerst einmal sind alle verdorbenen Teile und faulen Stellen zu entfernen; diese gelangen auf den Kompost. Danach wird das Gemüse gründlich gewaschen, um Erd- und Staubreste, die sich vor allem in den Blattwinkeln und an den Wurzeln ansammeln, zu entfernen. Dann folgt das Rüsten; die dabei anfallenden Abfälle – Schalen, welke Blätter, kleinere Wurzelteile und sonstige Abschnitte, Samen und Fäden (bei Kürbissen) – kann man für einen Gemüsefond verwenden. Sehr geeignet dafür sind die Gemüse aus den Familien der Doldenblütler (Sellerie, Karotten usw.), der Amaryllidaceae (Lauch, Knoblauch, Zwiebel), der Cucurbitaceae (Kürbisse). Nicht geeignet dafür ist Gemüse aus der Familie der Kreuzblütler (Kohl, Rüben, Rettich usw.), da sie dem Fond einen zu penetranten Geschmack verleihen würden. Auch bitteres Gemüse ist nicht geeignet. Meistens lohnt es sich, die Rüstabfälle von 2 bis 3 Tagen im Kühlschrank zu sammeln, bis man genug davon beisammen hat. Zur Herstellung eines leckeren Fonds gibt man sie in einen großen Topf, bedeckt das Ganze mit kaltem Wasser und lässt es ohne Salzzugabe circa

1 Stunde köcheln. Natürlich kann man diesen Gemüsefond zum Beispiel mit Lorbeerblättern, 1 bis 2 Nelken, Pfefferkörnern oder Majoran würzen. Meistens lasse ich ihn aber ziemlich neutral, damit ich ihn dann für die verschiedensten Zubereitungen einsetzen kann. Dieser Gemüsefond dient als Grundlage von Suppen und kann beim Kochen von Getreide, Hülsenfrüchten und Eintöpfen das Wasser ersetzen. Er kann im Kühlschrank 2 bis 3 Tage aufbewahrt werden.

Zubereitungsarten und Tipps

Die besten Zubereitungsarten für jedes Gemüse finden Sie in den jeweiligen Kapiteln. Besonders betonen möchte ich hier nur, dass das *Anbraten* und das lange, langsame *Karamellisieren* zu den besten Methoden zählt, zu den meisten Gemüsen passt und wirklich schmackhafte Resultate ergibt (siehe auch Glossar, Seite 374). So lassen sich auch Gemüseskeptiker davon überzeugen, dass Gemüse zu einem wesentlichen Teil der Geschmackvielfalt auf dem Teller beiträgt.

Ein anderes, wichtiges Küchenprinzip hängt mit *Säure, Salz und Hitze* zusammen. Sie wirken schließend, zusammenziehend auf das Kochgut und helfen, eine Art äußere Schutzschicht zu bilden. Das ist für Gemüse interessant, das weniger schnell verkochen oder die Form nicht verlieren soll. Bei Vollkorngetreide und Hülsenfrüchten braucht es zuerst jedoch die gegenteilige Wirkung: Sie müssen aufweichen und sich entfalten können. Erst gegen Ende der Kochzeit darf man Salz und Säure (z.B. Wein) zufügen. Um ein Gemüse auszulaugen, einen Auszug davon zu machen, beginnt man mit kaltem, ungesalzenem Wasser, ohne jegliche Säurezufuhr. Um den Eigengeschmack, die Inhaltsstoffe und die Form eines Gemüses zu erhalten, brät man es stark an oder kocht es mit Wein oder sogar etwas Essig oder gegebenenfalls in sprudelnd kochendem Salzwasser. Die vielen Kombinationsmöglichkeiten dieser drei Prinzipien ergeben eine geschmacklich interessante Gemüseküche für jeden Tag.

Ein großes Brett, ein gut geschliffenes Messer und ein hochwertiger Gemüsehobel (Mandoline) erleichtern die Arbeit (siehe auch Glossar).

Aus sauberen Rüstabfällen entsteht ein leckerer Gemüsefond (siehe Text links).

Zu den Rezepten

Die meisten Rezepte in diesem Buch sind vegetarisch oder vegan oder können problemlos in solche umgewandelt werden, da tierische Produkte nur einen geringen Anteil davon ausmachen und ganz einfach durch eines der vielfältigen heute zur Verfügung stehenden Alternativprodukte ersetzt werden können.
Viele Rezepte sind Gerichte, die man mit anderen Zutaten kombinieren kann oder soll. Die Mengenangaben sind meistens für 4 Personen gedacht. Je nachdem, ob zum Aperitif, als Vorspeise oder als Gemüsebeilage, kann die rezeptierte Menge aber auch für mehr Portionen ausreichen.
Die Rezepte sollen Sie zum Experimentieren auffordern. Ich bleibe meistens nicht lange bei einem unveränderten Rezept, sondern probiere bald neue Varianten aus. Sehr oft vergesse ich auch, wie ich ein Gericht gekocht habe, obwohl mir das Gericht sehr wohl in Erinnerung bleibt; so komme ich oft über Umwege wieder auf das gleiche Ergebnis.

Gehen Sie also spielerisch mit meinen Rezepten um, probieren Sie weiter und lassen Sie sich von den Produkten inspirieren!

DIE PFLANZENPORTRÄTS UND REZEPTE

RANDE, ROTE BETE, ROTE RÜBE

Beta vulgaris ssp. *vulgaris, Conditiva*-Gruppe

Randen oder Rote Bete waren für mich lange Zeit ein klassisches Winter- oder besser Lagergemüse, bis ich in verschiedenen Gemüsebetrieben gesehen habe, dass die ersten Randen schon im August geerntet werden. Die Rüben der späteren Einsaaten können bis kurz vor dem ersten Frost im Boden bleiben. Sie wurden früher in Erdmieten und werden heute im Kühlhaus (bei 0 bis 6 Grad Celsius und 90 bis 95 Prozent Luftfeuchtigkeit) bis in den Mai hinein gelagert. Bei der frühen Ernte der Rüben kann man die noch frischen Blätter mitverwenden (gekocht), aber trotzdem bekomme ich erst ab Oktober so richtig Lust auf Randen.

Ich kaufe fast immer rohe Randen, weil ich diese dann nach meinen Wünschen ganz unterschiedlich verwenden kann. Viele Leute mögen Randen nicht besonders und beziehen sich mit ihrem Urteil auf die fertig gekochten, in Beutel eingeschweißten Knollen oder Würfel aus der Packung. Nichts gegen die im Ganzen gekochten Randen, ich liebe auch diese. Wenn man sie in dieser Form haben will, ist es durchaus sinnvoll, sie fertig gekocht zu kaufen, denn das Kochen von größeren Mengen ist energieeffizienter.

Mein Rat wäre aber: Lassen Sie sich vom typischen, etwas erdigen Geschmack und der knackigen Konsistenz der rohen Rande überraschen! Von der rohen Knolle ausgehend, kann man zwischen allen Möglichkeiten der Verwendung wählen – und kann sie natürlich auch kochen.

Die erdige Geschmacksnote ist stark sortenabhängig, neuere Züchtungen sind etwas milder und ausgewogener. Mithilfe von süßen, nuss- sowie kalziumhaltigen Zutaten (z. B. Milchprodukten) wird die Oxalsäure gemildert.

In der Küche

Mit einem Sparschäler kann man die Knolle großzügig schälen. Wenn man Randen im Ganzen kocht, sollte man die Schale allerdings nicht verletzen: So bewahrt man die schöne rote Farbe im Inneren. Die Schale kann nach dem Kochen mit einem leichten Fingerdruck entfernt werden.

Wegen ihrer stark färbenden Eigenschaft sollten Randen immer separat verarbeitet werden, um andere Zutaten nicht zu verfärben. Die Farbe ist nicht sehr hitzebeständig und wird schnell ausgewaschen. Die Lebensmittelindustrie verwendet das Randenrot zum Beispiel zum rot Einfärben von Joghurt.

Bei roher Verarbeitung lohnt es sich, die Randen relativ dünn zu raspeln oder zu hobeln, damit sie besser schmecken und sich mit den anderen Zutaten gut vermengen. Saure und

Nicht jede Rande ist rot und rund. Es gibt weiße, gelbe, geringelte und rote Sorten. Die Formen reichen von plattrund bis lang. Die jungen Herzblätter des Randenkrauts sind ebenfalls essbar.
Etwa die Hälfte der Knolle befindet sich während des Wachstums über der Erde.

pikante Zutaten sowie feine, nussige Öle und verschiedene Milchprodukte passen gut zu roher Rande. Bei den alten Sorten ('Chioggia', 'Gelbe', 'Weiße') sollte man bedenken, dass sie aufgeschnitten oder geraspelt nicht lange dekorativ bleiben, da sie die Tendenz haben, grau anzulaufen. Dies ist allerdings nur ein ästhetisches Problem und tut dem Geschmack keinen Abbruch.

Um beim Garen Kochzeit einzusparen, kann man die Rande in kleine Stücke schneiden. Als Beilage koche ich sie gerne in Rotwein mit etwas Lorbeer und Sternanis; wird am Schluss noch etwas grober Senf untergemischt, gibt ihr das eine besondere Note. Aber auch in etwa 2 Millimeter dünne Scheiben geschnitten und gebraten oder zuvor noch paniert, ist sie eine Delikatesse. Mit wenig Wasser und Würzzutaten etwas länger gekocht und dann püriert, ergibt sie eine gute Basis für Saucen, Füllungen, Dips oder eine färbende Komponente von Cremes, Kartoffelpüree usw. Im Ofen können kleinere Randen, die zuvor mit etwas Öl eingerieben wurden, im Ganzen gebraten werden, eventuell zusammen mit anderem Wurzelgemüse. Auch gefüllt oder in gröberen Stücken in der Salzkruste lassen sie sich im Ofen backen. Alte Sorten sind je nach Erntejahr und Sorte beim Kochen weniger farbbeständig; die schöne ringförmige Zeichnung der 'Chioggia'-Rande etwa verwischt sich.

Passende Zutaten

Die Sorte 'Ochsenblut' (oben) wird vor allem für die Laubernte verwendet.

In Italien findet man auf dem Markt auch im Ofen gekochte Randen und Zwiebeln.

Meerrettich, frischer Ingwer, Nelken, Nelkenpfeffer, Sternanis, Cassia oder Zimt, Koriandersamen, Curry
Lorbeer, Petersilie, Fenchelkraut, Dill, Kerbel, Schnittlauch, Koriander
Obstsaft-Konzentrat, Holundersaft, Kürbiskernöl, Kokosmilch

Randen-Dip

Dieses Dip-Rezept (von denen es noch einige weitere in diesem Buch gibt) ist jenes, das ich schon am längsten unverändert zubereite: Es stimmt einfach! Ich serviere drei bis vier verschiedene Dips mit einer Palette von rohem, in dünne Scheiben oder Stifte geschnittenem Gemüse als farbenfrohen und bekömmlichen Aperitif-Snack.
Rohes Gemüse sollte man immer am Anfang einer Mahlzeit genießen.
Beim Mixen benötigt man etwas Geduld, bis alle Bestandteile gleichmäßig püriert sind; die Masse sollte möglichst nicht flüssig sein.
Man braucht etwas Zeit, um diese Dipsaucen zuzubereiten; darum bereite ich sie manchmal auf Vorrat zu, friere sie ein und mixe sie dann vor dem Servieren nochmals auf.

300 g Randen, geschält 1 TL Gemüsebrühepulver	In Würfel schneiden und in einem Topf mit Wasser bedecken.
2 Lorbeerblätter	Dazugeben und etwa ½ Stunde weich kochen; dabei sollte das Kochwasser zuletzt fast ganz eingekocht sein. Auskühlen lassen, die Lorbeerblätter entfernen und die Masse in ein Mixerglas geben.
2–4 EL frischer Meerrettich, geschält und geraspelt 1 EL Senf	Dazugeben und zu einer feinen Masse mixen.
1 EL weißes Mandelpüree	Dazugeben und nochmals zu einer feinen Creme mixen.

Chioggia-Randen-Carpaccio

Die 'Chioggia'-Rande ist für dieses Rezept am schönsten. Nachfolgend aber noch andere Varianten, damit Sie mit den verschiedenen Sorten spielen können.

1 Prise Kräutermeersalz 1 EL Apfel-Verjus 2 EL geröstetes Walnussöl 1 TL grober Senf	Alle Saucenzutaten mischen.
1 Chioggia-Rande	Schälen und mit dem Gemüsehobel oder der Aufschnittmaschine in dünne Scheiben hobeln. Mit der Sauce gut vermischen und auf einem Teller auslegen.
1 Handvoll Walnüsse	Darüber verteilen.

Saucenvariante für weiße oder gelbe Randen

Zitronensaft und abgeriebene Zitronenschale, Honig, Olivenöl, gehackten Dill, gehackte Petersilie und Kapern zu einer Sauce mischen.
Besonders zu empfehlen sind die »Capperi di Salina«, würzige Kapern von der Insel Salina, die von Hand geerntet und in grobem Meersalz eingelegt werden. Vor Gebrauch legt man sie mehrere Stunden in viel frisches Wasser.

Saucenvariante für rote Randen

Rotweinessig, Apfelsaftkonzentrat, groben Senf, geraspelten Meerrettich und Kürbiskernöl zu einer Sauce mischen. Diese rote Carpaccio-Variante, mit Rucola und feinen Scheiben Alp-Sbrinz oder Parmesan bestreut, könnte bei Kerzenlicht serviert gut mit der Fleischvariante verwechselt werden ...

Randensalat mit Hering

Für dieses Rezept verwende ich gerne gesalzenen und geräucherten Sunnmøre-Hering aus Norwegen. Er stammt aus dem einzigen Betrieb in Norwegen, der noch nach alter Tradition handwerklich arbeitet. Die aus nachhaltiger Fischerei stammenden Heringe werden eingesalzen gelagert (bis zu 60 Tage) und anschließend geräuchert; je nach Räucherdauer – von 10 Stunden bis zu 12 Tage – kommen sie unter den Bezeichnungen »Silver«, »Golden« oder »Hard cured« in den Handel.

100 ml Rotwein 3 Lorbeerblätter 1 Prise Piment (Nelkenpfeffer) 1 Prise Salz	Alle Zutaten in eine Pfanne geben und zum Kochen bringen.
300 g rohe Randen, geschält	In grobe Stifte hobeln (2 mm dick), in den Weinsud geben und 7 Minuten garen, dabei ab und zu wenden. Dann sofort zum Abkühlen auf einem Blech auslegen.
1–2 EL Apfel- oder Birnenessig 3–4 EL Kürbiskernöl 1 EL grober Senf 1 EL Apfelsaftkonzentrat viel gemahlener schwarzer Pfeffer	Alle Saucenzutaten mischen.
200 g Moschuskürbis, geschält	In grobe Stifte hobeln (2 mm dick).
100 g geräucherter Hering	Den Hering von Gräten befreien und in sehr feine Streifen schneiden.
1 EL Schnittlauch, fein geschnitten etwas Dill und Petersilie, gehackt	Alle Zutaten zusammen mit den Randen und der Sauce vermischen.

Randen-Apfel-Sauerrahm mit Meerrettich

1 Prise Kräutermeersalz 1 EL Senf 1 EL Apfelsaftkonzentrat 1 EL Apfelessig 150 g Sauerrahm (Crème fraîche, Schmand) 2 EL frischer Meerrettich, geschält und fein geraspelt	Alles zu einer Sauce mischen.
1 rohe Rande, geschält 1 Apfel	Beides auf der Röstiraffel reiben und mit der Sauce mischen.

Randen mit Orange (oben, Rezept Seite 48), Randen-Apfel-Sauerrahm mit Meerrettich (Mitte) und Randensalat mit Hering (unten).

Randen mit Orange

(Bild Seite 46)

1 TL abgeriebene Orangenschale 1 Prise Kräutermeersalz 1 EL Rotweinessig 1 TL grober Senf 1 EL Ingwer, geschält und geraspelt je 1 Prise Piment- und Sternanispulver 2 EL geröstetes Mandelöl	Alles zu einer Sauce mischen.
300 g rohe Randen, geschält	Auf der Bircherraffel fein raspeln.
1 Orange	Schälen und in kleine Stücke schneiden.
2 EL Mandeln, gehackt	Alles mit der Sauce gut mischen.

Rotwein-Randen-Sauce

Eine Sauce, die zu vielem passt, allein schon farblich. Mit Rahm oder Sauerrahm kann man sie noch verfeinern. (Bild Seite 187)

1 EL Olivenöl	In eine warme Pfanne geben.
100 g rote Zwiebel, grob geschnitten	Dazugeben und auf kleiner Flamme anbraten.
200 g Randen, geschält und gewürfelt	Hinzufügen und mit Wasser knapp bedecken.
1 TL Gemüsebrühepulver 2 Lorbeerblätter	Gemüsebrühe und Lorbeer beigeben und alles zugedeckt 20 Minuten kochen lassen.
100 ml Rotwein	Hinzufügen und nochmals 10 Minuten kochen, bis die Flüssigkeit fast komplett eingekocht ist.
1 Schuss Malaga oder Madeira	Zuletzt beigeben, die Lorbeerblätter entfernen und die Sauce mit dem Mixstab pürieren.

WELCHEN ANTEIL DES HAUSHALTSBUDGETS GEBEN WIR FÜR LEBENSMITTEL AUS?

Viele Konsumenten haben heute den Eindruck, dass Lebensmittel immer teurer werden. Laut dem Bundesamt für Statistik gibt der durchschnittliche Schweizer Haushalt jedoch immer weniger seines Budgets für Nahrungsmittel und alkoholfreie Getränke aus. Waren es 1945 noch rund 35 Prozent, ist es heute bereits weniger als ein Zehntel. Damit gehört die Schweiz im internationalen Vergleich zu den Ländern, in denen durchschnittlich der kleinste Teil des Einkommens für Nahrungsmittel aufgewendet wird.

Noch geringer ist dieser Anteil laut der US-Landwirtschaftsbehörde nur in den USA, Kanada, Großbritannien und Singapur. Dagegen gibt man beispielsweise in Marokko, Ägypten, Algerien, Jordanien, Pakistan, Kenia oder Kamerun über 40 Prozent des Haushaltsbudgets für Nahrungsmittel aus.

Erklärung von Bern

Süße Randen-Zitrus-Sauce

Wie anderes Gemüse eignen sich auch Randen gut für die süße Küche. Hier eine Idee, die sehr schmackhaft und sehr dekorativ ist. Probieren Sie die Sauce auch mit Rahm oder Sauerrahm verfeinert oder sogar eine Mousse-Variante mit Schlagrahm!

100 g rohe Randen, geschält	In kleine Stücke schneiden.
100 ml Wasser	Mit den Randen in einen Topf geben und die Randen etwa 30 Minuten weich kochen.
100 g fester, süßer Kürbis (z. B. Maronikürbis)	In Stücke schneiden und dazugeben, eventuell noch etwas Wasser beifügen und 15 Minuten weiterkochen. Auskühlen lassen.
3 EL Apfelsaftkonzentrat 1 EL Apfeldicksaft	Dazugeben.
1 Yuzu oder Mandarine oder Zitrone	Die Schale abreiben und mit 1 EL Saft hinzufügen. Pürieren.
2 EL Mandarinenöl	Bei laufendem Mixer einarbeiten. Eventuell mit etwas Wasser zur gewünschten Saucenkonsistenz verdünnen.

Herbstlicher Dessertteller: Kakisauce (Kaki mit Grand Marnier gemixt), Randensauce, süße Karottencreme im Glas (siehe Seite 223) mit im Ofen getrockneten Karottenscheiben, dazu ein Mandarinen-Trauben-Granatapfel-Salat.

KRAUTSTIEL, STIEL- ODER RIPPEN-MANGOLD

Beta vulgaris ssp. *vulgaris*, *Flavescens*-Gruppe

Krautstiel oder Stiel-Mangold stammt aus der gleichen Pflanzenfamilie wie die Rande. Die vorwiegend mediterrane Pflanze hat ihren Ursprung in der Meer-Rübe *Beta vulgaris* ssp. *maritima*. Diese ebenfalls sehr leckere Wildpflanze gedeiht vor allem in Meeresnähe, auch im nördlichen Europa.
Auf dem Markt findet man Krautstiel fast das ganze Jahr über. In der Schweiz und in Deutschland werden ab März/April die im Herbst gepflanzten und bis Oktober/November die im gleichen Jahr gepflanzten Setzlinge geerntet; in Mittel- und Süditalien wird fast nur in den Wintermonaten geerntet.
In den letzten Jahren sind zunehmend verschiedenfarbige Sorten auf dem Markt zu finden; zum Teil sind das alte Sorten, die zum Beispiel von ProSpecieRara erhalten wurden, oder auch neue Züchtungen. Sie alle erfreuen das Auge, sei es im Garten oder auf dem Teller.
Im eigenen Garten lohnt es sich, einige Pflanzen überwintern zu lassen, denn im zweiten Jahr bildet sich ein langer Blütenstängel, der vor allem bei den farbigen Sorten sehr dekorativ sein kann.
Im Kühlschrank hält sich Krautstiel in einen Zellophanbeutel verpackt etwa eine Woche. Im professionellen Kühlhaus etwas länger. Geschnitten und kurz blanchiert, kann man ihn auch tiefkühlen.

Links: Die Sorte 'Grüner krausblättriger Genfer'.

Unten links die Sorte 'Genfer Selma' mit relativ glattem Blatt.

Der rosarote Krautstiel unten rechts ist eine neuere Züchtung, die oft als farbige Mischung angeboten wird.

In der Küche

Wegen des hohen Gehalts an Oxalsäure sollte Krautstiel nicht roh gegessen werden. Auch der Geschmack ist gekocht besser. Auf den Punkt gegart, und nicht zerkocht, ist er köstlicher, als wenn er noch zu viel Biss hat.
Man verwendet das ganze Blatt samt der dicken Blattrippe. In älteren Quellen wird geraten, von den Rippen die »Fäden« abzuziehen; bei den heutigen Sorten ist das aber nicht mehr nötig. Für manche Rezepte ist es sinnvoll, den grünen Blattteil von der Blattrippe abzustreifen oder abzuschneiden, weil das Grün

eine kürzere Kochzeit hat. Für manche speziell dekorative Zubereitungen brauche ich allerdings nur den Stängel und verwende das Grün anstelle von Spinat für ein anderes Rezept.
Es gibt Sorten, die einen sehr dicken und breiten Stängel bilden, während andere (vor allem die farbigen) schmaler und etwas zäher, dichter und von festerer Konsistenz sind. Der Trick, auch Letztere zu genießen, liegt in der Schneidetechnik: Die Fäden – es sind Fasern, die dem Blatt Struktur geben – verlaufen längs der Blattrippe entlang. Je kürzer man also die Stücke schneidet, desto zarter empfindet man sie auf dem Gaumen. Sehr junge Blattrippen kann man längs in Streifen schneiden und als »falsche Spargel« servieren.
Generell sollte man die Blätter gut waschen und eventuell mit einer Gemüsebürste noch vorhandene Erdreste aus den Blattrippen entfernen.
Beim Kochen in Salzwasser verliert Krautstiel etwas mehr von der unerwünschten Oxalsäure, aber die farbigen Sorten verblassen dabei gerne. Man kann ihn auch im Dampf garen oder in Butter oder Öl zugedeckt im eigenen Saft dämpfen. Die Kochzeit variiert je nach Sorte und Alter zwischen 3 und 20 Minuten; am besten, man probiert ab und zu.
Krautstiel eignet sich als Beilage und als Bestandteil einer Sauce oder einer Füllung.

Passende Zutaten

Fenchelsamen, Muskatnuss, schwarzer Pfeffer, Piment, Paprika, Koriandersamen
Sardinen, Geräuchertes, Knoblauch, Pilze, Sojasauce, Zitrusfrüchte

Der Strunk des Krautstiels erinnert sehr an die Rande: ein Zeichen der nahen Verwandtschaft.

Die verschiedenen Krautstiel-Sorten beleben den Garten, hier bei Sybille Sigrist.

Krautstiel mit Berberitze und Pinienkernen

Eine meiner Lieblingsvorspeisen, die sich auch auf einem Buffet gut macht. Es sind viele Varianten möglich: Rosinen anstatt Berberitze, oder man kann Sardellenfilets zusammen mit dem Knoblauch zugeben, Kapern oder Dörrtomaten hinzufügen, Zitronen- oder Orangenöl verwenden ...

400 g Krautstiel, geschnitten	In Salzwasser 5–8 Minuten kochen. Abgießen und zum Auskühlen sofort an der Luft ausbreiten; beiseitestellen.
1 EL Olivenöl 1 TL Fenchelsamen 2 EL Berberitzenbeeren wenig Peperoncino (milde Chili), gehackt	In einer beschichteten Pfanne langsam erhitzen und wenige Minuten anbraten.
1–2 Knoblauchzehen	Pressen, dazugeben und etwa 15 Sekunden mitbraten; dann vom Herd nehmen.
2 EL Olivenöl schwarzer Pfeffer 2 EL geröstete Pinienkerne	Samt dem Krautstiel hinzufügen und alles gut mischen.

Farbige Krautstiele mit Avocado und Zitrone

Ich verwende dafür gerne den Tessiner »Vallemaggia-Pfeffer«, einen groben schwarzen Pfeffer, der mit Wein und Destillat angefeuchtet ist.

400 g farbige Krautstiele	Jeweils den grünen Blattteil abschneiden und für andere Zwecke verwenden. Die Stiele in 2 cm lange Stücke schneiden und in kochendem Salzwasser (eventuell separat, damit sich die Farben nicht vermischen) knackig kochen. Abgießen und an der Luft auskühlen lassen.
7 Sardellenfilets 1 Knoblauchzehe, in Scheiben geschnitten 2 EL Olivenöl	In einem Pfännchen auf kleiner Flamme zergehen lassen. Dann abkühlen lassen.
1 EL Zitronensaft und abgeriebene Zitronenschale	Dazugeben und zu einer Sauce mischen. Den Krautstiel gut mit der Sauce vermengen.
1 Avocado, geschält, gewürfelt grober, schwarzer Pfeffer	Beides unter den Krautstiel mischen und servieren.

Pasta mit Krautstiel und Champignons

Die Sauce von diesem Rezept eignet sich auch als Beilage, mit oder ohne Pilze.
»Farina bona« ist ein Mehl aus geröstetem Mais aus dem Tessiner Onsernonetal (siehe Glossar). Es gibt diesem Gericht einen leichten Röstgeschmack, dem man auch mit geröstetem Mehl nahekommt.

400 g Pasta nach Wahl, gekocht

300 g frische Champignons, in Scheiben geschnitten
1 EL Bratbutter

In eine heiße Pfanne geben und die Pilze bei hoher Temperatur, damit sie kein Wasser ziehen, goldgelb braten; ab und zu wenden, dann beiseitestellen.

500 g Krautstiel, in dünne Stücke geschnitten
100 g Lauch, in dünne Scheiben geschnitten
1 TL Gemüsebrühepulver

Alles zusammen mit 1 EL Wasser in eine Pfanne geben und zugedeckt 5–10 Minuten weich garen.

1 Knoblauchzehe, gepresst
200 ml Rahm
2 cl Sherry
1 TL Farina bona

Zusammen mit den gebratenen Pilzen zum Gemüse geben, nochmals kurz aufkochen lassen und unter die gekochte Pasta mischen.

Grünkernklöße auf Rahm-Krautstiel mit Kapern

Ein geniales Rezept aus einem meiner Lieblingsbücher: Barbara Rütting, »Mein neues Kochbuch« (Mosaik Verlag). Grünkern ist für mich der König der Getreidesorten, und in dieser Form sogar noch schmackhafter. Das Slow-Food-Presidio-Projekt »Fränkischer Grünkern« unterstützt den nachhaltigen Anbau dieser Getreidesorte in seiner Ursprungsregion. Der 'Bauländer Spelz', eine alte Dinkelsorte, wird noch heute nach der Ernte als unreifes Korn über Buchenholzfeuer getrocknet.

250 g Grünkern, grob geschrotet 500 ml Wasser 2 Lorbeerblätter 1 TL Gemüsebrühepulver 2 EL Sellerieblätter, gehackt	Alle Zutaten in einen großen Topf geben, zum Kochen bringen und dann die Herdplatte sofort wieder ausschalten. Zugedeckt eine halbe Stunde quellen und auskühlen lassen.
1 Ei 1 EL Senf 1 Prise Majoran, gerebelt 1 Knoblauchzehe, gepresst Paprika und Pfeffer 1 EL Tamari	Zum ausgekühlten Grünkern geben und gut mischen. Aus der Masse Klöße formen. Diese in kochendes Salzwasser geben und je nach Größe 10–20 Minuten ziehen lassen.
1 EL Bratbutter	In eine große Pfanne geben.
1 Schalotte, in Scheiben geschnitten	Hinzufügen und anbraten.
300 g Krautstiel	In ½ cm breite Streifen schneiden und mit in die Pfanne geben.
2 EL Kapern, entsalzt 1 TL Gemüsebrühepulver	Zusammen mit wenig Wasser zum Gemüse geben und zugedeckt 5–10 Minuten gar kochen lassen.
3 cl Sherry 200 ml Rahm 1 Prise geriebene Muskatnuss	Dazugeben und nochmals aufkochen lassen. Eventuell mit ein wenig Maisstärke binden. Die gut abgetropften Knödel darauf anrichten.

KÜRBISGEWÄCHSE – CUCURBITACEAE

'Tetsukabuto' ('Iron Cup', oben) eine interspezifische Sorte, hervorgegangen aus der Kreuzung von *C. maxima x C. moschata*; sie ist sehr schmackhaft und festfleischig.

Der Siam- oder Feigenblatt-Kürbis (unten) gehört zur Art *Cucurbita ficifolia*.

Rechte Seite: Die schnell verrottende dunkle Folie hilft das Unkraut in Schach zu halten.

Unten links verschiedene Flaschenkürbisse der *Lagenaria*-Art, rechts nicht essbare Zierkürbisse.

Die Kürbisgewächse bilden eine Pflanzenfamilie mit vielen Gattungen und Arten, die vor allem in den wärmeren Regionen der Welt wachsen. Einige Gattungen werden bereits seit Langem vom Menschen kultiviert, zum Beispiel Gurken, Melonen, Wassermelonen, Chayote *(Sechium edule)* oder die Flaschenkürbisse *(Lagenaria siceraria)*; durch Selektion und Kreuzung sind immer wieder neue Kultursorten entstanden. Die hier beschriebenen Sorten gehören alle zur Gattung *Cucurbita*.

Die Wildform, von der sich alle unsere Speisekürbisse ableiten, stammt aus Amerika. Die Früchte der wilden Arten sind giftig; sie enthalten den Bitterstoff Cucurbitacin, der zu Magen-Darm-Beschwerden führen kann. Cucurbitacin ist auch in vielen der sogenannten Zierkürbisse enthalten und manchmal auch in Früchten des Gartenkürbisses *(Cucurbita pepo)*. Deshalb lohnt es sich im Zweifelsfall, vor dem Kochen von dem rohen Kürbis zu kosten: Fruchtfleisch, das Cucurbitacin enthält, schmeckt bitterlich. In diesem Fall sollte der Kürbis nicht verzehrt werden.

Wie kann es dazu kommen, dass sich die Sorten der Art *Cucurbita pepo* so leicht wild kreuzen? Es reicht, dass im Umkreis von zwei Kilometern eine Zierkürbispflanze wächst und mit ihren Pollen die Kürbisblüten im eigenen Garten bestäubt werden. Die Kreuzung betrifft nicht die Frucht selbst, sondern die darin enthaltenen Samen, aus denen im folgenden Jahr eine neue Pflanze heranwächst, die dann nicht mehr die gleichen Früchte hervorbringt. Auch bei den anderen Kürbisarten können Kreuzungen vorkommen, aber meistens ohne dass sie bitter und ungenießbar werden. Da »der Vater« nicht bekannt ist, können diese Samen möglicherweise andere Merkmale hervorbringen als die der Mutterpflanze. Daher wird dringend geraten, jedes Jahr neue Kürbissamen bei professionellen Samenzüchtern zu kaufen.

Unsere Speisekürbisse gehören fünf Arten an; die drei wichtigsten sind: *Cucurbita maxima* (Riesenkürbis), *Cucurbita moschata* (Moschuskürbis) und *Cucurbita pepo* (Gartenkürbis). Jede dieser Arten beinhaltet sehr viele Sorten, die im Folgenden behandelt werden. Speziell zu erwähnen ist der Flaschenkürbis *(Lagenaria siceraria)*, die einzige bekannte Art aus der Zeit vor der Entdeckung Amerikas. Es gibt sehr viele Formen davon, die vor allem getrocknet als Behälter benutzt werden. In Italien, China und Afrika verwendet man Flaschenkürbisse im jungen Stadium zusammen mit den jungen Sprossen und Ranken der Pflanzen auch zum Verzehr (meist gekocht).

Weiterführende Links

www.kcb-samen.ch: Samenversand des Kürbis Club Basel
www.kuerbishof.ch, Rothenburg: große Kürbisauswahl
Gerold Steiner, Zeiningen (Aargau), gerristeiner@bluewin.ch: Kürbis-Neuzüchtungen
www.bobby-seeds.com
www.kuerbis-und-mehr.de
www.kuerbis.net
www.fieradellazucca.it

KÜRBIS

Cucurbita spp.

Die Kürbisse, botanisch gesehen Beeren, sind äußerst vielfältig und vielgestaltig. Seit mehreren Jahren ist die enorme Sortenvielfalt, die aus der ganzen Welt stammt und von unzähligen passionierten Kürbiszüchtern laufend ergänzt wird, nun auch hierzulande erhältlich. Beim Kauf eines Kürbisses rate ich, nach seinem Namen zu fragen: Reinsortige Kürbisse haben normalerweise geschmacklich viel mehr Charakter. Ich liebe Kürbisse wegen ihrer verschiedenen Farben und Formen, aber vor allem wegen ihrer großen Geschmackspalette von süß bis nussig und ihrer vielfältigen Konsistenz von cremig bis knackig, wodurch sie vielseitig einsetzbar sind.

Auf jede neue Kürbisernte bin ich gespannt: Welcher Produzent hat welche Sorten angepflanzt? Was hat die Natur damit gemacht? Haben die Pflanzen den Sommerhagel unbeschadet überstanden? Konnten sie gut reifen und sind sie haltbar oder muss man sie relativ schnell aufbrauchen? Meistens kaufe ich Kürbisse bei verschiedenen Produzenten, zuerst in meiner Umgebung hier im Tessin, dann fahre ich in die deutschsprachige Schweiz, wo zum Beispiel der Kürbishof im luzernischen Rothenburg bis zu 350 verschiedene Sorten anbietet, alle liebevoll mit Namen beschriftet. Dieses Jahr war ich auch an der Fiera della Zucca in Piozzo, Italien. Großartig! Auch zu Gerold Steiner in Zeiningen gehe ich gerne: Er ist ein Spezialist in Sachen Kürbis-Neukreationen, mit dem Hauptziel Geschmack und kleinere Größen.

Noch zwei Wochen bis zum Kürbisfest auf dem Kürbishof in Rothenburg bei Luzern (links): Die gewaschenen Kürbisse stapeln sich, bevor sie, fein säuberlich sortiert und beschriftet, ausgestellt werden.

Gerold Steiner in Zeiningen (unten) züchtet seit vielen Jahren seine Kürbisse nach den folgenden Kriterien: guter Geschmack, feste Konsistenz, kleine, praktische Form.

Kürbis ist nicht gleich Kürbis. Um eine Vorstellung der riesigen Vielfalt an Geschmacksrichtungen und Konsistenzen zu vermitteln, mache ich eine Verkostung, hier am Slow-Food-Markt in Zürich. Dafür koche ich von jedem Kürbis kleine Stücke jeweils fünf Minuten im Dampf; manche werden auch roh serviert.

Lagerung

Im Herbst kaufe ich etwa 200 kg Kürbisse möglichst unterschiedlicher Sorten und wenn möglich »mit Namen«. Ich verteile sie dann als Dekoration für die kalte Jahreszeit auf Stroh oder Jute gebettet in Wohnzimmer und Küche, manche müssen wegen Platzmangel auch eine Zeit lang ins Treppenhaus. Dort geht es ihnen am besten: Kürbisse brauchen für die Lagerung und um nachzureifen eine konstante Temperatur (ideal sind 17 Grad Celsius, aber auch 19 bis 20 Grad sind in Ordnung) und relativ wenig Luftfeuchtigkeit (der Keller ist zu feucht). Zudem habe ich die Kürbisse so unter Kontrolle und kann »erkrankte« Exemplare entfernen oder, wenn ich es frühzeitig entdecke, den noch gesunden Teil davon verwerten. Auf diese Weise habe ich fast das ganze Jahr über Kürbisse zur Verfügung; meistens brauche ich meinen letzten Kürbis auf, wenn ich schon die neue Ernte gekauft habe.

Nach meiner Erfahrung können Geschmack und Konsistenz der einzelnen Sorten von Jahr zu Jahr, ja sogar von Kürbis zu Kürbis große Unterschiede aufweisen. Daher bin ich sehr zurückhaltend mit Sortenempfehlungen für bestimmte Gerichte. Es ist auch schwierig, den Reifegrad einzuschätzen. Da muss man sich auf die Produzenten verlassen, mit ihnen in Kontakt bleiben, Rückmeldungen und Erfahrungen austauschen. Generell kann man sagen, dass ein gut ausgereifter Kürbis auf jeden Fall besser schmeckt, sein Fleisch eine schönere Farbe hat und er viel länger haltbar ist. Kurz vor der optimalen Erntezeit geerntete Kürbisse, wie es in manchen Jahren bei schwierigen Wetterverhältnissen eben vorkommt, können zu Hause nachreifen. Viel zu früh geerntete Kürbisse werden nie wirklich schmackhaft. Reif ist ein Kürbis auf dem Feld, wenn die Blätter abwelken, die Schale eine satte Farbe hat und der Strunk verholzt und am Abtrocknen ist. Die ersten Kürbisse werden schon im August angeboten, die große Menge aber wird ab Mitte September bis zum ersten Frost geerntet.

Kürbisse lagert man am besten im Wohnbereich: Sie brauchen eine konstante milde Temperatur. Am Boden auf wenig Stroh ausgelegt, sind sie dekorativ und gleichzeitig immer unter Kontrolle: Wenn einer »erkrankt«, kann man ihn sofort entfernen und noch verwerten.

MUNICIPIO
Casa baladin

Kürbisfest in Piozzo im Piemont.
Im April werden jeweils Samen von 350 Kürbissorten an die Dorfgemeinschaft verteilt. Am ersten Oktoberwochenende ist es soweit: Die engen Straßen füllen sich mit Marktständen, überall kann man Kürbisse kaufen, probieren und bewundern. Dazu präsentieren Nando Musso und Fausto Ameglio (oben rechts), die unermüdlichen Organisatoren dieses Festes, in einer Ausstellung 450 Kürbissorten, jede mit einer ausführlichen Erklärung. (www.fieradellazucca.it)

In der Küche

Die Vielfalt von Geschmack, Konsistenz und Farbe der Kürbisse ermöglicht es, daraus sehr unterschiedliche Gerichte zu kochen und ein vielgängiges Kürbismenü zu zaubern, bei dem jeder Gang eine neue Geschmackserfahrung hervorbringt.
Wenn ich mit dem Kürbiskochen beginne, schneide ich zuerst einmal mehrere von ihnen auf, trenne einen kleinen Schnitz heraus und gare diesen vier bis fünf Minuten über Dampf, bevor ich ihn probiere. Diese erste Beurteilung hilft mir zu entscheiden, welcher Kürbis am besten zu welchem Rezept passt.
Die angeschnittenen Kürbisse kann man gut ein bis drei Wochen aufbewahren, wenn man Folgendes beachtet: Die Samen und Fäden sollte man möglichst intakt lassen und den Kürbis unbedeckt, auch nicht mit Folie, im Kühlschrank lagern. Die Schnittstellen werden vom kürbiseigenen Sekret regelrecht versiegelt und trocknen etwas ein, Schimmelpilz und Fäulnis entwickeln sich weniger. Vor dem nächsten Gebrauch schneidet man an den Schnittstellen eine dünne Schicht ab, zusammen mit eventuellen faulen Stellen; normalerweise ist der Rest noch in Ordnung.

Rüsten

Je nach Sorte kann die Kürbisschale eine unterschiedliche Konsistenz aufweisen, von zart bis holzig. Um zu entscheiden, ob man den Kürbis schälen soll oder nicht, mache ich die Nagelprobe: Wenn der Fingernagel leicht durch die Schale dringt, kann diese mitgegessen werden; falls nicht, muss man sie mit einem Sparschäler oder einem Messer entfernen. Bei Sorten mit extrem harter, holziger Schale (z. B. beim 'Hubbard') kommt bei mir noch ein anderer Trick zum Zug, um Handgelenke und Messer zu schonen: Man lässt den Kürbis auf den Boden fallen, sodass er in ein paar Stücke aufbricht, die man dann, von den Samen befreit, im Ofen oder über Dampf gart (siehe Seite 86). Einmal gegart, lässt sich das Kürbisfleisch leicht mit einem Löffel aus der holzigen Schale kratzen. Für alle anderen Sorten rate ich, ein großes, gut geschliffenes Messer zu gebrauchen. Manchmal benötige ich sogar einen Gummihammer, um bei »dichteren« Sorten das Messer durch das Fruchtfleisch zu führen. Die Samen samt den daran hängenden Fäden kann man mit einem Löffel oder mit einem Spezialgerät herausschaben. Schale und Samen kann man für Gemüsefond verwenden.

Beim Aufschneiden des Kürbisses tritt Saft aus, der für den Kürbis wie ein Wundheilmittel wirkt. Dank ihm hält sich der angeschnittene Kürbis über längere Zeit im Kühlschrank, jedoch nur, wenn er nicht abgedeckt wird. Rechts ein patentes Werkzeug zur Entfernung der Fäden und Samen.

Es braucht ein großes Messer, um Kürbis aufzuschneiden … und manchmal auch einen Hammer!

Bei rohem Verzehr

Prinzipiell könnte man jeden Kürbis roh essen, aber nicht jeder ist dafür wirklich geeignet. Die meisten *Maxima*(-Riesenkürbis)-Sorten sind gegart bedeutend schmackhafter, und bei den *Pepo*(-Gartenkürbis)-Sorten würde ich am ehesten die noch jungen Exemplare roh essen wie zum Beispiel Zucchetti – wobei es auch hier Ausnahmen gibt (zum Beispiel 'Acorn'). Die idealen Kandidaten für den rohen Verzehr findet man unter den *Moscata*(-Moschus)-Sorten. Diese Kürbisse muss man meistens zuerst schälen. Sehr schmackhaft und saftig sind die Sorten 'Muscade de Provence' oder 'Lunga di Napoli', die oft in große Scheiben geteilt angeboten werden. Es lohnt sich aber auch, andere Sorten zu probieren – einfach mit dem Sparschäler eine feine Scheibe abziehen und sich überraschen lassen!
Für Carpaccio oder farbige Snacks schneidet man mit einem Gemüsehobel oder der Aufschnittmaschine ganz dünne Scheiben. Für Salate wird der Kürbis am besten in feine Stifte geraspelt oder als Rohkost zu Saucen in gröberen Stiften gereicht.

Gekocht

Eine der einfachsten Methoden, Kürbis aller Arten zu genießen, ist das einfache Anbraten in etwas Olivenöl: Man schneidet den Kürbis in drei bis acht Millimeter dünne Scheiben und brät sie auf beiden Seiten goldbraun; etwas Salz dazu, und schon hat man eine ideale Beilage oder eine Basis für neue Gerichte.

Kürbis ist sehr vielseitig verwendbar; hier ein paar Grundzubereitungen:

- Kürbis über Dampf (eventuell gewürzt) garen; ideal für die Herstellung von Püree
- Kürbis im Ofen backen, im Ganzen oder in Stücke geschnitten
- Kürbis in Scheiben oder kleinere Stücke geschnitten golden braten; so kann man ihn dann am Ende der Kochzeit anderen Gerichten beigeben
- Kürbis füllen (süß oder salzig) und im Ofen oder über Dampf garen; oder den ausgehöhlten Kürbis kochen und dann füllen
- Kürbis in Würfel geschnitten in würzigem Sud oder direkt in Saucen kochen
- Kürbis roh oder gekocht für salzige oder süße Kuchen
- Kürbispüree als Basis für Teige (Gnocchi, Pasta, Crêpes, Spätzle)
- Kürbispüree als Füllung, für Dips, Saucen, Puddings, Mousses, Eiscreme usw.
- Kürbis mariniert, süß-sauer, in Essig eingelegt
- Kürbis als süße Konserve

Passende Zutaten

Frischer Ingwer, Thai-Gewürze (siehe Seite 370), Chili, Paprika, Muskatnuss, Macis (Muskatblüte), Nelkenpfeffer, Ingwerpulver, Zimt, Kardamom, Kreuzkümmel, Koriander, Curry, Sternanis
Rosmarin, Salbei, Majoran, Origano, Basilikum, Petersilie, Schnittlauch, Dill, Kerbel, Pfefferminze
Peperoni (Paprikaschote), Lauch, Tomate, Zitrusfrüchte, Verjus, bitteres Gemüse, Pilze

Peperoni (Paprika) und Kürbis passen sehr gut zusammen. Schade, dass ihre Saison sich nur kurze Zeit überschneidet.

GARTENKÜRBIS

Cucurbita pepo

Auf dem Kürbishof helfen die Söhne bei der Ernte: Die Sorten werden getrennt aufgeladen. Vorne eine der vielen 'Halloween'-Sorten, geschmacklich meistens nichts Besonderes.

Unten links: Der typische Stielansatz der *Cucurbita-pepo*-Art.

Unten rechts: Zucchetti sind eine unreif geerntete *Cucurbita-pepo*-Sorte.

Die Sorten von *Cucurbita pepo,* Gartenkürbis oder Sommerkürbis genannt, sind vor allem als junges Gemüse bekannt, wie zum Beispiel die Zucchetti oder Patissons. Andere Sorten lässt man ausreifen. Generell sind die Kürbisse aus dieser Artengruppe weniger lange haltbar als die der nächsten zwei Gruppen Riesenkürbis und Moschuskürbis. Vor allem kleine Exemplare sollte man bis zum Dezember aufbrauchen, da sie an Konsistenz verlieren.

Man erkennt die *Cucurbita-pepo*-Sorten am eckigen, harten Stängel, der sehr stachelig sein kann. Es sind oft kleinere, längliche, runde oder flache Früchte, die sich auch ideal als Einzelportion zum Füllen eignen. Nicht zu verwechseln mit den Dekorationskürbissen.

Zur Art der Gartenkürbisse gehören:

- die vielen 'Acorn'-Sorten mit ihrer eleganten, gerillten Form und ihrem Haselnussgeschmack (Seite 74, linke obere Hälfte)
- die kleinen dekorativen 'Jack be little', 'Baby Boo', 'Sweet Dumpling', 'Puccini' usw.; alle sind als Einzelportion zum Füllen geeignet (Seite 74, rechte untere Hälfte)
- die kleinen, länglichen und süßen 'Delicata' (Seite 74, links im Bild)
- der Ölkürbis, der nur für die Samenernte angepflanzt wird; die Samen sind nackt und werden zu dem bekannten steirischen Kernöl gepresst (kleines Bild links)
- die größeren 'Tonda Padana' (Bild unten, oben rechts), 'Guatemalan Mongogo' (der große in der Mitte), 'Kamo Kamo' (die kleinsten, gelb gerippten), 'Sacred indian rattle' (oben links), 'Guicoy' (ganz rechts unten) oder 'Citrouille de Tourraine'

Außerdem:

- die perfekt runden 'Rondini'
- die Spaghetti-Kürbisse mit ihrem wässrigen, fadenförmigen Fleisch, das etwas fad schmeckt
- alle Halloween-Sorten (siehe Seite 72), die mehr des Aussehens als des Geschmacks wegen gezüchtet worden sind
- die an Raumschiffe erinnernden 'Patissons'

Kürbis »in carpione«

sauer eingelegt

Im Tessin ist »Pesce in carpione« ein typisches Gericht, das man im Sommer in den Grotti genießt. Gleichzeitig ist es eine sehr schmackhafte Art, frischen Fisch durch Kochen und Einlegen in Essig haltbar zu machen. Ich habe das Rezept für meinen geliebten Kürbis angepasst. Probieren Sie es mit den verschiedensten Kürbissorten aus. Falls sie *Cucurbita pepo* oder *Cucurbita moschata* verwenden, muss es sich um ein wirklich schmackhaftes Exemplar mit festem Fleisch handeln. Manchmal ist auch die Form ein Auswahlkriterium, damit schöne, regelmäßige Scheiben entstehen. Infrage kämen beispielsweise: 'Acorn', 'Tonda Padana', 'Banana', 'Potimarron', 'Butternut', 'Trombetta'.

3 EL Mehl 1 EL Rosmarinpulver	Beide Zutaten in einem Suppenteller mischen.
400 g fester Kürbis	Eventuell schälen, in Scheiben schneiden.
1 TL Kräutermeersalz	Die Kürbisscheiben damit würzen und nach 1 Minute im Rosmarinmehl wenden.
2 EL Olivenöl	In eine beschichtete Pfanne geben und die Kürbisscheiben auf mittlerer Flamme beidseitig anbraten; in eine flache Gratinform legen.
200–300 ml Wasser 100 g Stangensellerie, fein geschnitten 100 g Karotte, fein geschnitten 100 g Lauch, fein geschnitten 3 Lorbeerblätter 3 Nelken je 1 TL Thymian und schwarze Pfefferkörner 1 TL Salz	Alle Zutaten in einem Topf 10 Minuten kochen lassen.
200 ml Apfel- oder Weinessig	Dazugeben und alles über den gebratenen Kürbis gießen. Mindestens 1–2 Tage ziehen lassen.

DIE VORTEILE VON BIO UND ÖKO – INDIVIDUELL UND GLOBAL

Der wesentliche und für die Gesellschaft wichtigste Vorteil der ökologischen Landwirtschaft besteht in der Schonung der natürlichen Ressourcen (Boden, Gewässer, Klima, Biodiversität) sowie in einer artgerechten Tierhaltung. Doch Bioprodukte sind auch tatsächlich gesünder, weil sie im Vergleich zu konventionellen Lebensmitteln eine drastisch geringere Belastung mit Pestiziden und Arzneimittelrückständen aufweisen. Dies ist umso bedeutender, als man bisher noch viel zu wenig über die Wirkung von Mehrfachbelastungen mit Pestiziden weiß, wie sie in konventionellen Produkten ausgesprochen häufig sind. Außerdem enthalten Bioprodukte einen signifikant höheren Anteil sekundärer Pflanzeninhaltsstoffe, wie beispielsweise die gesundheitsfördernden Antioxidantien. Die Kunden kaufen Bioprodukte jedoch nicht nur der eigenen Gesundheit zuliebe. Mit ihrer Kaufentscheidung wollen sie vielmehr für sich selbst und für den Zustand unserer Erde Verantwortung übernehmen. Gesündere Lebensmittel sind der kostenlose Zusatznutzen dieser Leistungen.

Felix Prinz zu Löwenstein, Bund Ökologische Lebensmittelwirtschaft BÖLW

Gebratene Kürbiswürfel

Für dieses Grundrezept kann man alle Kürbisarten verwenden, mit oder ohne Schale.

Man schneidet den Kürbis in kleine Würfel oder Rechtecke und brät sie, unter stetigem Wenden, in einer beschichteten Pfanne auf starker Flamme ein paar Minuten lang. Je nach weiterer Verwendung nimmt man dafür Bratbutter oder Öl. Diese Würfel kann man folgendermaßen weiterverwerten:

- kurz vor der Fertigstellung einem Risotto, einer Pastasauce oder Suppe beigeben
- über Wintersalate verteilen; sehr gut zu bitteren Blattsalaten
- mit anderen Zutaten mischen als Füllung von Crêpes, Gratins, Kohlwickel
- gesalzen und/oder mit Kräutern beziehungsweise Gewürzen verfeinert als Aperitif-Snack reichen
- zu speziellem Käse servieren, zum Beispiel zu »Zincarlin da la Val da Mücc«, einem sehr würzigen Käse aus dem südlichen Tessin; die Masse für Frischkäse wird mit Pfeffer angereichert und, mit Wein eingerieben, mehrere Monate gereift.

Gefüllte kleine Kürbisse

Die *Cucurbita-pepo*-Kürbisse haben die ideale Form zum Füllen: Sie sind so klein, dass sie als Einzelportionen dienen oder im Fall von verschiedenen Füllungen auf die Gäste verteilt werden können. Diese Kürbisse werden oft als bloße Dekorationsobjekte verkauft, was schade ist, weil sie sehr gut schmecken können. Von namenlosen Exemplaren sollten Sie zuerst einen Streifen probieren, um sicher zu sein, dass der Kürbis nicht bitter ist (siehe Seite 60).

Normalerweise kann man den rohen Kürbis samt Füllung in den Ofen schieben (Garzeit: etwa 1 Stunde bei 180 Grad); bei festerer Schale kann das gegarte Kürbisfleisch dann einfach bei Tisch mit herausgelöffelt werden.
Werden Reste von schon gekochten Gerichten (zum Beispiel Risotto) als Füllung verwendet, empfiehlt sich das separate Garen der ausgehöhlten Kürbishälften im Ofen oder im Dampf (Messerprobe machen).

Vorschläge für Füllungen

Ricotta-Füllung

200 g Ricotta oder Quark
3–6 EL frische Kräuter
(Schnittlauch, Borretsch, Petersilie), gehackt
2 EL geriebener Käse
1 Knoblauchzehe, gepresst
1 Ei
Zitronenzesten, Pfeffer, Muskatnuss, Paprika
1 Prise Kräutermeersalz
1 EL gemahlenes, altes Brot

Alles gut durchmischen und in die entkernten Kürbishälften füllen. Im Ofen backen (siehe oben).

Kichererbsen-Füllung

200 g Kichererbsensprossen

Im Blitzhacker grob zerkleinern.

1 Zwiebel, gehackt
je 1 Prise Kreuzkümmel, Koriander, Gelbwurz, Paprika, Pfeffer
eventuell 1 EL Koriandergrün, gehackt
1 Prise Salz

Alles mischen und in die entkernten Kürbishälften füllen. Dann backen.

Reis-Füllung

Risotto nach Rezept zubereiten (siehe Seite 80); dann entsteinte Oliven und Kapern, eventuell Ei und Käse hinzufügen.

Risotto mit Kürbis und Peperoni

Diese Kombination von Kürbis und Peperoni (Paprika), den letzten der Saison, ist einfach super. Bei den letzten Lieferungen von Tessiner Peperoni decke ich mich immer damit ein: Ich schneide sie in kleine Würfel, brate sie und friere sie portionsweise ein, damit ich immer wieder Kürbis-Pasta oder Reis damit aromatisieren kann.
Der »Riso di Grumolo delle Abbadesse« eignet sich sehr gut für dieses Rezept, das aber auch mit Vollkornreis sehr gut schmeckt: Man muss nur ein paar andere Kochregeln beachten (siehe Risotto, Seite 266).

1 EL Olivenöl	In einen warmen Topf geben.
1 Zwiebel, gehackt 1 Karotte, fein gewürfelt 3 Selleriestangen, fein gewürfelt	Das Gemüse hinzufügen und alles 10–15 Minuten längere Zeit langsam anbraten, damit das Gemüse karamellisiert.
300 g Risottoreis	Dazugeben und kurz weiter rösten.
100 ml Weißwein	Hinzufügen und einkochen lassen.
1 EL Gemüsebouillon 3 Lorbeerblätter ein wenig Rosmarin und Nelkenpulver 700–800 ml heißes Wasser	Nach und nach dazugeben, wieder zum Kochen bringen, öfter umrühren, bis das Korn fast gar ist.
300 g Kürbis, gemischte Sorten, in Würfel geschnitten	Währenddessen bei starker Flamme in Olivenöl anbraten.
200 g Peperoni (Paprika), gewürfelt	Wie den Kürbis separat stark anbraten und beiseitestellen.
1 EL Majoran	Zusammen mit dem gebratenen Gemüse zum Reis geben und noch wenige Minuten aufkochen lassen.
wenig gepresster Knoblauch 2 cl Sherry 50 ml Rahm frischer schwarzer Pfeffer 1–2 EL Tamari	Zum Schluss dazugeben, nochmals kurz aufkochen lassen und servieren.

Kürbis mit Panna cotta, daneben etwas Americana-Trauben-Sauce und Kürbismousse (Rezept Seite 93), dahinter würziges Kürbis-kompott (Rezept Seite 107)

Kürbis mit Panna cotta

'Delicata'-Kürbisse, aber manchmal auch andere »Portions«-Kürbisse können so süß sein, dass sich dieses Dessert fast aufdrängt.

2 'Delicata'- oder 'Sweet Dumpling'-Kürbisse	Halbieren, Samen entfernen.
1 EL Honig	Mit einem Pinsel das Kürbisfleisch damit bestreichen; auf ein Backblech legen und im Ofen circa 40 Minuten bei 180 Grad backen; auskühlen lassen.
300 ml Rahm 1 EL Akazienhonig 1 Prise Vanillepulver ⅓ TL Agar-Agar	In einem Topf zum Kochen bringen; 5 Minuten leise köcheln lassen, dann in die Kürbishälften gießen. Zugedeckt komplett erkalten lassen.

RIESENKÜRBIS

Cucurbita maxima

Die Art *Cucurbita maxima*, Riesenkürbis genannt, ist die Art, die meines Erachtens die meisten schmackhaften Kürbissorten hervorbringt. Trotz ihres Namens gibt es auch in dieser Art kleinere Sorten. Man erkennt sie am runden, etwas weichen oder korkigen Fruchtstiel. Das Fruchtfleisch ist satt und hat eine homogene Struktur (nicht körnig, nicht fadenartig). Man kann die vielen kultivierten Sorten in Untergruppen einordnen, die jeweils ähnliche Eigenarten haben.

Ein paar Beispiele wären:

- 'Marina di Chioggia', 'Berettina' und 'Türken Turban': Die verkorkte »Blütennarbe« teilt die Früchte in einen dicken und einen dünnen Teil ein. Oft sehr groß und sehr fein im Geschmack. (Bild links)
- 'Potimarron': kleinere, orangefarbene, tropfenförmige Kürbisse, die sich für alles eignen (unten links)
- Die relativ kleinen japanischen Sorten 'Hokkaido' und 'Kuri Kabocha', auch 'Maroni-Kürbisse' genannt (Kuri = Kastanie): mit intensiver grüner oder oranger Farbe und von schwerem Gewicht (unten rechts)

Bei den 'Marina di Chioggia'-Sorten (links) ist der sortentypische runde Stielansatz gut zu erkennen.

- 'Hubbard': große Kürbisse mit sehr harter Schale und zwei spitzen Enden (Bild Seite 84)
- Verschiedene kleine Sorten mit relativ glatter Haut und meist schmackhaftem Fleisch: 'Indomatrone', 'Moranga coroa', 'Riso di Piozzo', 'Buttercup', 'Marble' usw. (Seite 85 links oben)
- Die roten, grünen oder weißen 'Banana' (rechts oben): mit einer länglichen Form, ideal zum Schneiden in Halbmondscheiben
- Die weißen 'Lumina' (rund), 'Casper', 'Lyric' oder 'Flat Whyte Boer': lange haltbare Kürbisse mit festem Fleisch (Seite 85 links unten)
- Die Grauen und Blauen: 'Tristar' oder 'Triamble', 'Queensland blue', 'Bryan grey', 'Ponderosa', 'Crioula pataka', 'Etna', 'Bleu d'Hongrie', 'Jarrahdale' usw. mit sehr festem Fleisch (Seite 85 rechts unten)

und noch viele mehr, die wir hier nicht abgebildet haben.

‚Hubbard'-Kürbisse sind meistens so hart, dass Fallenlassen die beste Methode ist, um sie zu öffnen. Einmal aufgebrochen, entfernt man Fäden und Samen und gart das Fruchtfleisch im Ofen. Danach lässt sich das butterweiche Fleisch mit einem Löffel aus der verholzten Schale kratzen.

Kürbis süß-sauer

Dies ist ein Rezept zum Einmachen. Man füllt das Ganze kochend heiß in sterilisierte Gläser und lagert diese dunkel und kühl. Das Eingemachte können Sie zum Beispiel zu kurz gekochtem Kohlgemüse, zu Käse oder Wurstwaren oder zu Krautstiel servieren. Die Oberfläche der Kürbiswürfel bleibt dank der Säure dicht verschlossen, während das Innere weich wird.

Je 200 ml Wasser, Weißwein, Apfelessig
2 EL Birnendicksaft
1 TL Salz
Schale von ½ Zitrone
2 cm Ingwer, in Scheiben geschnitten
2 Knoblauchzehen, in Scheiben geschnitten
2 Cassia- oder Zimtstangen
je 3 Lorbeerblätter, Thymianzweige, Rosmarinzweige
je 1 TL Pfefferkörner, gelbe Senfkörner
4 Gewürznelken
1–3 Peperoncini (milde Chili)

Alle Zutaten zum Kochen bringen.

400 g fester Kürbis,
z. B. 'Hokkaido' oder 'Futzu'

In Würfel schneiden und dazugeben. Je nach Größe 5–15 Minuten kochen und im Sud auskühlen lassen.

Hier begleitet der marinierte Kürbis eine Auswahl an exklusiven Wurstwaren (Salame, Mortadella und Prosciutto vom Biohof Baselgia im Bleniotal, Lardo von Tschugg, Pancetta di Colonnata, »Prosciutto d'oca« aus Fagagna, Friaul). Daneben Wirzsalat süß-sauer (Rezept Seite 152).

Kürbis-Peperoni-Tomaten-Dip

Zuerst die Herbstvariante dieses Dips, die man zubereiten kann, solange es noch Peperoni (Paprikaschoten) gibt. Der Dip passt als Vorspeisen-Aperitif zu rohem Gemüse oder zu Cracker. Verwenden Sie cremige Kürbisse mit festem Fleisch, wie 'Marina di Chioggia', 'Potimarron' oder 'Tetzukabuto'. (Bild Seite 214)

400 g fester Kürbis	Im Dampf weich garen und auskühlen lassen.
100 g Peperoni (Paprika)	In Stücke schneiden.
100 g Tomaten, frisch oder aus dem Glas	
1 Knoblauchzehe, gepresst	
wenig Kräutermeersalz	
1 TL Paprikapulver, süß und scharf gemischt	
je 1 TL Oregano und Majoran	
2 EL Apfel-Balsamicoessig	Alles zusammen im Mixer pürieren.
5 EL Olivenöl	Bei laufendem Motor langsam beigeben.

... und hier die **Wintervariante**, wenn die letzten Peperoni aufgebraucht sind:
Zum gekochten Kürbis kommt die abgeriebene Schale und der Saft von Zitronen und/oder Orangen, ein wenig Safran und frisch geriebener Ingwer hinzu; zuletzt wie oben mit Öl binden.

Kürbisterrine

(Bild Seite 151)

600 g Kürbis ('Potimarron', 'Confection')	In Würfel schneiden, im Dampf garen und etwas auskühlen lassen.
5 cl Sherry	
200 ml Rahm	
5 Eier	
1 TL Kräutermeersalz	
wenig Muskatnuss und Paprika	Alles im Mixer pürieren und in eine mit Klarsichtfolie ausgekleidete Terrinenform gießen. Im Wasserbad im Ofen bei 160 Grad eine Stunde garen. In der Form auskühlen lassen.

Kürbis-Pâté

Dafür brauchen Sie einen besonders festen, schmackhaften Kürbis ('Maroni', 'Buttercup', evtl. auch 'Türken Turban' oder 'Marina di Chioggia'); nur dann lohnt sich die Mühe.

Nehmen Sie das Kastanien-Pâté-Rezept auf Seite 336 und ersetzen Sie die Kastanien durch etwa 300 g im Dampf gegarten Kürbis. Das Ergebnis ist eine großartige Vorspeise, die man zum Beispiel mit einem Nüsslisalat (Feldsalat) servieren kann.

Rosmarin-Kürbis aus dem Ofen

Eines meiner Lieblingsrezepte mit Kürbis: einfach einölen und ab in den heißen Ofen! Toll ist es natürlich, wenn man verschiedene Kürbisse zur Verfügung hat: Die Unterschiede in Konsistenz und Geschmack sind verblüffend.

1 kg Kürbis	In 4–5 cm große Würfel schneiden und in eine Schüssel geben.
3 EL Olivenöl 1 TL Kräutermeersalz 1 TL frischer Rosmarin, gehackt	Mit dem Kürbis mischen. Die Würfel auf ein Backblech legen und 10 Minuten im 220 Grad heißen Ofen mit Umluft braten; danach bei 190 Grad noch 20 Minuten weiter braten; die Stücke sollen Farbe bekommen.

Thai-Kürbissuppe

Lange Jahre habe ich die klassische »Bülbora« gekocht, eine Tessiner Kürbiscremesuppe mit wenig gebratenen Schalotten, Sherry, Rahm und Muskatnuss. Dann habe ich diese Thai-Version gefunden, und seitdem ist sie mein Favorit.
Meistens verwende ich für Suppen verschiedene Kürbissorten, die einen für die Farbe, die anderen zum Binden und andere, die nicht wirklich schmackhaften, zum Strecken. Für dieses Rezept sollte man auch am besten verschiedene Kürbissorten verwenden; hier darf durchaus die Hälfte davon auch ein weniger schmackhafter Kürbis sein.

4–6 EL frische Thai-Gewürze (siehe Seite 370), geraspelt bzw. geschnitten 3 Schalotten, in Ringe geschnitten 3 Knoblauchzehen, in Scheiben geschnitten 1 EL Öl	Gewürze, Schalotten und Knoblauch gleichmäßig auf mittlerer Hitze im Öl andünsten.
500 ml Kokosmilch	Mit der Milch zu den Gewürzen geben.
1 kg Kürbis, gewürfelt 10 Kaffirlimettenblätter	Dazugeben und circa 20 Minuten kochen; die Blätter herausnehmen und die Masse pürieren.
Salz und Palmzucker Zitronensaft	Mit Zucker und Zitronensaft abschmecken und heiß servieren.

Das Rosmarin-Kürbis-Rezept mit sieben verschiedenen Kürbissorten, jede mit einem Stück Schale oder Stängel gekennzeichnet, um die Unterschiede nachzuvollziehen. Von oben nach unten: 'Muscade suisse', 'Tetsukabuto', 'Red October', 'Tonda Padana', 'Kurigerri', 'Jarrahdale', 'Macedonian'.

Eine andere, von Mittelamerika inspirierte **Version** besteht aus gehackten Zwiebeln, Sellerie, Karotten und Peperoncino (oder Chili), gewürfeltem Kürbis und einer Bouillon, die mit Koriander, Kreuzkümmel und Oregano gewürzt ist. Als Schlussbouquet zu dieser Variante, die nicht püriert wird, kommt etwas Rum und Limettensaft dazu.

Kürbis-Kartoffel-Rösti

400 g Kartoffeln
400 g fester Kürbis ('Banana', 'Bleu d'Hongrie')

Kartoffeln und Kürbis roh in feine Streifen (4 mm) hobeln.

100 g Zwiebeln, fein gehackt
1 Prise Kräutermeersalz
1 TL Majoran
1 EL Bratbutter oder Olivenöl

Schnell daruntermischen.
In eine warme Bratpfanne geben, die Masse sofort darin verteilen und zugedeckt auf kleiner Flamme etwa 8 Minuten braten. Die Rösti mithilfe des Deckels wenden. Dann ohne Deckel weiter braten; eventuell noch Bratfett dazugeben.

Kürbis-Kartoffelstampf

400 g fester Kürbis (z. B. 'Maroni', 'Hokkaido', 'Marina di Chioggia')
400 g mehlige Kartoffeln

Kartoffeln und eventuell Kürbis schälen und in grobe Stücke schneiden; in einen Topf geben und mit wenig Wasser bedecken.

1 Prise Salz oder Gemüsebrühepulver
3 Lorbeerblätter

Dazugeben und circa 20 Minuten zugedeckt weich kochen. Die Lorbeerblätter entfernen.

3 EL Olivenöl

Dazugeben und grob zerstampfen.

Kürbissauce

Die festen, cremig kochenden Kürbisse (z. B. 'Maroni', 'Potimarron', 'Marina di Chioggia', 'Beretta Piacentina', 'Lumina', 'Banana') eignen sich hervorragend für verlockende seidige Saucen, die zu allerlei passen. Man kann sie beispielsweise mit Lorbeer, Zitronengras, Zitronenverbene (Verveine), Ingwer, Muskatnuss, Paprika, Majoran oder Zitronenzesten aromatisieren. Zuletzt kommen noch eine säurespendende und eine fettspendende Zutat hinzu, um das Ganze abzurunden. (Bild Seite 246)

1 Schalotte, gehackt 1 EL Bratbutter	In einen Topf geben und die Schalotte darin anbraten.
250 g Kürbis, gewürfelt ein selbst gewähltes Aroma 1 TL Gemüsebrühepulver	Dazugeben und knapp mit Wasser bedeckt etwa 15 Minuten weich kochen.
Sherry, Grand Marnier, Malaga, Wein, Zitronensaft, nach Wahl	Beigeben und nochmals kurz aufkochen lassen.
Rahm, Sauerrahm, Joghurt, Butter, nach Wahl	Hinzufügen und pürieren.

Kürbismousse

Ich rate sehr, dieses Rezept nur dann zu machen, wenn man einen wirklich süßen, trockenen, festen Maroni-Kürbis hat! (Bild Seite 81)

600 g Maroni-Kürbis	Im Dampf garen und auskühlen lassen. Dann durch ein Sieb pressen.
3 EL Akazienhonig 2 EL Brandy (Vecchia Romagna) 1 Prise Vanillepulver	Honig, Weinbrand und Vanille zufügen und mit dem Kürbis gut mischen.
300 ml Schlagrahm	Sorgfältig darunterziehen und sofort kühl stellen.

Kürbiskuchen mit Quitten

Dies ist die rustikale Variante von Kürbiskuchen. Der rohe Kürbis verleiht der Füllung eine gewisse Grobkörnigkeit. In der zweiten, cremigen Variante ist der Kürbis schon gekocht: Die cremige Konsistenz ähnelt der des englischen Cheese-Cakes. Dieses Rezept erlaubt unzählige Varianten, mit unterschiedlichen Gewürzkombinationen, anderen frischen oder getrockneten Früchten oder mit Ricotta und Amarettibröseln verfeinert.

240 g Weizenmehl, frisch gemahlen 120 g Butter 3 EL Palmzucker 1 EL Zimt 1 Prise Salz	Diese Zutaten mit den Händen (oder mit den Knethaken der Küchenmaschine) mischen und zu einer sandigen Konsistenz verarbeiten.
1 EL Vollmilchquark	Dazugeben und schnell zu einem Teig zusammenkneten. Den Teig auf Backpapier ausrollen und mit dem Papier auf ein Kuchenblech legen. Die Teigränder glätten.
100 g Haselnüsse, gemahlen	Auf den Teigboden streuen.
3 Eier 200 ml Rahm nach Geschmack Ingwer, Kardamom, Piment, Macis 4 EL Birnendicksaft 2 EL Vollmilchquark	Diese Zutaten zu einem Guss mischen.
400 g süßer Kürbis (‘Hokkaido‘, ‘Tetzukabuto‘, ‘Buttercup‘) 200 g Quitten (oder Äpfel oder Birnen)	Kürbis und Quitten mit der Röstiraffel zum Guss raspeln und gut vermengen; dann auf dem Kuchen verteilen und rund 1 Stunde im Ofen bei 180 Grad backen; nach 30 Minuten nur noch mit Unterhitze backen.

Cremige Variante

Die Quitten und den Kürbis durch 600 g Kürbispüree ersetzen (es muss ein kastaniger, süßer Kürbis sein); unter den Guss eventuell noch 1 TL Maizena mischen. Man könnte auch noch Vanille, Orangeat und Zitronat, die Schale von Zitrusfrüchten, gemahlene Mandeln, Amarettikekse, Cognac oder Grappa zufügen.

Kürbiskuchen mit Quitten.

Links die cremige Variante. Dazu passen gekochte Kastanien, die mit Kastanienhonig und Grand Marnier verfeinert sind, und ein Zitrusfrüchtesalat mit Apfelsaftkonzentrat.

Kürbis-Kokos-Pudding

500 g Kürbispüree (von sehr süßem Kürbis) 600 ml Kokosmilch 200 g Palmzucker 1 TL Kardamompulver 1 Prise Macis 3 EL Ingwersaft 1 TL abgeriebene Zitronenschale wenig Salz	Alle Zutaten in einem Topf zum Kochen bringen.
100 g Reismehl	Mit wenig Wasser auflösen; zur kochenden Masse gießen und mit dem Rührbesen gut verrühren; wenige Minuten kochen lassen, dann in Förmchen füllen. Auskühlen lassen.
100 g frische Kokosnuss	In Späne hobeln.
200 g frische Früchte	In Schnitze schneiden und beides zum Pudding reichen.

MOSCHUSKÜRBIS

Cucurbita moschata

Das Fruchtfleisch von *Cucurbita moschata*, dem Moschuskürbis, zeigt oft eine feine fadenförmige Struktur (siehe Seite 101) und ist häufig etwas wässrig; der Geschmack erinnert manchmal an Melone oder Gurke. Der Stiel hat abgerundete Kanten, am Fruchtansatz ist er breiter und deutlich fünfeckig.

Die 'Lunga di Napoli' (Bild links) ist sehr küchenfreundlich: Die Samen befinden sich nur im untersten Teil, und die Schale lässt sich gut mit dem Sparschäler abziehen. Wie viele Moschuskürbisse kann man auch diese Sorte roh verwenden.

Unten links: Der typische eckige Stielansatz der *Cucurbita moschata*.

Unten rechts: 'Muscade de Provence'.

Zu seinen Arten gehören unter anderem:

- 'Muscade de Provence' (unten rechts), 'Muscade suisse' (Seite 99 unten, rechts oben im Bild): sehr gute Kürbisse, die man auch roh essen kann.
- 'Lunga di Napoli', 'Trombetta d'Albenga', 'Violina': Die meisten kann man ebenso gut roh verspeisen (Seite 99).
- Die vielzählige Gruppe der 'Butternut'-Kürbisse, die eine sehr praktische Form haben und von denen nur ein kleiner Teil Samen enthält (Seite 98 unten in der Mitte)
- Die sehr intensiv schmeckenden japanischen und thailändischen Kürbisse wie 'Fagtong', 'Futsu', 'Kanoko' (oder 'Bamby'), 'Yushu yuxiajangbinggua', 'Kikuza' oder 'Yokohama' (Seite 99 oben)

Moschuskürbisse
Linke Seite, oben: Die 'Trombetta d'Albenga' wächst zum Teil auf Pergolen, an hohen Gestellen oder wie hier am Gartenzaun entlang. Sie wird zum Teil wie Zucchetti als Junggemüse konsumiert (Bild unten links) oder auch ausgereift (im Bild rechts). Unten Mitte: Eine der vielen 'Butternut'-Kürbissorten (Kürbishof).

Rechte Seite oben: Eine Auswahl an japanischen und thailändischen Kürbissen: 'Yokohama' (oben links), 'Faftong big gold' (oben rechts), 'Fagtong sri muang' (oben, zweiter von rechts), 'Yushu yuxiajangbinggua' (der kleine, helle links unten und der große, unreife, in der Mitte) und andere.
Unten: 'Swiss Muscade' (der runde, links), 'Trombetta d'Albenga', verschiedene Formen von 'Butternut', 'Lunga di Napoli' (der lange, dicke), 'Muscade de Provence' (oben rechts), 'Tetzukabuto' (der dunkle; interspezifische Sorte) und 'Violina' (unten rechts).

Kürbis-Carpaccio

'Muscade de Provence' und 'Lunga di Napoli' sind die idealen Kürbisse für dieses Gericht. Aber experimentieren Sie auch mit Variationen der 'Butternuts', die sich von der Form her aufdrängen, oder mit der noch festeren, asiatischen Moschus-Variante. Wichtig ist es, den Kürbis sehr dünn zu hobeln.

1 Zitrone, Saft und abgeriebene Schale
1 TL Kräutermeersalz
1 EL grobkörniger Senf
1 Knoblauchzehe, gepresst
1–2 EL Basilikum und andere aromatische Kräuter wie Schnittlauch, Petersilie, Dill, Kerbel, Fenchelkraut
1 TL Majoran
3 EL Olivenöl
400 g Moschuskürbis, geschält

Alle Zutaten zu einer Sauce mischen.
In sehr feine Scheiben hobeln und mit der Sauce mischen; mindestens 30 Minuten ziehen lassen.
Auf einem Teller ausbreiten und mit Sbrinz-Stückchen und Kürbiskernen oder auf Zahnstocher gespießt zum Apéro servieren.

Butternut-Lasagne auf roter Karottensauce (Rezept Seite 220), dazu gebratener Rosenkohl (Rezept Seite 161).

Butternut-Lasagne

Der 'Butternut'-Kürbis ist von der Form her prädestiniert für dieses Rezept. Für eine nahrhaftere Variante kann man Kastanien- oder Buchweizenfladen dazwischenlegen (flüssiger Teig aus Kastanienmehl und Wasser, löffelweise in der Bratpfanne stocken lassen).

300 g Ricotta (Ziger) 50 g Sbrinz, geraspelt 1 Ei 3 EL Schnittlauch und Petersilie, gehackt 1 Prise Muskatblüte und Pfeffer abgeriebene Zitronenschale 1 Prise Majoran 1 Prise Kräutermeersalz 1 EL Farina bona	Alle Zutaten mischen.
1 Butternut-Kürbis	Schälen und in 1–2 mm dünne Scheiben schneiden; auf jede Scheibe etwas Füllung streichen und 3–4 dieser Scheiben aufeinander türmen. Jedes Türmchen mit einem Zahnstocher fixieren. Auf ein Backblech stellen.
2 EL Olivenöl	Über die Lasagnetürmchen verteilen und im Ofen etwa 30–40 Minuten, je nach Menge, backen. Eventuell die ersten 20 Minuten mit Aluminiumfolie zudecken.

Kürbissalat mit Arame

1 Handvoll Arame-Algen	In einen Topf mit kaltem Wasser geben; zum Kochen bringen, 5 Minuten simmern lassen, dann abgießen und auskühlen lassen.
1–2 EL Zitronensaft 1 TL Zitronenzest 1 EL Tamari 1 Prise Salz 1 EL Honig 1 Knoblauchzehe, gepresst 1 EL Ingwer, geraspelt 1 TL Dill oder Fenchelkraut, gehackt 3 EL Kürbiskernöl	Diese Zutaten zu einer Sauce mischen.
300 g Moschuskürbis, geschält	Mit dem Hobel in feine Stifte raspeln (Julienne).
½ Peperoni (Paprika)	Je nach Geschmack in sehr dünne Scheiben schneiden.
2 EL Kürbiskerne	Alles mit den Algen zur Sauce geben und gut mischen.

Moschuskürbis-»Pizza«

Manchmal ist es die Form, die einen zu einem Rezept inspiriert. Die länglichen Moschuskürbisse haben eine sehr praktische Form: Die Samen befinden sich alle am Ende, sodass man den ganzen »Hals« in schöne runde Scheiben schneiden kann.
Geeignete Sorten wären: 'Lunga di Napoli', 'Violina', 'Butternut' oder 'Longue de Nice'. In diesem Rezept bilden die gekochten Kürbisscheiben die Basis, darauf kann dann jeder seine Lieblingszutaten setzen. Mit Brot, Bulgur oder gebratenen Maisschnitten wird ein komplettes Gericht daraus, da der Kürbis den Pizzateig nicht ersetzen kann.

4 Kürbisscheiben, 2 cm dick	Mit dem Sparschäler schälen; eventuell das Loch in der Mitte etwas vergrößern.
1 EL Olivenöl	In eine Bratpfanne geben und die Kürbisscheiben beidseitig golden braten; dann in eine ofenfeste Form legen.
4 Stücke Mozzarella, Fontina oder Alpenkäse	Jeweils in die Mitte legen.
1 Prise Salz	Mit Salz würzen und im Ofen bei 180 Grad etwa 20–30 Minuten garen. Eventuell die weiteren Zutaten kurz vor dem Servieren noch darauflegen.

Anregungen für Zutaten:
- kurz gebratener Lauch mit gekochten Hijiki-Algen
- gebratene Pilze (Shiitake, Champignons, Steinpilze usw.)
- marinierter Tofu
- gegrillte und geschälte Peperoni (Paprika)
- Sardellenfilets oder Bottarga (gesalzener Fischrogen)
- Tomatenscheiben
- Olivenpaste
- Dörrtomaten-Pesto
- Gehackte aromatische Kräuter
- Wurst oder Speck

AGROPOLY: SAATGUTKONZERNE UND PESTIZIDE

Agrochemiekonzerne prägen die industrielle Landwirtschaft. Der kommerzielle Saatgutmarkt wird von einer Handvoll Unternehmen beherrscht. Die drei grössten – Monsanto, DuPont und Syngenta – haben zusammen einen Marktanteil von über 50 Prozent. Die Top Drei im Saatgutmarkt spielen auch bei der Pestizidherstellung eine führende Rolle. Entsprechend groß ist das Interesse, Saatgut zu entwickeln, das von Pestiziden abhängig ist. Ökologische Methoden werden in der Forschung vernachlässigt oder gar vom Markt verdrängt. Das Geschäft mit Pestiziden – geschätzte 44 Milliarden US-Dollar Umsatz pro Jahr – machen zu 90 Prozent zehn Firmen unter sich aus. Der Schweizer Konzern Syngenta ist mit einem Marktanteil von 23 Prozent Marktführer. Durch ihre große Macht können die Konzerne die Preise und Geschäftsbedingungen und zunehmend auch die politischen Rahmenbedingungen bestimmen.
Erklärung von Bern

Kakao-Maltagliati mit Kürbis und Peperoni

Kürbis und Peperoni (Paprika), das perfekte herbstliche Zusammenspiel ... Für dieses Rezept mische ich gerne verschiedene Kürbissorten: die asiatischen Moschus-Arten (beispielsweise 'Bambi') haben eine fruchtige Note, und die Riesenkürbisse (wie 'Zucca-riso di Piozzo') binden die Sauce. (Bild rechts)

Für die Pasta:	
200 g Vollkornmehl, Kleie ausgesiebt 200 g Hartweizendunst 2 EL Kakaopulver, ungesüßt 2 EL Farina bona 1 Prise Salz	Alles zusammen mischen.
1 EL Olivenöl 2 Eier etwa 80 ml Wasser	Diese Zutaten dazugeben – das Wasser nach und nach – und mehrere Minuten (am besten in der Küchenmaschine) zu einem festen Teig kneten. Aus dem Teig eine Kugel formen, diese mit Folie bedeckt mindestens 1 Stunde ruhen lassen. Dann dünn ausrollen und mit einem Teigrad in Streifen schneiden. 2–3 Minuten in Salzwasser kochen, abgießen und mit der fertigen Sauce mischen.
Für die Sauce:	
300 g Kürbis, gewürfelt 200 g Peperoni (Paprika), gewürfelt 1 EL Olivenöl	Öl in eine heiße Bratpfanne geben, das Gemüse darin sofort auf großer Flamme 4–5 Minuten farbig braten und ständig wenden. Dann zur Seite stellen.
1 Zwiebel, gehackt 1 Sellerie-Stängel, dünn geschnitten wenig Peperoncino (milde Chili) 1 TL Olivenöl	Öl in eine warme Pfanne geben, das Gemüse hinzufügen und langsam braten, bis es etwas Farbe angenommen hat.
1 TL Rosmarinnadeln, geschnitten 3 Salbeiblätter, in dünne Streifen geschnitten	Beides in die Pfanne geben, weiter braten.
5 cl Rotwein	Mit Wein ablöschen und diesen einkochen lassen.
200 g Tomatenwürfel, frisch oder aus dem Glas 2 Lorbeerblätter je 1 TL Majoran und Oregano 1 Prise Salz	Tomaten und Gewürze dazugeben und noch einmal 10–15 Minuten kochen.
1 Knoblauchzehe, gepresst	Zusammen mit den Kürbis- und Peperoniwürfeln zur Sauce geben, noch wenige Minuten kochen, dann alles mit den gekochten Nudeln mischen.
Olivenöl und geräucherter Scamorza-Käse	Dazugeben und sehr heiß servieren.

Würziges Kürbiskompott

Die asiatischen Moschuskürbisse sind ideal für diese Zubereitung. Um sie einfacher zu schälen, schneidet man sie entlang der Rillen in Schnitze. Unter den *Cucurbita maxima* sollte man für dieses Rezept die festen und süßen auswählen; die Säure bewirkt, dass die Außenschicht fest bleibt und das cremige, schmackhafte Innere umschließt – fast wie eine Art Praliné. Mit dieser Konserve haben Sie das ganze Jahr über eine schöne Zutat für Ihre Desserts. (Bild Seite 81)

400 ml Apfel-Verjus oder Weißwein
4 EL Birnendicksaft
1–2 EL Zitronensaft
je 3 Orangen und Zitronen, Schale dünn abgezogen
2 cm Ingwer, in Scheiben geschnitten
2 Kassia- oder Zimtstangen
1 TL Kardamomsamen
wenige Salzkörner

Alles in einem Topf zum Kochen bringen.

400 g asiatischer Moschuskürbis, geschält

In Würfel schneiden und 10–15 Minuten in der Marinade kochen. Kochend heiß in die sterilisierten Gläser füllen und sofort verschließen.

CHAYOTE, CHU CHU, CRISTOFINE

Sechium edule

Zuletzt noch der Exot unter den Kürbisgewächsen. Der Chayote-Kürbis, bei dem der Same schon in der Frucht reifen kann (bei reiferen Exemplaren sieht man bereits den jungen Spross, der sich wie eine Zunge herausstreckt), wächst bei uns im Tessin sehr gut. Es gibt mehr oder weniger dornige Sorten; bei den glatten Varianten kann man die Haut mitverwenden, wenn die Früchte noch jung sind. Die Konsistenz und die Farbe des Fleisches sind dem Kohlrabi ähnlich, der Geschmack ist relativ neutral; er erinnert ein wenig an Gurke.

Jede Chayotepflanze, die auf eine Pergola gezogen wird, bringt im Herbst sehr viele Früchte hervor. Diese sind relativ lange haltbar – bis in den Winter hinein.

Die Pergola von Donato Pedroia in Gordola trägt schon Ende August viele Früchte.

Chayote-Salat mit gelben Randen

½ Zitrone, Saft und abgeriebene Schale
1 Prise Kräutermeersalz
2 EL Mohnsamenöl
1 EL Katzenminze- und Melissenblätter, gehackt
1 TL Schnittknoblauch, gehackt
1 TL Mohnsamen

Die Zutaten zu einer Sauce mischen.

300 g Chayote, evtl. geschält
150 g gelbe Randen, geschält
100 g Karotten

Das Gemüse auf einer scharfen Gemüseraffel raspeln und mit der Sauce mischen.

Im Frühjahr brauchen die jungen Pflänzchen, die direkt aus der Frucht sprießen, noch eine lange Schonzeit, bevor sie ins Freiland gesetzt werden können.

Chayote mit Franzosenkraut

Hier eine aromatische Unkraut-Sauce, die zu verschiedenem gebratenem Herbstgemüse passt, zum Beispiel zu Kürbis, Rüben oder Topinambur. Das Franzosenkraut *(Galinsoga ciliata* oder *Galinsoga hispida)* findet man auf den Feldern und im Garten noch bis zum Frost.

150 g Franzosenkraut-Triebspitzen	In einem Topf mit ganz wenig Wasser zugedeckt etwa 5 Minuten kochen lassen.
1 EL Bratbutter	In einer Pfanne zergehen lassen.
50 g Schalotten, grob gehackt	Dazugeben und andünsten.
1 EL Mehl	Darüberstreuen und kurz mitrösten.
150 ml Wasser	
100 ml Weißwein	
1 TL Gemüsebrühepulver	Wasser, Wein und Gemüsebrühe hinzufügen, gut umrühren und 10 Minuten kochen lassen.
100 ml Rahm	Mit dem gekochten Franzosenkraut dazugeben, nochmals aufkochen lassen und pürieren.
1 Chayote, evtl. geschält	In ½ cm dünne Scheiben schneiden.
1 EL Olivenöl oder Bratbutter	In einer Bratpfanne erhitzen und die Scheiben darin beidseitig 8 Minuten goldgelb braten.
1 Prise Salz	Den Kürbis mit Salz würzen und mit der Sauce servieren.

Chayote-Fächer mit Dörrtomaten

Man kann dieses Gericht im Voraus zubereiten und dann nur noch in den Ofen schieben, zum Beispiel mit ein paar gekochten Blauen Kartoffeln.

10–15 Dörrtomaten	Mit kochendem Wasser knapp bedecken und 20 Minuten ziehen lassen.
1 Chayote, evtl. geschält	Der Länge nach halbieren und fächerartig aufschneiden, ohne das schmalere Ende durchzuschneiden. In eine feuerfeste Form legen. Die Dörrtomaten in Streifen schneiden und zwischen die einzelnen Fächer stecken.
100 ml Weißwein 100–200 ml Tomaten-Einweichwasser 2 EL Olivenöl 1 Knoblauchzehe, gepresst 1 EL Thymian und Rosmarin 1 EL entsteinte Oliven 1 EL entsalzte Kapern	Alles zusammen mischen und über den Kürbis gießen; im Ofen bei 180 Grad 30 Minuten backen.

Chayote mit Kichererbsensprossen

Dieses Gericht passt gut zu gebratener Polenta. Die einfachste Art, Chayote zuzubereiten, ist, ihn in einer Sauce mitzukochen. Es könnte auch ein Curry sein oder ein Schwarzer-Bohnen-Eintopf.

1 Zwiebel, gewürfelt ½ Karotte, gewürfelt 1 Selleriestange, gewürfelt 1 EL Olivenöl	In einer Pfanne erhitzen und das Gemüse bei mittlerer Flamme mehrere Minuten braten.
100 g Tomaten aus Glas oder Dose 1 TL Gemüsebrühepulver etwas Thymian, Nelkenpfeffer und Chili	Diese Zutaten dazugeben und zum Kochen bringen.
1 Chayote-Kürbis, evtl. geschält	In regelmäßige Schnitze schneiden und in die Sauce geben. Einmal umrühren und zugedeckt 10 Minuten kochen.
2 Handvoll Kichererbsensprossen	Gut abspülen und hinzufügen; nochmals 5–7 Minuten kochen.

KREUZBLÜTLER – BRASSICACEAE

Viele Gemüsearten stammen aus dieser sehr wichtigen und großen botanischen Familie. Darunter sind Salate (wie Brunnenkresse, Rucola, Barbarakraut) und Würzen (wie Meerrettich, Wasabi, Senfsamen). Die Pflanzen sind vielfältig verwendbar: Aus den Samen (Raps, Senf) kann man beispielsweise Öl pressen, und aus verschiedenen Arten wird Tierfutter hergestellt. Die meisten Wildpflanzen aus dieser Familie sind prinzipiell essbar, wobei die Blätter manchmal scharfe Senföle enthalten können. Im Grunde genommen könnte man alle ihre Pflanzenteile essen, was wir aber meistens nicht tun; so essen wir mal die zusammengerollten (Kohl) oder die losen (Federkohl) Blätter, mal den verdickten Stängel (Kohlrabi) oder den Wurzelteil (Rüben), mal die Blütenknospen (Blumenkohl) oder die Samen (Senf).

Die Saatgutindustrie befasst sich intensiv mit diesen Nutzpflanzen. Gerade in dieser Gruppe gibt es sehr viele Hybridsorten, die auch im Biobereich verwendet werden. Einige davon werden mithilfe der kritisch zu bewertenden künstlichen CMS-Technik produziert, weil der Druck der Großhändler nach Standardisierung enorm ist, und die Biosamenzucht mehr Zeit und finanzielle Mittel braucht, um neue, verbesserte Sorten auf den Markt zu bringen. Mehr dazu auf Seite 30.

Links: Schwarzkohl und Weißkohl auf dem Feld von Renzo Cattori in der Magadino-Ebene im Tessin.

Unten: Eine Gemüseauswahl aus der Familie der Kreuzblütler.

KOHL

- **Weißkabis, Weißkohl, Kopfkohl** *(Brassica oleracea* convar. *capitata* var. *alba)*
- **Rotkohl, Blaukohl** *(Brassica oleracea* convar. *capitata* var. *rubra)*
- **Spitzkabis, Spitzkohl, Filderkraut** *(Brassica oleracea* var. *capitata* for. *alba* subv. *conica)*

Diese drei typischen Wintergemüsesorten kann man trotz ihrer farblichen Unterschiede in der Küche auf sehr ähnliche Weise verarbeiten. Natürlich gibt es dieses Gemüse fast das ganze Jahr über, aber die Kohlköpfe, die ab Oktober geerntet werden, sind wirklich pralle und feste Köpfe, die bis zum Frühjahr gut haltbar sind. Nach und nach fallen zwar die äußeren Blätter langsam ab, indem sie sich vom Strunk lösen, aber der innere Teil bleibt lange frisch und knackig.
Die Bauern pflanzen viele saisonal aufeinander abgestimmte Kohlsorten an. Deshalb findet man auch bei diesem Gemüse immer wieder Unterschiede in Form, Konsistenz und Geschmack. Es gibt interessante alte Sorten, die zum Beispiel bei ProSpecieRara inventarisiert sind. Und in der Filderregion südlich von Stuttgart gibt es das Filder-Spitzkraut, das von Slow Food als Arche-Produkt aufgenommen wurde und von einer Handvoll Produzenten in der Filder-Hochebene liebevoll gepflegt wird. Viele alte Sorten sind geschmacklich oft deutlich besser als die neueren Züchtungen, sie erfüllen aber nicht die heutigen standardisierten Vorgaben der Großverteiler, die meist nur kleine Kohlköpfe verkaufen. So lohnt es sich, Produzenten ausfindig zu machen, die diese Sorten noch anpflanzen, und sie mit einem Kauf zu unterstützen. Andererseits ist die Züchtung von neuen, resistenteren Sorten auch sehr wichtig für die Gemüseanbauer. Mit ihnen über diese Themen zu diskutieren, kann aufschlussreich sein! Auch für den Konsumenten können diese Neuzüchtungen interessant sein, einige alte Sorten neigen beispielsweise stärker zu Innenblattnekrosen; das sind schwarze, verdorrte Blätter im Innern, die erst beim Rüsten zum Vorschein kommen.
Weil Kohl Mineralien aus dem Boden sehr gut aufnehmen kann, ist es bei diesem Gemüse noch wichtiger, auf Bioware zu setzen. Kohl kann nämlich auch schädliche Stoffe in sich speichern, und oft kann man den Unterschied sogar deutlich riechen! Der typische Kohlgeschmack, der vor allem beim Kochen entsteht, wird allerdings durch die vorhandenen Schwefelbestandteile hervorgerufen.
Nördlich der Alpen wird der Winterkohl vor dem Frost geerntet und im Lagerhaus aufbewahrt. In milderen Regionen kann er laufend geerntet werden. Es ist auch möglich, ihn im Kühlschrank mehrere Wochen in einem Zellophansack aufzubewahren. Ich verwende fast jeden Tag ein wenig von einem Kohlkopf für meinen täglichen Salat: Ich hoble einfach am Anschnitt weiter und lege ihn dann wieder in die Kühle.

Für **Sauerkraut** werden speziell großköpfige Sorten gezüchtet. Es wird meist nach einem traditionellen Verfahren hergestellt, das vor allem im deutschsprachigen und slawischen Raum bekannt ist. Die Grundzubereitung kennt viele Variationen: Salzmenge, Gewürze, Schnitt und Kohlsorten sowie Zeit und Temperaturen ergeben feine geschmackliche Unterschiede, von mild bis sehr sauer.

Man kann Sauerkraut auch selbst machen. Anleitungen dazu gibt es in verschiedenen Selbstversorger-Ratgebern und im Internet. Man findet aber auch sehr gutes Sauerkraut auf dem Markt; viele Bauernfamilien oder auch größere Bauerngenossenschaften machen Sauerkraut selber ein und haben sich oft seit mehreren Generationen darauf spezialisiert. In der Schweiz ist seit mehreren Jahren in Sachen Sauerkraut ein Zentralisierungsprozess im Gang: Das Familienunternehmen Schöni, mittlerweile eine Holding, hat viele regionale Genossenschaften aufgekauft, einen Teil davon später geschlossen, und die Produktion auf sich selbst konzentriert. Die großen Anlagen arbeiten eng mit den Anbauern zusammen, sie

bestimmen die Sorten und den Zeitpunkt der Anlieferung: Bereits Ende Juli landen die ersten Kohlköpfe kontrolliert, mit ausgebohrtem Strunk und geschnitten, in riesigen Gärkesseln, wo eine genau auf Sorte, Temperatur und Süße abgestimmte Salzmenge zugegeben wird. Das Ganze wird gestampft, zugedeckt und luftdicht abgeschlossen. Milchsäurebakterien, die auf dem Kohl und in der Luft reichlich vorhanden sind, verwandeln in einem Gärungsprozess Fruchtzucker in Milchsäure. Es ist also ein ganz und gar natürliches Verfahren, das aus dem rohen Kohl einen Mehrwert an Vitaminen und Spurenelementen hervorbringt.

In Österreich überlebt auf 1000 Meter Höhe eine historische Form der Krautkonservierung. Für das »Grubenkraut« werden die Kohlköpfe zuerst kurz gekocht, dann an der Sonne getrocknet und gebleicht. Danach werden die ganzen Köpfe ohne Zugabe von Salz in ein bis zu fünf Meter tiefes Loch im Boden eingeschichtet, beschwert und zugedeckt. Die Fermentation dauert etwa vier Monate, aber das Grubenkraut kann auch mehr als ein Jahr in der Grube bleiben. Sein Geschmack ist mild und aromatisch.
Für die Zubereitung der traditionellen balkanischen Sarmas werden die ganzen, wie für Sauerkraut eingesäuerten Blätter verwendet und dann gefüllt als eine Art Kohlwickel.

In der Küche

Traditionelle Gerichte geben für den Kabis lange Kochzeiten an. Für spezielle Anlässe sind solche total verkochte Eintopfgerichte sicher gut und richtig: Die verschiedenen Bestandteile, oft Zwiebeln, Kartoffeln und Wurstwaren, ergeben eine perfekte Kombination, die durch nochmaliges Aufwärmen fast noch besser schmeckt. Im Alltag hingegen halte ich kurze Kochzeiten für angemessener: Es geht schneller, riecht weniger penetrant (der schwere Kohlduft entwickelt sich erst später), braucht weniger Energie, ergibt eine interessante Konsistenz, ist bekömmlicher und soll gesünder sein.
Ich liebe dieses Gemüse vor allem roh oder ganz kurz gekocht; es enthält neben vielen anderen für unseren Organismus wichtigen Mineralsalzen und Spurenelementen viel Vitamin C (das übrigens durch kurzes Kochen von unserem Organismus besser aufgenommen wird). Sauerkraut kann man schon gekocht kaufen, doch ich ziehe das rohe Kraut vor, da mir damit alle Möglichkeiten offen stehen.

Zum Rüsten muss man höchstens ein oder zwei der äußeren Blattschichten abnehmen und schon kann man den Kabiskopf hobeln oder in Stücke schneiden. Beim Hobeln lohnt es sich, den Strunk bis zuletzt zu erhalten; dann halten die Blätter zusammen und der Kopf zerfällt nicht. Der Strunk ist eigentlich auch essbar, aber manchmal etwas zu holzig. Eine Kostprobe lohnt sich.
Will man einen Kabissalat zubereiten, nimmt man am besten einen sehr feinen Hobel: Je feiner der Kabis geschnitten ist, desto besser schmeckt er. Er vermischt sich dann besser mit der Salatsauce. Dabei ist ein längeres Marinieren von Vorteil. Kabissalat schmeckt am zweiten oder dritten Tag noch besser! Er verliert etwas von seiner knackig-brüchigen Konsistenz und entwickelt neue Aromen. Man kann die meisten Kabissalate aus diesem Buch sehr gut in größeren Mengen zubereiten und dann mehrmals davon auftischen.
Natürlich lohnt es sich auch bei diesem Gemüse, sich von der Form inspirieren zu lassen: Man kann die einzelnen Blätter oder den ganzen Kopf, teils ausgehöhlt, füllen und im Ofen garen. Bei manchen Spitzkabissorten (vor allem den frühen Sorten), bei denen die Blätter sehr lose angeordnet sind, kann man auch die Füllung zwischen die Blätter füllen.

Kohl ergibt schon beim Ernten viel Abfall, noch mehr Blätter werden später beim Nachrüsten entfernt. Müssen wir wirklich nochmals weitere Blätter abnehmen, bevor wir ihn kochen?

Rotkohlblätter enthalten Anthocyane, die als Säure-Indikatoren wirken und die Farbe verändern. Mit sauren Zutaten werden die violetten Blätter rot bis rosa, und bei alkalischen werden sie blau. Auch beim Kochen werden die Blätter blau; es reicht allerdings eine Zugabe von beispielsweise etwas Essig, und sie werden wieder rot. Sogar der pH-Wert der Erde, in dem der Kohl gewachsen ist, hat einen Einfluss auf die Farbe des Rotkohls.

Je nach dem pH-Wert ändert der Rotkohl seine Farbe: links mit Essig, in der Mitte mit Natron, rechts mit Rahmzugabe.

Am Ende der Ernte wird dieses Kohlfeld bei Steinmaur den Schafen überlassen (es handelt sich um die alte Rasse der Engadinerschafe); sie finden hier immer noch viel zu knabbern.

Passende Zutaten

Frischer Ingwer, Thai-Gewürze (siehe Seite 370), Kümmel, Koriander-, Dill-, Fenchelsamen und alle »Samen« aus der Familie der Doldenblütler, Paprika, Piment, Nigella (Schwarzkümmel), gepoppte Senfsamen

Petersilie, Schnittlauch, Fenchelkraut, Thymian, Lorbeer, Korianderblätter, Bohnenkraut

Für alle Kohlgemüse ist Apfelessig der beste Essig; er nimmt dem Kohl das Kohlige!

Sauerkrautherstellung
Für die Sauerkrautherstellung werden spezielle, besonders große Kohlsorten angepflanzt. Mitten im »Kabisland« überlebt die Sauerkrautfabrik Thurnen, eine Genossenschaft, in der die Produzenten noch selbst Hand anlegen. Jeweils an einem Tag pro Woche wird hier Biosauerkraut eingemacht. Die Kohlköpfe werden grob gerüstet und vom Strunk befreit; anschließend werden sie durch eine Waschtrommel gerollt, um die äußeren, zäheren Blätter abzulösen; von Hand wird nochmals nachgerüstet. Dann wandern die Kohlköpfe zur Schneidescheibe. Die dünn geschnittenen Streifen werden gesalzen und in den unteren Stock befördert, wo sie in tiefe Wannen kommen. Mit Wasserkissen zugedeckt, gärt der Kohl zwischen 4 und 6 Wochen, bevor er schließlich abgepackt wird. Die Rüstabfälle werden auf die Felder zurückgebracht.

Kabis-Salat mit Sojasprossen und Crevetten

Für alle Kabissalate gilt: so dünn wie möglich hobeln, damit sich der Geschmack am besten entfaltet. Ein guter Gemüsehobel mit scharfer Klinge, eventuell mit verstellbarem Einsatz, um die Dicke genau zu regulieren, ist in der Gemüseküche unentbehrlich. Man kann aber auch mit der Fleisch-Aufschneidemaschine hobeln.

1 EL Apfelessig
1 EL Zitronen- oder Limettensaft
1 EL Tamari
1 Prise Salz
1 EL geriebener Ingwer
½ Knoblauchzehe, gepresst
1 EL mildes Sonnenblumenöl
2 EL geröstetes Erdnussöl

Alle Zutaten zu einer Sauce mischen.

200 g Sojasprossen

Im sprudelnden Salzwasser wenige Sekunden blanchieren und auskühlen lassen.

400 g Kabis, fein gehobelt
1 EL Koriandergrün
2–3 EL Thai-Basilikum (Horapa)
2 EL Schnittzwiebel und Dill
200 g Crevetten aus Biozucht
2 EL geröstete Erdnüsse

Alle Zutaten in die Sauce mischen.

Von oben nach unten: Rotkohl mit Quitten und Kürbiskernöl (Rezept Seite 128), Sauerkraut mit Mandelsauce (Rezept Seite 129), Kabissalat mit Crevetten.

Als **Saucen-Varianten** für Weiß- oder Rotkohlsalat hier folgende Zutatenvorschläge:

- Zitronensaft und -zesten, Olivenöl, etwas Knoblauch, zerdrücktes Sardellenfilet, Petersilie
- Apfelessig, Zitronen- und Kürbiskernöl, Kapern und Linsensprossen, Schnittlauch und Maggikraut
- Dörrpflaumen, Apfel-Balsamicoessig und Haselnussöl

DER BODEN ALS LEBEWESEN

Boden ist nicht einfach das Produktionssubstrat, als das er in der modernen industrialisierten Landwirtschaft vielerorts betrachtet wird. Boden ist der Lebensraum für zahllose Kleinstlebewesen, Tiere und Pflanzenwurzeln und somit selbst ein lebendiger Organismus, der jedoch auf mannigfaltige Weise bedroht ist. Intensive Düngung, Einsatz von Pestiziden, mechanische Belastung und Bodenbearbeitung führen zu Verdichtung, Vernässung, Fruchtbarkeitsverlust und Erosion. Die biologischen Bewirtschafter legen ein großes Augenmerk auf eine intakte Bodenstruktur und den Erhalt der Fruchtbarkeit, da sie anders als in der konventionellen Bewirtschaftung weder schnell wirksame Dünger noch andere kurzfristig wirksame, wenn auch wenig nachhaltige Mittel zur Verfügung haben, um Schäden zu beheben. Ihr Prinzip ist, nicht die Pflanzen, sondern den Boden zu ernähren. Dazu setzen sie mithilfe von Kompostierung auf natürliche Kreisläufe und ernähren damit die Bodenlebewesen, die gemächlich Nährstoffe freigeben und so für eine nachhaltige Fruchtbarkeit sorgen. Ein derart gehegter Boden baut Humus auf, ist krümelig, lässt sich leicht bearbeiten, vermag Wasser aufzunehmen und filtert dieses vor dem Übertritt ins Grundwasser.

Adrian Krebs, Forschungsinstitut für biologischen Landbau FiBL

Walter Hadorn Dähler in Toffen beim Einmachen von Sauerkraut für den Eigenbedarf. Als Werkzeug benötigt er lediglich einen großen Hobel und einen Steinguttopf. Dünn gehobelt wird jeder Kohl viel geschmackvoller.

Rohe Sauerkraut-Sauce

Diese Sauce passt zu verschiedenen Wintersalaten (z.B. Seite 168), aber auch als Dip zu rohem Gemüse oder zu Chips. Das Mandelpüree aus Toritto-Mandeln ist speziell aromatisch. Die Mandeln, alles alte Sorten, werden ungeschält ohne Rösten gemahlen. Man kann aber auch das braune Mandelpüree aus dem Naturkostladen verwenden.

100 g rohes Sauerkraut
1 EL Senf
1 EL Mugi Miso (Sojabohnenwürzpaste)
60 g Haferrahm (»Hafer Cuisine«)
50 g kaltgepresstes Rapsöl
nach Geschmack Kubebenpfeffer,
Wacholder, gemahlen — Alles im Mixer sehr fein pürieren.
1 EL Mandelpüree — Dazugeben und zum Binden nochmals mixen.

Rotkohl mit Quitten und Kürbiskernöl

Das Gedicht der Begegnung zwischen Reich und Arm: das Kürbiskernöl als sehr schmackhaftes und hochgeschätztes Öl, der Rotkohl als gewöhnliches, einfaches Gemüse ... und wie für alle Kohlarten ist hier Apfelessig ideal. (Bild Seite 127)

3 Zitronengrasstängel — Mit dem Messergriff etwas quetschen.
6 Scheiben Galgant
5 Scheiben Ingwer
1 Prise Salz
500 ml Wasser
500 ml Apfel-Verjus — Alles zusammen in einen Topf geben und aufkochen lassen.
1 Quitte, abgerieben — Halbieren, vierteln und das Kerngehäuse entfernen. In Scheiben schneiden, zur Marinade geben und 5 Minuten kochen; im Sud auskühlen lassen oder heiß in Gläser abfüllen (als Konserve).

1 TL Kräutermeersalz
1 EL grober Senf
2 EL Apfelessig
3 EL Kürbiskernöl
1 EL Apfelsaftkonzentrat — Diese Zutaten zu einer Sauce mischen.
400 g Rotkohl, ganz fein gehobelt — Mit den abgetropften Quittenscheiben zur Sauce geben und gut mischen.

Sauerkraut mit Mandelsauce

Hier ein sehr einfaches Rezept, das aber geschmacklich eine kleine Überraschung birgt. (Bild Seite 127)

150 g Linsensprossen	In Salzwasser 1 Minute kochen; abgießen.
40 g dunkles Mandelmus 150 g Sauerrahm 1 Prise Kräutermeersalz	Mus, Rahm und Salz mit einem Schwingbesen zu einer dickcremigen Konsistenz mischen; eventuell noch etwas Wasser hinzufügen.
200 g rohes Sauerkraut	Auseinanderzupfen und auf einem Teller flach auslegen; die Creme darübergeben und die Sprossen darüber verteilen.

Rotkohl-Kaviar mit Beluga-Linsen auf gebratenem Sellerie

(Bild Seite 246)

40 g Beluga-Linsen	Mit der dreifachen Menge Wasser aufsetzen und etwa 20–30 Minuten weich kochen; dann abgießen und zugedeckt auskühlen lassen.
2–3 EL Tamarindenpüree (siehe Seite 369) 2 EL Tamari etwas Zitronenzesten 1 kleine rote Zwiebel, ganz klein gehackt ½ Knoblauchzehe, gepresst 2 EL kaltgepresstes Traubenkernöl	Diese Zutaten zu einer Sauce mischen.
2 EL Dulse-Algenflocken 100 g Rotkohl	In grobe Stücke schneiden und sehr klein hacken; dann mit den Linsen und den Algen zur Sauce geben und alles gut vermengen.
½ Sellerieknolle, geschält	In 2 mm dünne Scheiben schneiden.
1 EL Olivenöl	In eine Pfanne geben und den Sellerie beidseitig braten. Eventuell salzen und mit dem Rotkohl-Kaviar belegen.

Filderkraut mit Lammfleisch gefüllt

Ein orientalisch anmutendes Gericht mit langer Kochzeit. Man könnte der Füllung noch verschiedene weitere Zutaten beimischen, zum Beispiel gemahlene Walnüsse oder Mandeln, gekochten Reis oder Bulgur, Sultaninen, Dörraprikosen oder Quitten. Oder eine Füllung aus Kichererbsen, Bohnen, Reis oder Gerste. Das Lammfleisch kann durch Ziegenfleisch, aber auch durch eine mildere Fleischsorte ersetzt werden.

800 g Berglamm-Hackfleisch
200 g Zwiebeln, gehackt
150 g Selleriestängel, gehackt
je 1 gute Prise Zimt, Kreuzkümmel, Koriander, Ingwerpulver, Nelkenpfeffer, Paprika, Pfeffer
2 Prisen Salz

Alles gut vermischen.

1 Filderkraut

Den Kohlkopf halbieren und mit einem scharfen Messer den Strunk und einen Teil vom Herz herausschneiden (für einen Salat aufbewahren). Mit der Schnittfläche nach oben in eine feuerfeste Form legen, die Füllung zuerst zwischen die Blätter drücken, dann den Rest oben daraufstreichen.

300–400 ml Gemüsebrühe
300 g passierte Tomaten (Glas)

Die Brühe mit den Tomaten mischen und um die Kohlköpfe gießen.

2 EL Olivenöl

Alles mit dem Öl beträufeln, zudecken und bei 180 Grad im Ofen etwa 1 Stunde garen.

4 Kartoffeln, geschält
2 Herbstrüben, geschält

Beides in grobe Stücke schneiden und in die Sauce legen. Das Filderkaut im Ofen, je nach Größe, eine weitere halbe bis ganze Stunde garen.

Am Filderkrautfest in der Heimat des Spitzkohls, in Leinfelden-Echterdingen nahe München, wird um den Titel des »Krauthobelweltmeisters« gekämpft.

Grubenkraut: Bei dieser alten Konservierungsmethode werden die ganzen Kohlköpfe kurz überbrüht, an der Sonne »gebleicht« und dann in eine bis zu vier Meter tiefe Grube geschichtet. Die Gärung, ohne jegliche weitere Zugabe, dauert mindestens vier Monate. Das Grubenkraut hält sich bis zu drei Jahre in der Grube. Am »Presidio«-Stand in Turin wurde das Grubenkraut im Glas angeboten (unten).

Verjus-Sauerkraut mit Quitten-Kartoffelrösti

Sauerkraut kann sehr unterschiedlich sauer sein; das Gleiche gilt für Verjus oder Apfel-Verjus. Bei diesem Rezept muss man die Mengen der beiden Zutaten gut aneinander anpassen!

1 EL Bratbutter	In einen warmen Topf geben.
1 Zwiebel, in Ringe geschnitten	Hinzufügen und ein paar Minuten braten.
400 g rohes Sauerkraut (relativ trocken)	Dazugeben und ein paar Minuten weiter braten.
100 ml Apfel-Verjus 100 ml Apfelsaft 1 TL Gemüsebrühepulver 2 Lorbeerblätter	Alle diese Zutaten hinzufügen und zum Kochen bringen.
100 g Lauch, in Scheiben geschnitten 400 g Pariser Karotten etwas Koriander-, Kümmel- und Wacholderpulver	Gemüse und Gewürze dazugeben und 20 Minuten kochen.

Für die Rösti:

300 g Kartoffeln, geschält 250 g Quitten, Kerngehäuse entfernt 250 g Kürbis ('Jarrahdale', 'Delica', 'Potimarron')	Das Gemüse grob raspeln.
1 Prise Salz 1–2 EL Mehl 1 Prise Rosmarinpulver 1 EL Bratbutter	Die Gewürze unter das Gemüse mischen. In eine beschichtete Bratpfanne geben, die Masse darin verteilen und leicht anpressen; zugedeckt auf kleiner Flamme 8 Minuten braten. Mithilfe des Deckels wenden und die andere Seite ebenfalls goldgelb braten. Mit dem Kraut servieren.

CHINAKOHL UND ASIASALATE

- **Chinakohl** *(Brassica rapa* ssp. *pekinensis)*
- **Pak Choi, Tah tsai oder Tatsoi** *(Brassica rapa* ssp. *chinensis)*
- **Mizuna, Komatzuna, Salatkohl** *(Brassica rapa* ssp. *nipposinica)*
- **Blattsenf, Breitblättriger Senf, Grüner Senfkohl** *(Brassica juncea)*

Chinakohl, Pak Choi und andere schnellwachsende Kohlarten, auch als Asian Green oder Asiasalat bekannt, sind die »Light«-Varianten des Kohls. Dank ihrer Zartheit und ihrem von neutral bis scharf reichenden Geschmack sind sie sehr flexibel einsetzbar und passen zu vielen Zutaten.

In unseren Breitengraden werden im Herbst kurz vor dem ersten Frost die letzten Chinakohlköpfe geerntet. Bei kontrollierter Temperatur und Luftfeuchtigkeit werden sie in großen Kühlräumen gelagert, wo sie noch viele Wochen lang frisch bleiben. So profitieren wir noch ein paar Monate lang in der kalten Jahreszeit von diesem zarten Gemüse.

'Pak Choi', 'Tatsoi', 'Mizuna', 'Namenia', 'Rote Senfblätter' und viele andere Sorten wachsen sehr schnell. Man findet sie oft im Frühjahr, aber sie gedeihen auch sehr gut im Winter im frostfreien Gewächshaus. Diese Blattgemüse aus der Kreuzblütlerfamilie gehören zu den Produkten, die man bei den Produzenten selbst einkaufen sollte, da sie längere Reisen schlecht vertragen. Sie sollten auch innerhalb von zwei bis drei Tagen nach der Ernte konsumiert werden, da sie schnell welken.

In Deutschland ist Stielmus oder Rübstiel als lokale Spezialität bekannt: Das sind gekochte Blätter von »leichten« Kohlarten. Man verwendet dafür meist die Sorte 'Namenia' oder erntet dafür die jungen Blätter von dicht gesäten Speiserüben. Ähnlich, nämlich als Blattgemüse, werden in Italien 'Cima di Rapa' oder 'Friarielli' verwendet; diese werden aber mit der Blütenknospe geerntet. Auf diese Weise kann man alle jungen Blätter dieser botanischen Familie verwenden, zum Beispiel etwa auch Radieschenblätter.

In den asiatischen Ländern gibt es eine vielfältige Kultur der »essbaren Blätter«. Ein großer Teil davon gehört zur botanischen Familie der Kreuzblütler. Sie werden meistens einfach nur wenige Sekunden im Wok erhitzt. Es ist ein Vergnügen, den Thai-Frauen in den Straßenrestaurants zuzuschauen. Die großen Woks, die starke Gasflamme, jede Zutat minutiös vorbereitet, genaue Bewegungen: In wenigen Minuten bereiten sie farbige, knackige und sehr frische Gerichte zu. »Roh und heiß« ist also die Devise für dieses zarte Gemüse.

Die sogenannten Asiasalate kann man ganz jung zum Beispiel in Salatmischungen genießen oder schon weiter entwickelt (z. B. den großen, weißen Chinakohl, den ausgewachsenen Pak Choi, oben im Bild, oder bereits größere Tatsoi-Rosetten, unten links) als Salat oder als Blitz-Kochgemüse.

In der Küche

Normalerweise wird der Chinakohl schon gerüstet und geputzt angeboten. Um geschlossene, fast weiße Köpfe zum Verkauf anbieten zu können, werden schon auf dem Feld viele der äußeren grünen Blätter entfernt. Daher reicht ein kurzes äußerliches Spülen aus, weil das Innere gar nicht schmutzig sein kann. Am Ende der Saison kann es allerdings vorkommen, dass der Kohlkopf von innen heraus fault.

Pak Choi wird als Rosette oder in losen Blättern verkauft. Diese sollte man waschen, um noch vorhandene Erde zu entfernen. Das Gleiche gilt für alle hier vorgestellten Blattgemüse. Roh haben die Blätter dieser verschiedenen Kohlarten eine interessante Konsistenz: knackig, frisch und leicht porös. Mehr oder weniger grob geschnitten ergeben sie eine ideale Zutat für Salate.

Man kann die Blätter aller Sorten, mehr oder weniger grob geschnitten, auch ganz kurz anbraten – ein bis zwei Minuten sind ausreichend. Bei etwas längerer Kochzeit erhält man ein anderes Ergebnis: Die Konsistenz leidet ein wenig, aber nicht unbedingt der Geschmack. Chinakohlblätter, eine Minute blanchiert, sind ideal, um damit verschiedene Füllungen zu umwickeln.

Passende Zutaten

Frischer Ingwer, Galgant, Zitronengras, Korianderkraut, Chili
Zitrusfrüchte, kaltgepresstes oder geröstetes Sesamöl, geröstetes Erdnussöl
Kokosmilch, Pilze, Algen, Sojasauce

Von oben links im Uhrzeigersinn: Mitsuna (japanischer Blattkohl), 'Red Giant' (Japanischer Senfkohl), roter Tatsoi, grüner Tatsoi (auch Rosetten-Tatsoi oder Misome genannt), 'Ruby Frills'. Die ganz jungen Blätter aus dem Gewächshaus sind oft noch hell, während beim zweiten Schnitt schon viel dunklere Blätter geerntet werden; im Freiland werden sie dazu noch fester.

Urs Baumann baut Asiasalate im Freiland und im Gewächshaus an, hier Rucola, Mitsuna, 'Ruby Frills', sehr kleiner Senfkohl, grüner Tatsoi und roter Tatsoi.

Glasnudelsalat mit Tatsoi

10 g Judasohren (Chinapilze)	In kaltem Wasser 15 Minuten einweichen; dann in Salzwasser 10 Minuten kochen.
50 g Glasnudeln	Mit kochendem Wasser bedecken, nach 10 Minuten abgießen und in Stücke schneiden.
2 EL Limettensaft 2 EL Tamari 1 Prise Salz 2 EL geröstetes Erdnussöl 1 EL Ingwer, geraspelt 1 Knoblauchzehe, gepresst 1 frische Chili, gehackt 1 EL frischer Koriander, gehackt	Diese Zutaten zu einer Sauce mischen.
100 g Tatsoi-Blätter, evtl. zerkleinert ½ rote Karotte (z. B. 'Nutri-Red') 100 g Moschuskürbis (z. B: 'Black Futzu', 'Butternut')	Karotte und Kürbis in sehr dünne Streifen (Julienne) hobeln.
1 EL Lauch, in dünne Ringe geschnitten	Gemüse, Pilze und Nudeln mit der Sauce mischen.
50 g geröstete Erdnüsse 2 EL geröstete Schalotten (Asialaden)	Erdnüsse und Schalotten darüberstreuen.

VOM SCHADEN DER SCHÄDLINGSBEKÄMPFUNG

Von der Herstellung über die Anwendung auf dem Feld bis zum Verzehr der Lebensmittel und der Entsorgung der nicht verwendeten Überschüsse ziehen Pestizide eine Spur des Verderbens nach sich. Millionen von Bäuerinnen und Landarbeitern werden jedes Jahr durch die Anwendung von Schädlingsbekämpfungsmitteln vergiftet, Zehntausende sterben – vor allem in Entwicklungsländern, wo angemessene Schutzbekleidung fehlt und hochgiftige Mittel zum Einsatz kommen, die bei uns längst verboten sind. Neben akuten Vergiftungen kommt es auch zu Langzeitschäden wie Schädigungen des Nervensystems oder Krebs. Vor allem langlebige Schadstoffe wie Endosulfan verseuchen Böden und Gewässer und gelangen von dort wieder in die Nahrungskette. In 70 Prozent des konventionell erzeugten Obstes und Gemüses finden sich Rückstände von Pestiziden. Auch die Auswirkungen der Pestizide auf die Umwelt sind enorm: Schädigung der Ozonschicht, Bienensterben oder Dezimierung der für den Humus verantwortlichen Bodenorganismen sind einige der Folgen. Auch ungenutzte Pestizide, die in behelfsmäßigen Lagerhallen oder auf dem Feld unsachgemäß gelagert werden, sind eine Gefahr.
Erklärung von Bern

Chinakohl-Salat auf thailändische Art

20 g Hijiki-Algen

In einem Topf mit reichlich kaltem Wasser bedecken und zum Kochen bringen; 5 Minuten kochen, abgießen und auskühlen lassen.

2 EL Limettensaft
1 EL Tamari
wenig Salz
1 TL Palmzucker
3 EL kaltgepresstes Sesamöl
1 Knoblauchzehe, gepresst
je 1 EL Zitronengras, Galgant und Ingwer, geraspelt
1 EL frischer Koriander

Alle diese Zutaten zu einer Sauce mischen.

2–3 Frühlingszwiebeln oder rote Zwiebeln, in dünne Scheiben geschnitten
100 g Karotten, in Streifen gehobelt
½ Chinakohl, in feine Streifen geschnitten
2 Handvoll Tatsoi und Pak Choi, fein geschnitten
1 EL Sesamsamen

Alles zusammen mit den Algen zur Sauce geben und gut mischen.

Asiasalate mit Klippfisch

Immer öfter findet man diese tollen Salatmischungen mit verschiedenen grünen und roten Blättern. Manche dieser Mischungen sind ausschließlich aus Vertretern der Kreuzblütler zusammengestellt, sind also verwandt mit Kohl und Senf. Wenn man sich Zeit nimmt, um die einzelnen Sorten zu testen, entdeckt man eine verblüffende Geschmackspalette: von süß bis scharf, von »senfig« bis »kohlig«, stechend bis schmelzend ... Ganz jung kann man die ganzen Blätter verwenden; sie wachsen aber sehr schnell; sind sie älter, kann man die Blätter etwas zerkleinern.

100 g norwegischer Klippfisch	In 2 mm dünne Scheiben schneiden und 6 Stunden in reichlich kaltem Wasser einlegen.
3 Handvoll Asiasalatblätter 50 g Moschuskürbis	Beides in dünne Streifen hobeln.
1 TL Ingwersaft 1 EL Tamari 1 EL Zitronen- oder Yuzu-Saft 2 EL Sesamöl wenige Tropfen geröstetes Sesamöl	Diese Zutaten zu einer Sauce mischen und mit dem abgetrockneten, rohen Klippfisch, dem Salat und dem Kürbis mischen.
1 EL Raps- und Wasabi-Sesamsamen	Darüberstreuen.

Mit Tofu gefüllte Chinakohl-Rollen

Mit Basmati-Vollkornreis, gemischtem Gemüse aus dem Wok und etwas Tamari ist das eine ausgewogene Mahlzeit.

350 g pasteurisierter Tofu (Bioqualität)
150 g Zwiebeln, fein gehackt
100 g Cashewnüsse, gemahlen
50 g Kokosflocken
50 g Tamari
1 EL Reismehl
je 1 EL Zitronengras, Galgant und Ingwer, geraspelt
1 EL frischer Koriander, gehackt

Den Tofu zerdrücken und mit allen anderen Zutaten zu einer formbaren Masse kneten.

12–15 Chinakohlblätter

30 Sekunden in kochendem Salzwasser kochen, dann sofort in kaltem Wasser auskühlen und abtropfen lassen. Auf der Arbeitsfläche ausbreiten.
Aus der Tofumasse 12 längliche Zylinder formen und auf die Blattseite legen; die Blattränder einschlagen und entlang der Blattrispe aufrollen. Auf einem Sieb (Dämpfeinsatz) über Dampf zugedeckt 20–30 Minuten garen.

Beim Chinakohl werden schon auf dem Feld sehr viele Blätter abgeschnitten.

Pak Choi und Chinakohl im Wok

Die asiatischen Kohlarten sind das ideale Gemüse für diese Kochtechnik: Die sehr heiße Pfanne und das ständige Wenden ergeben ein heißes und dennoch fast rohes Gemüse.

300 g Pak Choi
300 g Chinakohl
100 g Lauch
50 g gelbe Peperoni (Paprika)

Das Gemüse in Streifen schneiden.
In regelmäßige Stifte schneiden.

10 g Ingwer, fein gehackt
½ gelber Chili, gehackt
2 Knoblauchzehen, gehackt
1 EL mildes Sonnenblumenöl

Das Öl in einen sehr heißen Wok geben und die Gewürze sofort 2 Sekunden darin braten, dann das Gemüse zugeben und fortwährend wenden, eventuell mit einigen Wassertropfen besprenkeln, damit etwas Dampf entsteht.

2 EL gekochte Arame-Algen
(siehe Hijiki, Seite 140)
1 EL Sesamsamen

Algen und Sesam nach 2–3 Minuten untermischen und alles sofort aus dem Wok nehmen.

WIRZ, WIRSING UND BLATTKOHL

- **Wirz, Wirsing** *(Brassica oleracea* var. *sabauda)*
- **Palmkohl, Schwarzkohl** *(Brassica oleracea* convar. *acephala* var. *palmifolia)*
- **Grünkohl, Federkohl** *(Brassica oleracea* convar. *acephala* var. *sabellica)*
- **Portugiesischer Kohl** *(Brassica oleracea* var. *costata* var. *tronchuda)*
- **Markstammkohl** *(Brassica oleracea* var. *medullosa)*
- **Strauch-Kohl oder Tausendkopf oder Ewiger Kohl** *(Brassica oleracea* var. *ramosa)*

Wie so viele der sogenannten Wintergemüsearten findet man auch den Wirz oder Wirsing fast das ganze Jahr über. Man unterscheidet im Gemüsebau grundsätzlich zwei Typen: Der »Wirz schwer« ist sehr kompakt, gelb, reift im Herbst und wird eingelagert. Der »Wirz leicht« wächst das ganze Jahr hindurch, hat lockere Blätter und wird auch das ganze Jahr über geerntet. Dieser leichte Wirz ist im Winter etwas kompakter und wird um diese Zeit laufend geerntet; er hat also eine kürzere Lagerzeit, wenn wir ihn kaufen. Wirsing ist botanisch gesehen dem Kohl näher, aber in der Küche verwende ich ihn gerne wie seine »kopflosen« Cousins, die Blätterkohlsorten.

Palm- oder Schwarzkohl, Grün- oder Federkohl und Portugiesischer Kohl sind eine ganz andere Sorte Kohl: Sie bilden keinen geschlossenen Kopf, sondern stets neue Blätter am obersten Ende eines dicken Strunks, der eine bemerkenswerte Höhe erreichen kann. Man erntet die Blätter von unten nach oben; so bleibt die Knospe unversehrt und kann immer neue Blätter erzeugen. Die unteren Blätter sind meist etwas zäher, während die jüngeren an der Spitze die delikatesten sind.

Alle diese Kohlarten ertragen sehr gut tiefe Temperaturen, auch mehrere Grade unter Null. Manche raten sogar, dass man den ersten Frost abwarten soll, um schmackhaften Kohl zu ernten. Die Stärke würde durch Frost in Zucker umgewandelt. Andere sagen, dass die Erhöhung des Zuckergehalts durch längere Reifezeit und langsameres Wachstum gefördert wird. Wie auch immer: Je später man erntet, desto besser schmeckt der Kohl. Ideal ist es natürlich, wenn man ihn je nach Bedarf direkt vom Feld pflücken kann. Nur der Palmkohl bildet hier eine Ausnahme. Er ist weniger frostresistent, dafür erträgt er die Wärme besser. Seine Blätter kann man schon vor dem Winter genießen, da sie die Kälteeinwirkung nicht abwarten müssen.

Vor allem nördlich der Alpen findet man viele interessante Grünkohlsorten, während in Italien der Palmkohl bekannter ist. In der Schweiz haben Produzenten und geschmacksbewusste Konsumenten in den letzten Jahren viele dieser Blattkohlsorten wiederentdeckt.

Ein Wirzfeld mit der späten, robusten Sorte 'Paradiesler', ideal zum Einlagern.

In der Küche

Vom Wirz werden schon auf dem Feld viele der grünen Blätter abgeschnitten, darum sollte man nur, wenn es wirklich nötig ist, weitere äußere Blätter entfernen. Mehr wäre schade, denn auch diese Blätter sind essbar. Danach reicht ein kurzes Abspülen.

Ob man den Strunk daran belässt, kommt auf die Weiterverarbeitung an: Will man kleine Stücke hobeln, hilft der Strunk, das Ganze zusammenzuhalten; man hobelt dann rund um ihn herum. Andernfalls halbiert man den Kopf und schneidet den härteren Teil des Strunks heraus; nicht immer ist er holzig, eine Kostprobe lohnt sich, da auch er viele Nährstoffe enthält und schmackhaft sein kann.

Bei den Blattkohlarten gibt es zwei Verfahren: Für eine kurze Kochzeit, wie sie hier in den meisten Rezepten angegeben ist, sollte man den grünen Blattteil von dem harten Blattnerv in der Mitte abtrennen; das geht am einfachsten durch Abreißen. Das gilt für die größeren Blätter. Der zentrale Blattnerv ist ebenfalls verwendbar, er braucht aber eine längere Kochzeit und ist etwas gröber im Geschmack. Die jungen Blätter nahe dem Herz kann man im Ganzen verwenden.

Für eine lange Kochzeit, wie sie die traditionellen Gerichte vorsehen, schneidet man das ganze Blatt in kurze Stücke und kocht alles mit. Wie erwähnt, ziehe ich für die tägliche Küche auch bei diesen Kohlarten kurze Kochzeiten vor, zwischen 5 und 15 Minuten. Meiner Meinung nach schmeckt das Gemüse dann bekömmlicher, leichter und interessanter im Gaumen; außerdem ist eine kurze Kochzeit energiesparender. Hinzu kommt, dass eine Kochzeit von wenigen Minuten die kostbaren Vitamine erhält.

Roher Wirz, mit einem Gemüsehobel fein gehobelt, ist eine knackige Alternative zu Weißkohl, zum Beispiel in einem gemischten Salat.

Blattkohlarten, in ganz dünne Streifen geschnitten, bereichern den Wintersalat mit ihrem dunklen Grün. Gekocht haben sie aber eindeutig mehr Geschmack.

Unten: Das Schwarzkohlfeld von Renzo Cattori in der Magadino-Ebene im Tessin.

Rechte Seite im Uhrzeigersinn, oben links beginnend: 'Ewiger Kohl', der wenig bekannte Meerkohl *(Crambe maritima)*, Strauchkohl oder 'Tausendkopf', 'Ostfriesische Palme', 'Hoher roter Krauser' und 'Nero di Toscana' aus dem ProSpecieRara-Sortengarten Wildegg.

Auf dem Hof von Urs Baumann: roter und grüner Federkohl ('Redbor' und 'Winterbor'), dahinter Schwarzkohl.

Blattkohlarten sind ideale Winterpflanzen, die sich rasch wieder vom Schnee befreien. Unten von links nach rechts: 'Ewiger Kohl', zwei Federkohlsorten und ein Blattkohl aus meinem Garten, vermutlich eine Kreuzung von Portugiesischem Kohl und einem anderen Kreuzblütler. Ich lasse die Pflanzen meistens ausblühen (die Blüten sind essbar) und erlebte so immer wieder Überraschungen!

Meine Lieblingszubereitungsart für all diese Kohlarten ist das Kochen in würzigem Sud. Normalerweise vermeide ich es eigentlich, Gemüse in Wasser zu kochen, um nicht zu viele Inhaltsstoffe zu verlieren. Beim Kohl oder Wirz mache ich aber eine Ausnahme, da so mit dem Kochwasser bereits ein Teil der Stoffe, die zu Blähungen führen, ausgeschieden werden. Für den würzigen Kochsud gebe ich einen Stoffbeutel oder Papierteebeutel, gefüllt mit Samen (eigentlich den Früchten) von Doldenblütlern, zum Beispiel Kümmel oder Fenchel, in das Salzwasser. Diese Samen halten das Problem der Blähungen etwas in Schach, gleichzeitig verleihen sie der Speise einen neuen Geschmack, der mit der Gewürzkombination variiert werden kann. Der Kohl wird so kurz, zwischen 3 und 8 Minuten, in einer Art salzigem Tee gekocht. Danach genügt schon allein ein gutes Olivenöl, um den Wirz oder die verschiedenen Blattkohlsorten als leckere Beilage zu servieren.
Die andere Zubereitungsart, die ich oft für Wirz anwende, ist das langsame goldbraune Anbraten mit anschließendem Weiterkochen mit etwas Wein und/oder Brühe.

Passende Zutaten

Frischer Ingwer, alle Samen (Früchte) der Doldenblütler: Kümmel, Koriander, Anis, Fenchel, Dill, Sellerie, Kreuzkümmel usw.
Lorbeer, Salbei, Bohnenkraut, Thymian, Senfsamen, Wacholderbeeren, Pfeffer
Geräuchertes, Zitrusfrüchte, Wein

Kochen in würzigem Sud

Hier das Grundrezept für verschiedene Blattkohlsorten und Wirz. Auf diese Art gekochten Kohl kann man heiß, mit etwas Olivenöl oder Zitrusöl beträufelt, als Beilage oder unter verschiedene andere Gerichte gemischt servieren. Auch raffiniertere Saucen passen ausgezeichnet dazu (siehe 152).
Die Kochzeit ist sehr variabel: Die äußeren Blätter sind zäher als die jungen, zarten aus dem Herz des Kohlkopfs. Auch der Frost hat einen Einfluss auf manche Kohlarten. So ist Federkohl vor dem Frost in rohem Zustand knackiger, braucht aber gekocht länger, um die gewünschte Konsistenz, noch mit etwas Biss, zu erreichen. Man kann es mit 4 Minuten Kochzeit probieren, manchmal braucht er aber auch 8–9 Minuten.

2 l Wasser 1 Prise Salz	In einem Topf zum Kochen bringen.
je 1 EL Fenchel, Koriander, Kümmel, Kreuzkümmel, Anis	Die Gewürze in einen Teebeutel geben und im Wasser mitkochen.
400 g Wirz, Federkohl oder Schwarzkohl	In regelmäßige Stücke schneiden oder zupfen. Im würzigen Sud etwa 5 Minuten kochen; abgießen und an der Luft auskühlen lassen.

Anrichten mit aromatischen Zitrusölen, gerösteten Nussölen oder einfach mit gutem Olivenöl beträufelt.

Samen für einen würzigen Sud, der zu allen Kohlarten passt. Im Uhrzeigersinn (oben links beginnend): Kümmel, Fenchel, Koriander, wilde Pastinake, Wilde Möhre, Dill, Sellerie, Anis.

Würziger Federkohl, mit etwas Zitronenöl beträufelt, begleitet die Kürbisterrine (Rezept Seite 89).

Wirzsalat süß-sauer

Dieser Salat passt gut auf ein Winterbuffet.

1 TL Ingwer, gerieben
1 TL Apfelessig
1 TL Balsamico-Apfelessig
1 Prise Salz
1 EL grober Senf
1 EL Birnendicksaft
1 TL Schwarzkümmelsamen (Nigella), geröstet
1 TL rosa Pfeffer
1 TL geröstete Sesamsamen
2 EL Sesamöl, kaltgepresst

Alle Zutaten zu einer Sauce mischen.

400 g Wirz, in Stücke geschnitten

In würzigem Sud (siehe oben) kochen und mit der Sauce gut vermengen.

Einkorn mit Palmkohl

Vor allem in Italien gibt es sehr viele alte Hülsenfrüchtesorten, die regional verankert sind und durch Slow Food als Presidio unterstützt werden. Für dieses Rezept nehme ich gerne die 'Piattella Canavesana', eine dünnhäutige, kleine Bohne. Man kann jedoch jede andere Bohnensorte für dieses Gericht verwenden. Auch bei den Zwetschgen bevorzuge ich ein Slow-Food-Presidio-Produkt: die 'Posamenter'-Zwetschen aus den Obstgärten im Tafeljura; man will dort die einmalige Landschaft erhalten, die dank liebevoller Pflege dieser Fruchtbäume entstanden ist. Auch vom Einkorn *(Triticum monococcum)* gibt es ein Slow Food Presidio aus Frankreich: 'Petit épautre de Haute-Provence'. Es handelt sich um eine alte Getreidesorte, die mit Weizen und Dinkel verwandt ist.

150 g Einkorn — Über Nacht in kaltem Wasser einweichen. Mit dem Einweichwasser in circa der dreifachen Menge Wasser zum Kochen bringen; danach etwa 40–50 Minuten zugedeckt auf der abgeschalteten Herdplatte quellen lassen.

1 Zwiebel, gehackt
1 Selleriestange, gehackt
½ Karotte, gehackt
1 TL Olivenöl — In einen warmen Topf geben und das Gemüse darin auf mittlerer Flamme anbraten.

200 g Palmkohl, in Streifen geschnitten — Dazugeben und ein paar Minuten weiter braten.

je 1 Prise Koriander und Fenchelsamenpulver
1 Prise Bohnenkraut
1 TL Gemüsebrühepulver — Diese Zutaten zusammen mit wenig Wasser hinzufügen und etwa 10 Minuten leicht köcheln lassen. Das gekochte Einkorn dazugeben und nochmals aufkochen lassen.

6 Dörrtomaten, eingeweicht — In Scheiben schneiden.

2 EL Oliven, entsteint
1 EL Kapern, entsalzt
1 EL Dörrzwetschgen
3 EL gekochte weiße Bohnen
3 cl Portwein — Diese Zutaten dazugeben, nochmals aufkochen lassen und wie ein Risotto servieren.

Gebratener Wirz

Dies ist die einfachste Art, Wirz als Beilage zu servieren. Die kurze Kochzeit und das Anbraten, wodurch der Wirz etwas karamellisiert, ergeben ein schmackhaftes und bekömmliches Gericht. Zum Schluss kann man etwas Wein oder Sherry oder nur etwas Olivenöl dazugeben. Probieren Sie auch Varianten mit den auf Seite 149 erwähnten passenden Gewürzen, oder gebratenen Wirz als Füllung von Pfannkuchen und als Gratin. Schwarzkohl oder andere Blattkohle sollten vor dem Braten kurz in Salzwasser gekocht werden.

1 EL Bratbutter oder Öl	In einen warmen Topf geben.
400 g Wirz, in Streifen geschnitten	Sofort dazugeben und etwa 10 Minuten unter ständigem Rühren anbraten, gegebenenfalls wenige Tropfen Wasser dazugeben.
Salz oder Gemüsebrühepulver	Hinzufügen und eventuell noch wenige Minuten zugedeckt weiter kochen.

Die Farina-bona-Spätzle können auf viele Arten abgewandelt werden, sowohl hinsichtlich der Teigzutaten wie der Beilagen, siehe rechts.

Farina-bona-Spätzle mit Wirz und Quitten

200 g Hartweizen, frisch gemahlen (oder Hartweizendunst) 100 g Farina bona 3 Eier 1 Prise Salz 2 EL Olivenöl 250 ml Wasser (oder Rahm und Wasser gemischt)	Alles zusammen zu einem festen Spätzliteig klopfen und mindestens 1 Stunde ruhen lassen. Durch das Spätzlisieb ins kochende Salzwasser drücken, nach 1–2 Minuten herausheben und in kaltem Wasser abkühlen. Abgießen.
60 g Quitten, gewürfelt 80 g geräucherter Speck, gewürfelt 80 g Zwiebeln, gewürfelt 1 EL Bratbutter	In eine warme Bratpfanne geben und die Zutaten darin 4–5 Minuten braten.
250 g Wirz, in Streifen geschnitten 4 Blätter Portugieser-Kohl, in Streifen geschnitten	Wirz und Kohl dazugeben und weiter braten; oft wenden, damit auch der Wirz etwas Farbe annimmt. Die Spätzli in der gleichen Pfanne mitbraten, oder noch besser in separater Pfanne scharf anbraten und danach heiß gut mit dem Gemüse vermischen.
2 Prisen Kräutermeersalz 50 ml Weißwein	Salz und Wein dazugeben und kurz ausdampfen lassen.
schwarzer Pfeffer eventuell etwas Rahm	Mit Pfeffer und Rahm abschmecken und servieren.

Teig-Variationen:

- Anstatt Hartweizen Weißmehl oder gesiebtes Vollkornmehl verwenden.
- Ein Drittel bis zur Hälfte des Mehls durch Kastanien- oder Buchweizenmehl ersetzen.
- Anstatt Wasser, Rahm-Wasser-Mischung oder Milch ein gekochtes Gemüsepüree verwenden, zum Beispiel aus Randen, Kürbis oder Krautstiel-Blättern.
- Gewürze, auch in größeren Mengen, zufügen; beispielsweise 2–3 EL Paprika, ½ TL Safran, 3 EL pulverisierten Majoran, 1 EL abgeriebene Zitronenschale.

Beilagenvariationen:

- Kastanien-Spätzli mit Wirz, Apfel und geräuchertem Scamorza-Käse
- Paprika-Spätzli mit Kürbis und Peperoni (Paprika)
- Buchweizen-Spätzli mit Krautstiel und Karotten
- Zitronen-Spätzli mit Lauch und geräuchertem Fisch
- Safran-Spätzli mit Rüben und Thymian

ROSENKOHL, SPROSSENKOHL, BRÜSSELER KOHL, KOHLSPROSSEN

Brassica oleracea ssp. *oleracea* convar. *fruticosa* var. *gemmifera*

Rosenkohl ist eine der jüngsten Züchtungen aus der Kohlfamilie. Da er in Belgien zum ersten Mal beschrieben wurde, wird er in Italien und England immer noch »Cavolini di Bruxelles« beziehungsweise »Brussel sprouts« genannt.

Rosenkohl ist ein typisches Herbst- und Wintergemüse. Die späteren Sorten überleben auch über längere Zeit Minustemperaturen und können bis in den März hinein geerntet werden.

Die Blattknospen reifen an der Pflanze von unten nach oben, somit kann man nach und nach den ganzen Winter lang ernten. Wenn man die Pflanze im August oder September köpft, das heißt, die oberste Blattrosette abschneidet, reifen alle »Röschen« gleichzeitig. In diesem Fall wird der ganze Strunk geerntet und die Sprosse werden ausgebrochen. In den großen Betrieben werden vom Rosenkohl fast nur noch Hybridsorten angepflanzt, da diese eine gleichmäßigere Ernte möglich machen. Bei diesen Pflanzen reifen alle Sprossen gleichzeitig, sodass die ganze Pflanze geerntet werden kann.

Eigentlich ein Luxusgemüse: Gerade ein Tellerchen voll ergibt die Ernte einer ganzen Pflanze, die eine so lange Vegetationsperiode durchläuft!

Mitte August bei Heinz Höneisen in Andelfingen. Der Rosenkohlanbau ist eine große Herausforderung im Biolandbau, nicht zuletzt wegen der sehr langen Vegetationsperiode und der vielen Schädlinge und Krankheiten, die zusätzliche Arbeit verursachen. So müssen die Pflanzen zum Beispiel sechsmal mit Rapsöl besprüht werden, um die Insekten unter Kontrolle zu halten.

Manchmal werden die Pflanzen geköpft, damit die Rosetten gleichmäßig reifen.

Im Bioanbau ist der Rosenkohl eine schwierige Pflanze: Zum einen scheinen verschiedene Insekten diese Kohlsorte zu bevorzugen und können dabei zusammen mit Pilzinfektionen größeren Schaden anrichten. So werden die äußeren Blätter durch einen Pilz, der von den Ausscheidungen der sogenannten Weißen Fliege lebt, schwarz. Zum anderen ist für den Bauern mit dieser Kultur viel Arbeit verbunden, und nicht immer ist das Ergebnis makellos. Angesichts des großen Aufwands ist Rosenkohl für mich ein wunderbares Luxusgemüse; ich akzeptiere gerne die kleinen Unschönheiten, die Bioerzeugnisse manchmal aufweisen. Auch etwas offene Röschen sind immer noch eine Delikatesse.
Rosenkohl soll von allen Gemüsesorten den größten Vitamin-C-Gehalt haben. Ein Grund mehr, ihn nur ganz kurz zu kochen. Der Hauptgrund ist aber der Geschmack: Wenn die zarten Röschen kurz und knackig gegart werden, schmecken sie viel interessanter und fruchtiger, als wenn sie zu Tode gekocht werden. Viele Leute mögen Rosenkohl nicht, weil sie meist nur die weichen, bräunlichen, unangenehm kohlig reichenden Kugeln kennen, die man häufig als Beilage, zum Beispiel zu Wild, bekommt. Falls Sie ebenfalls dazu gehören, vergessen Sie diesen Eindruck und geben Sie dem Rosenkohl eine neue Chance!
Meine Lieblingszubereitungsart ist das kurze Anbraten (siehe Rezept Seite 161). Das hat gleich vier Vorteile: Die angebratene Schnittfläche entwickelt schmackhafte Röstaromen, das Innere bleibt knackig und fruchtig, die äußeren Blätter bleiben schön grün, und der Spritzer Wein gibt eine willkommene saure Note – ein Gedicht, meinem Vater sei Dank: Von ihm habe ich dieses Rezept für Rosenkohl, der als Beilage zu dem im Kamin gegrillten Sonntagsbraten kam.

In der Küche

Wenn der Rosenkohl noch ganz ungerüstet ist, muss man den Strunk etwas kürzen und ein bis drei der äußeren Blätter abziehen; jedoch nur so wenig wie nötig, das heißt, nur vergilbte oder braune Blätter abnehmen. Dann wird er kurz gewaschen; wenn kleine Insekten (manchmal auch Läuse) vorhanden sind, kann man eventuell etwas Essig ins Wasser gießen, damit sie sich lösen.
Rosenkohl lässt sich sowohl roh wie gekocht genießen. Wichtig ist eine kurze Kochzeit. Man kann die Röschen braten, in würzigem Dampf oder Sud oder direkt in einer Sauce kochen; es ist kein Vorkochen oder Blanchieren nötig, das wäre nur schade!

Passende Zutaten

Alle Doldenblütlersamen (siehe Seite 359), Muskatnuss, Muskatblüte (Macis), Safran
Lorbeer, Thymian, Bohnenkraut
Kürbis, Speck, Kastanien, Blauschimmelkäse

Rosenkohlsalat mit Cicitt

»Cicitt delle valli Locarnesi« sind Ziegen-Bratwürste, die in den Wintermonaten in den Tälern um Locarno produziert werden. Man verkauft sie am Meter; traditionell werden sie am offenen Kaminfeuer über der Glut gebraten. Natürlich kann jede andere Bratwurst diese relativ rare Wurst ersetzen.

1 Prise Kräutermeersalz 1 TL grober Senf 1 EL Birnenessig 2 EL Zitronenöl 1 Prise Rosenpfeffer	Alle Zutaten zu einer Sauce mischen.
300 g Rosenkohl	Dünn hobeln und mit der Sauce mischen.
100 g Cicitt oder andere Bratwurst	In kleine Stücke schneiden und in der Bratpfanne braten; das Fett immer wieder abgießen. Dann mit Küchenpapier gut trocknen.
2 EL gekochte Beluga-Linsen 100 g Frischkäse (z. B. Formaggino)	Linsen und Frischkäse mit der Bratwurst auf dem Salat verteilen.

Rosenkohl mit Knollenziest

Noch leckerer schmeckt das Gericht, wenn man anstelle des grob gemahlenen Pfeffers den köstlichen Vallemaggia-Pfeffer verwendet. Als Dörrzwetschgen sind die 'Posamenter' aus dem Tafeljura besonders zu empfehlen!

Einige Lorbeer- und Salbeiblätter, Nelken
Zeste von 1 Yuzu oder 1 Zitrone

Alles in einen Topf geben, 2 cm hoch Wasser zugeben und zum Kochen bringen.

150 g Rosenkohl, halbiert oder geviertelt
150 g Knollenziest

Das Gemüse in einem Dämpfeinsatz über dem würzigen Dampf zugedeckt 4 Minuten garen. Auskühlen lassen.

40 g Dörrzwetschgen

In wenig warmem Wasser aufweichen.

1 Prise Kräutermeersalz
1 TL grober Senf
1 Prise grob gemahlener Pfeffer
1 EL Apfel-Balsamicoessig
2 EL geröstetes Mandelöl

Diese Zutaten zu einer Sauce mischen.

2 EL geröstete Mandelstifte
½ Apfel, gewürfelt

Mandeln und Apfel mit dem Gemüse und den aufgeweichten Zwetschgen zur Sauce geben und mischen.

Gebratener Rosenkohl

Die ultimative Zubereitungsart für Rosenkohl. Mit diesem Rezept habe ich schon viele Rosenkohl-Skeptiker, wenn nicht sogar -Gegner bekehren können! Ideal als warme Beilage, aber auch mit anderen Zutaten gemischt.

1 EL Bratbutter
400 g Rosenkohl, halbiert

Eine kalte Bratpfanne damit bepinseln.
Mit der Schnittfläche nach unten nebeneinander in die Pfanne legen; auf kleiner Flamme zugedeckt 7 Minuten braten. Die Schnittflächen sollen goldbraun werden.

1 gute Prise Kräutermeersalz
wenig Muskatnuss
1 Schuss Sherry

Gewürze und Sherry dazugeben, wenden und noch kurz ausdampfen lassen. Sofort servieren oder auskühlen lassen.

Man kann dieses Rosenkohlgericht gut in der Pfanne vorbereiten und erst im letzten Moment braten. Es passt gut zu Rotweinkastanien (Rezept Seite 335), warm oder kalt und mit etwas Zitronenöl beträufelt.

BIO RATHGEB 2011

Rosenkohlernte
Nach dem Köpfen der Pflanzen bleiben nur die mit Rosenkohl bestückten Strünke stehen.
Zurück auf dem Hof wird der Rosenkohl maschinell vom Strunk gelöst. Danach braucht es viel Geduld und unzählige Stunden Handarbeit, um die Röschen so zu rüsten, wie wir sie zu kaufen gewöhnt sind. Dabei würden die äußeren Blätter das zarte Herz länger schützen.

BLUMENKOHL, KARFIOL

Brassica oleracea var. *botrytis*

Von Weitem erkennt man ein Blumenkohlfeld nicht auf den ersten Blick, es könnte auch ein anderes Kohlgewächs sein, das da mit ausladenden Blättern so viel Platz einnimmt. Erst aus der Nähe lässt sich die etwas versteckte riesige Blütenknospe – der Blumenkohl – identifizieren. Bei den alten Sorten bedeckt man die wachsende Blütenknospe durch ein schützendes Blatt, damit sie durch den Lichteinfluss nicht gelb und unbrauchbar wird. Neuere Sorten bilden eine geschlossene Blätterschicht, oder die Blüten verfärben sich am Licht nicht mehr; zudem widerstehen sie der Hitze besser (alte Sorten bilden bei hohen Temperaturen keine Blume aus). Beim Ernten entfernt man fast alle äußeren Blätter; nur wenige bleiben dran und dienen dem Schutz der druck- und lichtempfindlichen Ware.

Bis spät in den Herbst hinein ist einheimischer Bioblumenkohl auf dem Markt zu finden, später kommt er aus wärmeren Gebieten, wie zum Beispiel aus Süditalien oder aus milderen Gegenden am Atlantik wie beispielsweise der Bretagne. Dort wächst der sogenannte Winterblumenkohl, der leichte Frosttemperaturen aushalten kann.

Die Bauern verstehen es immer besser, die Anpflanzungsperioden so zu koordinieren, dass ein regelmäßiger Nachschub gewährleistet ist. Mittlerweile gibt es auch unterschiedliche Färbungen und Formen, die eher im Frühjahr und Sommer auf den Markt kommen. Andererseits ist auch das Saatgut immer stärker spezialisiert auf die verschiedenen Anbauzeiten, wobei gerade bei Blumenkohl und Broccoli die Züchtungsbemühungen um samenfeste Sorten, die den hohen Standards der Großverteiler genügen, sehr schwierig sind. Für die professionellen Bioanbauer werden in der Schweiz vor allem F1-Hybrid-Sorten angeboten, und nur noch wenige sind ohne die CMS-Technik produziert (mehr dazu Seite 32).

Es liegt also auch in unserer Hand, als Konsumenten unser Verhalten danach auszurichten: Wir sollten uns bei der Gemüseauswahl weniger vom Auge führen lassen, den Kontakt mit den Produzenten suchen und bei den Großverteilern Informationen über das Produkt (die Sorte) verlangen.

Die großen Blumenkohlblätter schützen die Blütenknospe nicht nur gegen das Licht, sondern sind zugleich ein natürliches Verpackungsmaterial für den Transport.

In der Küche

Blumenkohl, wahrscheinlich die größte Blütenknospe auf unserem Speiseplan, ist ein sehr schmackhaftes, zartes und zugleich dekoratives Gemüse, das am besten schmeckt, wenn man es nur kurze Zeit kocht. Aber auch roh ist Blumenkohl interessant: knackig, schneeweiß und nach Haselnuss schmeckend.

Normalerweise werden zum Verzehr nur die Röschen verwendet, was schade ist, denn auch der Strunk ist roh oder gekocht sehr schmackhaft – er ist ja eigentlich das Herz der Pflanze. Man muss ihn nur eventuell etwas schälen, das heißt, die äußere Schicht abziehen, wenn sie zu zäh ist.
Das Garen über würzigem Dampf oder in wenig aromatisiertem Wasser ist die beste Kochmethode.

Passende Zutaten

Thai-Gewürze (siehe Seite 370), Ingwer, Gewürzsamen von Doldenblütlern, Curry, Gelbwurz (Kurkuma), Safran
Apfelessig, Zitrusfrüchte, geröstete Samen, Nüsse und Paniermehl

Im Nordwesten der Bretagne, um Saint-Pol-de-Léon, kann dank des milden Klimas auch im Winter Blumenkohl geerntet werden.

Blumenkohl mit Thymian und Sumach

Je 1 TL Kreuzkümmel, Bärenklau und Ajowansamen
300 g Blumenkohlröschen

In einen Topf geben und mit 2 cm Wasser bedeckt zum Kochen bringen. Im Dämpfeinsatz über dem würzigen Dampf 5 Minuten zugedeckt garen; dann sofort herausnehmen und an der Luft auskühlen lassen.

1 TL griechischer Thymian
1 TL Sumach

Thymian und Sumach mit wenig heißem Wasser anfeuchten.

1 EL Olivenöl

In eine warme Pfanne geben.

2 EL Sesamsamen

Mit den Gewürzen dazugeben und wenige Sekunden rösten; dann vom Herd nehmen.

1 Prise Salz

Den Blumenkohl salzen und in der Mischung wenden.

Pfeffer und Zitronenschale
eventuell Olivenöl

Pfeffer, Zitronenschale und Olivenöl dazugeben, abschmecken und nochmals mischen.

Roher Blumenkohl-Snack

1 roher Blumenkohl

In kleine Stücke zerteilen und in einen Behälter mit Deckel geben.

1 TL Salz

Darüberstreuen, den Deckel schließen und durchschütteln.

3 EL Apfelessig

Nach etwa 1 Stunde dazugeben und wieder ab und zu rütteln. Nach einer weiteren Stunde als Snack genießen. (Bild Seite 198)

Roher Blumenkohlsalat mit Haselnuss

Ein einfacher und schneller Salat, den man sofort genießen sollte, da sich der Geschmack mit der Zeit verändert. Es ist wichtig, einen sehr feinen Hobel zu verwenden. (Bild Seite 167)

1 EL Haselnussmus
1 EL Apfelessig
1 Prise Kräutermeersalz

Diese Zutaten zu einer Sauce mischen und mit wenig Wasser zu einer dicklichen Creme rühren.

½ roher Blumenkohl

Am Stück mit einem Hobel sehr dünn schneiden, indem man vom Strunk ausgehend strahlenförmig hobelt, damit schöne »Bäumchen« entstehen. Vorschichtig mit der Sauce vermischen und sofort servieren.

Dreifarbige Terrine

Diese Terrine ist die vegane Variante der Schwarzwurzelterrine auf Seite 287. Anstatt Reismilch kann man auch Soja-, Hafer- oder Gerstenmilch verwenden. Deren fettere Varianten können den Rahm ersetzen (Soja-, Hafer- oder Gersten-Cuisine). Auch das Gemüse kann durch ein anderes ersetzt werden. Es muss aber gut gar sein, da es püriert wird.
Dazu passt ein Salat mit Winterzichorie und rohem Blumenkohl mit Sauerkraut-Sauce (siehe Seite 128).

300 g Blumenkohl

In Stücke zerteilen und über Dampf 7–10 Minuten gar kochen.

1 Prise Muskatnuss, frisch gerieben

Darüberstreuen, solange der Blumenkohl noch warm ist.

200 g Karotten, in Scheiben geschnitten

In einem Topf mit wenig Wasser garen.

1 EL Ingwer, gerieben

Hinzufügen, wenn die Karotten fast gar sind.

200 g Randen, in Scheiben geschnitten

In einem anderen Topf mit wenig Wasser gar kochen.

1 Prise Sternanis

Hinzufügen.

400 ml Reismilch
100 ml Haferrahm (»Hafer Cuisine«)
1½ TL Agar-Agar
1 TL Gemüsebrühepulver
20 ml Sherry
etwas Muskatnuss

Diese Zutaten mit der Milch unter ständigem Rühren 5 Minuten kochen. In drei Portionen teilen und separat mit den drei Gemüsesorten, die noch warm sein sollten, mixen. Schichtweise in eine mit Folie ausgekleidete Terrinenform füllen. An einem kühlen Ort fest werden lassen.

Blumenkohl mit Thai-Gewürzen

Eine der besten Möglichkeiten, den manchmal unangenehmen Kohlgeschmack zu zähmen. Die frischen Würzzutaten aus dem Thai-Laden werden nicht mitgegessen, sie aromatisieren lediglich das Kochwasser und somit das Gemüse, das darin kocht. Für zartes Gemüse wie Broccoli und Blumenkohl sollte die Wassermenge so gering sein, dass das Gemüse zwischen Sieden und Dämpfen gegart wird. Für anderes festeres Gemüse kann man auch mehr Wasser verwenden.

Dies ist eine meiner Lieblingsbeilagen und ein ideales Rezept für jedes Gemüse aus der Kreuzblütlerfamilie. Ähnlich kann man auch eine leichte, schmackhafte Suppe zubereiten.

Das Wasser unter dem Dampfeinsatz kann mit allerlei Würzzutaten aromatisiert werden; so gewinnt der Blumenkohl an Geschmack. Das meiste, was hier im Topf schwimmt, dient nur der Aromatisierung; essen tut man schließlich nur den Blumenkohl.

2 Zitronengrasstängel	Mit dem Messerstiel etwas flach klopfen und in grobe Stücke schneiden.
6–8 Scheiben Galgant 6 Scheiben Ingwer 6 Kaffirlimettenblätter 1–2 Chilis, halbiert 1 Prise Salz	
2 Korianderpflanzen mit Wurzel	Die Wurzel etwas quetschen, mit allen Würzzutaten in einen Topf geben, 2–3 cm hoch Wasser beifügen und zum Kochen bringen.
500 g Blumenkohlröschen	Hinzufügen, einmal kräftig umrühren, damit alle Röschen mit dem Sud benetzt werden, zudecken und 5 Minuten garen.
1–2 EL Zitronen- oder Limettensaft	Zuletzt dazugeben, den Blumenkohl behutsam wenden; sofort aus dem Kochsud nehmen und servieren.

WAS IST ERNÄHRUNGS-SOUVERÄNITÄT?

Ernährungssouveränität wird als das Recht von Menschen und Staaten definiert, auf demokratische Weise ihre eigene Agrar- und Ernährungspolitik zu bestimmen. Brauchen wir das? Ja, denn »weiter wie bisher ist keine Option«, so das Fazit des Weltagrarberichts. In den vergangenen Jahrzehnten hat ein schleichender Prozess stattgefunden, durch welchen die maßgebenden Entscheide zu unserer Ernährung immer mehr im Rahmen der Welthandelsorganisation (WTO) oder in den Konzernzentralen der Agrarkonzerne gefällt werden. Dort wird heute entschieden, was wo produziert wird und was auf unseren Tellern landet. Das Konzept der Ernährungssouveränität, geschaffen durch die internationale Kleinbauernorganisation La Via Campesina, möchte diese Entwicklung korrigieren. Die politischen Rahmenbedingungen sollen die lokale landwirtschaftliche Produktion begünstigen und somit die Ernährung der Bevölkerung sicherstellen. Dazu brauchen Bauern, Bäuerinnen und Landlose Zugang zu Land, Wasser, Saatgut und Krediten. Sie sollen mit den Konsumenten und Konsumentinnen darüber entscheiden, was konsumiert wird und wer es wie produziert.
Erklärung von Bern

BODENRÜBE, KOHLRÜBE, GELBE RÜBE, STECKRÜBE

Brassica napus ssp. *rapifera*; syn. *B. napobrassica*

Als ich mit etwa zwanzig Jahren in London als Au-pair-Mädchen arbeitete, ging ich oft auf den Markt von Croydon. Dort gab es diese übergroßen, bis zu zwei Kilogramm schweren runden Dinger, die man »Swedes« nannte. Sie waren das Einzige am Sonntagstisch, was ich wirklich mochte: »Mashed swedes«, Bodenrübenmus, war ein Highlight neben dem viel zu lang (4 Stunden bei 180 Grad!) gegarten Roastbeef und den riesigen, ziemlich trockenen »roast potatoes«. Nach meiner Londoner Zeit habe ich dieses Gemüse dann lange Zeit vermisst, bis ich es beim hiesigen Bio-Großhändler auf der Bestellliste fand. Noch heute sind »mashed swedes« mein Lieblingsessen. Ich liebe dieses bodenständige Gemüse. Es hat einen richtig runden, deftigen Geschmack und eine Konsistenz, die vieles ermöglicht.

Dieses Gemüse war in Deutschland im letzten Jahrhundert alles andere als beliebt. Es war mit der Erinnerung an die Kriegszeiten verbunden, als man von der Bodenrübe leben musste. Diese Rübe wurde erst durch die Verbreitung der Kartoffel vom Nahrungsmittel zum Tierfutter deklassiert. Ähnlich erging es im alpinen Raum verschiedenen Nahrungsmitteln, zum Beispiel dem Roggen oder den Kastanien oder jeglichem Wildgemüse. Und doch findet man kaum ein anderes Gemüse, das so viele verschiedene Namen trägt. So heißt es auch noch Bodenkohlrabi, Wruke, Butterrübe, Dotsche, Schmalzrübe, Lippische Ananas, Kulloche. Heutzutage ist die Bodenrübe wieder im Aufschwung. Zum Glück, darf man sagen, da es ein

Der größte Teil der Bodenrübenwurzel wächst oberirdisch. Die blaugrünen Blätter sind ein typisches Merkmal, das sie von den Herbstrüben unterscheidet. Im Sommer müssen die jungen Pflänzchen mit einem dünnen Netz vor Schädlingen geschützt werden.

lange haltbares Wintergemüse ist, das man allein oder gemischt genießen kann und das unseren Speisezettel in der kalten Jahreszeit hervorragend ergänzt.
Die Bodenrübe sollte man nicht mit der Speiserübe verwechseln (siehe nächstes Kapitel). Wie beim Raps, der zur selben Art wie die Bodenrübe gehört, sind die Blätter blaugrün. Es gibt Sorten mit grünen, gelben oder roten Köpfen sowie gelb- und weißfleischige Sorten, wobei die Letzteren eher als Viehfutter genutzt werden.
Man verwendet vor allem die verdickte Wurzel; aber auch die Blätter können, wie bei allen Kreuzblütlern, im jungen Stadium konsumiert werden.
In den gemäßigten Zonen Europas werden verschiedene Sorten von Bodenrüben angepflanzt; im Süden (den mediterranen Zonen) wird schon ab August und stets frisch geerntet. In Mittel- und Nordeuropa erntet man zwischen Oktober und Dezember und lagert die Rüben ein. Bodenrüben sind ein typisches Wintergemüse, da sie sehr lange haltbar sind. Im Plastikbeutel im Kühlschrank (nicht wärmer als 5 Grad) aufbewahrt, halten sich die Bodenrüben mehrere Wochen, wenn nicht sogar Monate, nach dem Kauf.

In der Küche

Man entfernt die Schale großzügig, da sie einen bitteren Beigeschmack abgeben kann. Ich gehe zwei- bis dreimal mit dem Sparschäler darüber, bis sich das innere, dunklere Fleisch zeigt.
Da die Bodenrübe ziemlich hart ist, braucht man für die weitere Verarbeitung ein großes Messer. Man kann sie roh, beispielsweise als Salat, oder gekocht verwenden. Um die Kochzeit zu verringern, ist es ratsam, die Rübe in kleinere Stücke zu schneiden.
Sehr gut schmeckt sie gewürfelt, mit wenig Wasser oder Bouillon zugedeckt gegart oder als Scheiben gebraten oder als Suppe mit anderem Wintergemüse.
Die Bodenrübe ist sehr anpassungsfähig und schmeckt in vielen Eintöpfen: in indischem oder thailändischem Curry, mit Fleisch, Tofu oder Seitan, in orientalischen Tajine-Gerichten und sogar mit Fisch. Man kann die Rüben auch etwas aushöhlen, füllen und im Ofen garen.
Die Rezepte im nächsten Kapitel (Herbstrübe) kann man auch für die Bodenrübe verwenden.

Passende Zutaten

Muskatnuss, Pfeffer, Nelkenpfeffer, Kümmel, Curry, Kurkuma, Koriander
Petersilie, Schnittlauch, Lorbeer, Rosmarin, Thymian, Majoran
Algen, Geräuchertes, Käse

Bodenrübensalat mit Haselnuss

Rohe Bodenrüben sind ziemlich hart; man braucht dafür eine sehr scharfe Gemüseraffel, um eine angenehme Konsistenz zu erreichen. Sapa (auch Saba, ein Traubendicksaft aus Italien) kann man auch durch Vin cuit de Pommes (Schweiz) oder verdünntes Apfelkraut (Deutschland) ersetzen, beides ist eingekochter Apfelsaft.

1 Prise Salz	
1 TL grober Senf	
1 EL Apfelessig	
1 EL Sapa (siehe oben)	
2 EL Haselnussöl	Alle Zutaten zu einer Sauce mischen.
300 g Bodenrübe, geschält	Relativ dünn raspeln.
1 Dörrbirne (Speckbirne)	In dünne Scheiben schneiden.
1 EL Haselnüsse, geröstet und gehackt	Alle Zutaten mit der Sauce vermischen.

Die Bodenrübe sollte man zweimal schälen, denn die Schale ist dick und schmeckt etwas bitter.

Grünes Thai-Curry mit Bodenrüben

Am liebsten mache ich die Thai-Currypaste selbst, denn dann habe ich eine hoch aromatische Paste, die aber nicht so höllisch scharf brennt, wie es die meisten käuflichen Pasten tun, da ich einen beachtlichen Teil der Chilimenge durch Paprikaschoten ersetze. Um die Paste herzustellen, braucht es etwas Zeit; es lohnt sich aber, da man sie portionsweise sehr gut einfrieren kann. Alle exotischen Zutaten findet man in Asia-Geschäften (siehe Kapitel Gewürze, Seite 366).
Mit diesem Rezept bringen Sie das Aroma ferner Länder in Ihre hiesige Winterküche. Auf diese Art kann man ein Curry mit allem möglichen Wintergemüse zubereiten; selbstverständlich auch mit Fleisch, Fisch, Tofu oder Hülsenfrüchten.

100 g rohe Erdnüsse	Einige Stunden in kaltem Wasser einweichen; dann mit frischem Wasser 20 Minuten kochen.
1 EL mildes Sonnenblumenöl 3–5 EL grüne Currypaste (siehe Seite 372)	In einen warmen Topf geben. Darin 2–3 Minuten anbraten.
500 ml Kokosmilch 6 Kaffirlimettenblätter 1 Prise Salz 1 EL Palmzucker	Mit den Erdnüssen dazugeben und aufkochen.
600 g Bodenrüben, geschält, in Schnitze geschnitten	Diese Zutaten hinzufügen und im Curry 15 Minuten kochen.
100 g Zwiebeln, in Schnitze geschnitten	Dazugeben und nochmals 5 Minuten kochen.
1 EL grüne Currypaste 2–3 EL Zitronensaft 1 Handvoll frische Thai-Basilikum-Blätter (Horapa) 2 EL Frühlingszwiebeln, geschnitten	Am Ende beigeben. Mit Basmatireis servieren.

Bodenrüben können sehr groß werden.

Gebratener Reis mit Bodenrüben und Shiitake

1 EL mildes Sonnenblumenöl	In eine heiße Bratpfanne geben.
1 EL Ingwer, gehackt	Sofort dazugeben und ½ Minute braten.
300 g Bodenrübe, geschält, in Streifen gehobelt 1 rote Zwiebel, in Scheiben geschnitten 100 g Shiitake, in Scheiben geschnitten	Diese Zutaten dazugeben und bei starker Hitze braten; dabei oft wenden und dazwischen immer wieder zudecken.
300 g Basmati-Vollkornreis, gekocht	Hinzufügen und weiter braten, bis der Reis heiß ist.
4 EL Mirin (Reiswein) oder Sherry	Dazugeben und unter Rühren verdampfen lassen.
2 EL Tamari 1 EL gemischte Algenflocken	Tamari und Algen daruntermischen und dann die Pfanne vom Herd nehmen.

Mashed Swedes

Rübenstampf

400 g Bodenrüben, geschält	In 1 cm kleine Würfel schneiden, in einen Topf geben und knapp mit Wasser bedecken.
1 TL Gemüsebrühepulver 2 Lorbeerblätter	Beides dazugeben und zugedeckt so lange kochen, bis die Rüben weich sind und das Kochwasser auf ein Drittel reduziert ist.
30 g Butter	Hinzufügen und alles in der Pfanne grob zerstampfen. Heiß als Beilage servieren.

Jungziegen-Bodenrüben-Eintopf

Bei diesem Gericht habe ich mich von der arabischen Küche inspirieren lassen. Die Zubereitungsart, die kein Anbraten vorsieht, ist vor allem für Fleisch von älteren Tieren geeignet, das eine sehr lange Kochzeit braucht. Aber die Gewürze und das langsame Kochen bekommen auch dem Fleisch junger Tiere gut. Fast jedes Wintergemüse passt zu diesem Gericht, aber die Bodenrübe ist ideal. Für eine gebundenere Sauce kann man gegen Ende der Kochzeit gemahlene Mandeln dazugeben und statt der gewöhnlichen Pistazien Pistazien aus Bronte verwenden.

Gewürzmischung: je 1 TL Koriander, Kreuzkümmel, Zimt, Nelkenpfeffer, Ingwerpulver 3 Lorbeerblätter 1 Prise Peperoncino (milde Chili) 1 gute Prise Salz 1 Zwiebel, gehackt 800 g Jungziegenfleisch, gewürfelt	Die Hälfte der Gewürzmischung mit allen Zutaten in einen Topf geben und mit kaltem Wasser gut bedecken. Langsam zum Kochen bringen und zugedeckt auf kleiner Flamme etwa 1 Stunde garen.
200 g Quitten, abgerieben	Kerngehäuse entfernen und das Fruchtfleisch klein würfeln.
400 g Bodenrüben, geschält	In etwas größere Würfel schneiden und mit den Quitten in den Topf geben. Noch ½ Stunde weiter kochen.
1 Zwiebel, in Scheiben geschnitten 2 EL Berberitzenbeeren 2 EL Mandeln, geschält 2 EL Pistazien 1 EL Orangenblütenwasser	Diese Zutaten mit der restlichen Gewürzmischung dazugeben, noch wenige Minuten mitkochen. Mit Couscous servieren.

HERBSTRÜBE, RÜBE, SPEISERÜBE, WEISSE RÜBE, RÄBE

Brassica rapa ssp. *rapa*

Die runde Herbstrübe mit dem violetten Kragen und dem weißen Fleisch findet man vor allem im Herbst, aber auch bis in den Dezember hinein. Später verlieren die Rüben zu viel Feuchtigkeit und werden schwammig. Wo es nicht gefriert, werden sie den ganzen Winter hindurch geerntet.

In Europa trifft man auf viele Rübensorten, die oft eng mit einer bestimmten Region verbunden sind: Manche sind Slow Food Presidi, weil es sich um bedrohte alte Sorten handelt. Die 'Rapa di Caprauna' zum Beispiel wächst auf den letzten, noch nicht vom Wald zurückeroberten Terrassierungen weit oben im Val Tanaro in Ligurien, liebevoll gehegt und gepflegt von Donatella Ferraris und Gino Rolando. Diese sehr schmackhafte Rübensorte genießt einen Meerblick aus 900 bis 1000 Meter Höhe. Und im Süden Frankreichs überlebt die 'Navet du Pardhaillan', eine längliche Rübe mit schwarzer Haut und elfenbeinfarbigem Fleisch, dank einer Gruppe junger Landwirte, die das fast vergessene Wissen wieder pflegen. Ebenfalls eine alte Sorte ist das 'Teltower Rübchen' (Arche), das in den letzten Jahren in Norddeutschland zu neuem Leben erweckt wurde: Nur die echten, die in den sandigen Böden um Teltow wachsen, sollen wirklich erstklassig im Geschmack sein.

Zurück zur bekannteren Herbstrübe: Der Anbau hat stark abgenommen, und die Verwendung als »Räbenliechtli« (Laternen aus Herbstrüben) ist heute fast bedeutender geworden. In der Schweiz konserviert man die Herbstrübe teilweise auch wie Sauerkraut. Geraspelt und gesalzen, wird sie einer Milchsäuregärung unterzogen. Im Friaul existiert eine etwas komplexere Variante davon, die »Brovada«. Die ganzen Rüben werden dafür schichtweise mit blauem Traubentrester in Salzwasser eingelegt. Nach der Gärung bekommen sie eine lila Farbe; sie werden geschält und grob geraspelt angeboten.

Noch junge Herbstrüben mit Kraut, das man mitessen kann, darunter eine kleine der Sorte 'Goldkugel'. Dahinter eine 'Rapa di Caprauna'.

Unten links eine Rübensorte, die man in einer traditionellen Wurst, der »Ciuiga del Banale« verwendet, ein »Presidio«-Produkt aus dem Trentino, gefunden am »Salone del Gusto«.

Rechts 'Blanc globe à collet violet' aus dem ProSpecie Rara-Garten in Basel.

In manchen Regionen der deutschen Schweiz werden die Herbstrüben nach einer ihrer traditionellen Nutzungen benannt: Als »Räbeliechtli« werden sie ausgehöhlt, zum Teil kunstvoll geschnitzt und, mit einer Kerze versehen, als Laterne an einem nächtlichen Umzug im November durch die Straßen getragen.

In der Küche

Die Rübe ist ein praktisches Gemüse, auch weil ihre Konsistenz relativ zart ist. Roh oder gekocht kann man sie ähnlich wie ihre »Cousine«, die Bodenrübe, für verschiedene Gerichte verwenden. Je nachdem, wie man sie verarbeitet, muss man sie nicht einmal schälen, da die Schale normalerweise zart ist; nur manchmal schmeckt sie ein wenig bitter.
Am liebsten brate ich die in dicke Scheiben geschnittenen Rüben in etwas Öl an, oder ich serviere sie roh, gehobelt und aufgerollt als Dip-Gemüse zum Aperitif.

Passende Zutaten

Pfeffer, Paprika, Koriander, Fenchelsamen, Curry, Gewürzmischungen aus dem Nahen Osten
Petersilie, Lorbeer, Thymian
Zitrusfrüchte, Dörrobst, Wurstwaren und Fleisch mit langer Kochzeit

Caprauna-Rüben-Carpaccio

Die 'Rapa di Caprauna' ist eine Rübensorte, die wunderbar süßlich schmeckt und sich deswegen sehr gut für dieses einfache Rezept eignet. Probieren Sie es aber auch einmal mit der Herbstrübe oder anderen lokalen Sorten aus. (Bild Seite 196)

1 EL Zitronensaft 1 Prise Salz schwarzer Pfeffer 3 EL Olivenöl	Diese Zutaten gut vermengen.
1–2 Rüben	Schälen, sehr dünn hobeln und mit der Marinade vermischen.

Die beste Art, Rüben oder Bodenrüben zu kochen: Die rohe Rübe in dicke Scheiben schneiden, bei mittlerer Hitze beidseitig etwa 10 Minuten anbraten, salzen … köstlich!

Rübentatar mit Sonnenblumenkernen

Um für ein Gemüsetatar schöne kleine Würfel zu erhalten, braucht es etwas Geschicklichkeit, aber mit einem guten Gemüsehobel (Mandoline) ist schon die halbe Arbeit getan: die geschälte Rübe in 4 mm dicke Stifte hobeln (mittlerer Julienne-Einsatz), dann diese mit einem scharfen Messer in Würfelchen schneiden. Man kann dafür nach Belieben auch anderes Gemüse verwenden, am besten sind feste, nicht zu wasserhaltige Gemüsearten. Anstatt des Sonnenblumenkernmuses kann man die Kerne ganz fein mahlen oder andere Kerne oder Nüsse beziehungsweise Nussmuse, verwenden. Das Prinzip ist immer das Gleiche: Die gemahlenen Nüsse binden den Saft, der durch das Salz dem Gemüse entzogen wird.

Tipp: Die 'Gialét'-Bohnen aus dem Veneto sind sehr dünnhäutig und ergeben einen spannenden Kontrast zum rohen Gemüse.

1 EL grober Senf 2 EL Mugi Miso (Sojapaste) 1 EL Apfelessig 2 EL Sonnenblumenkernmus	Mit einer Gabel zerdrücken und mit den anderen Zutaten mischen.
je 100 g Herbstrüben, 'Rapa di Caprauna', fester Moschuskürbis ('Violina', 'Bamby'), rote Karotten, Chayote	Das gerüstete Gemüse in kleine Würfel schneiden (siehe oben), dann mit den anderen Zutaten so lange mischen, bis sich das Mus auflöst. Die Masse in einen Metallring füllen, gut anpressen und den Ring entfernen.
10 Rosenkohlröschen, auseinandergezupft 1 Handvoll gekochte Bohnen 1 EL Petersilie, gehackt 2 EL Zitronenöl 4 Dörrtomaten, 30 Minuten eingeweicht	In feine Streifen schneiden und mit den restlichen Zutaten mischen; dann alles um das Tatar streuen.

WELTERNÄHRUNG

Über 840 Millionen der 7 Milliarden Menschen auf dieser Erde hungern. Tag für Tag sterben weltweit 24 000 Menschen – meist Kinder – an Hunger und Durst. Gleichzeitig sind 500 Millionen Menschen fettleibig und 1,4 Milliarden übergewichtig. Es gäbe genug Nahrung auf unserem Planeten, doch sie ist nicht dort, wo sie gebraucht wird, sondern dort, wo es genug Geld hat, um dafür zu bezahlen. Um dies zu ändern, müssen die kleinbäuerlichen Strukturen gestärkt werden, denn sie ernähren die Welt: 85 Prozent der weltweit bewirtschafteten Bauernhöfe sind kleiner als zwei Hektaren. Damit die Ernährung längerfristig gewährleistet ist, brauchen wir eine Landwirtschaft, die mit den Ressourcen Wasser, Boden und Biodiversität sorgsam umgeht. Der biologische Landbau zeigt hier den Weg in eine nachhaltige Zukunft.

Erklärung von Bern

Siehe auch: www.weltagrarbericht.de

Kartoffel-Rüben-Rösti

400 g Herbstrübe oder 'Rapa di Caprauna', geschält
400 g Kartoffeln, geschält

Beides roh mit der Röstiraffel in eine Schüssel hobeln.

150 g geräucherter Speck oder Tofu, gewürfelt
60 g weißer Lauch, fein geschnitten
1 TL (griechischer) Oregano
Salz und Pfeffer
1 EL Mehl

Alle Zutaten mit Kartoffeln und Rüben gut mischen.

1 EL Bratbutter

In eine Bratpfanne geben, die Gemüsemischung darin verteilen und zugedeckt auf kleiner Flamme etwa 8 Minuten braten; den Fladen falls nötig vom Pfannenboden lösen und mithilfe des Deckels wenden. Dann ohne Deckel fertig braten.

Rüben aus dem Ofen mit Weißwein und Pilzen

Eine schnelle Art, schmackhafte Rüben aufzutischen. Sie passen gut zu einem Getreidegericht oder wie hier zu Kürbis-Kartoffelstampf und einer ebenfalls im Ofen gegarten Wurst (z. B. eine Tessiner Luganiga, die man normalerweise siedet). Dieses Rezept kann man auch mit Mai-, Teltower- oder 'Caprauna'-Rüben kochen.

2 Herbstrüben

In 3–5 mm dicke Scheiben schneiden und überlappend in eine ofenfeste Form legen.

100 g Austernpilze

In sehr kleine Würfel schneiden.

1 EL Petersilie, gehackt
2 Knoblauchzehen, gepresst
1 Prise Thymian, getrocknet
1 Prise Salz
wenig Peperoncino (milde Chili)
100 ml Weißwein
4 EL Olivenöl

Alle Zutaten mit den Pilzen zu einer Marinade mischen und die Rüben damit übergießen; im Ofen bei 190 Grad 40 Minuten backen.

Rüben und Champignons à la grèque, eine Variante des Rezepts auf Seite 347: eine weitere leckere Art, Rüben zu kochen.

Unten: Rüben aus dem Ofen, dazu gebratene Luganighe (Tessiner Wurst), Kürbis-Kartoffelstampf (Rezept Seite 92) und Rotwein-Randen-Sauce (Rezept Seite 48).

'Rapa di Caprauna'
Donatella Ferraris und Gino Rolando bauen in Ligurien auf einem abgeschiedenen Gelände auf 1000 Meter ü. M. diese exzellente Herbstrübe mit gelbem Fleisch an – eine Kultur, die fast niemand mehr weiterführen will. Wenn sie ab und zu eine weiße Rübe ernten, wird sie an Ort und Stelle zerhackt; so bleibt die Sorte erhalten.

RETTICH

Raphanus sativus spp.

Radieschen und Rettich sind botanisch gesehen sehr nahe verwandt, ebenso bezüglich Wachstum und Geschmack. Auch ihre Verwendung als Vorspeise und in Salaten ist ähnlich. Der Geschmack des Rettichs, der je nach Sorte mehr oder weniger pikant und scharf sein kann, ist eine willkommene Abwechslung in Wintersalaten.

Wie andere Gemüse in diesem Buch kann man Rettich unterschiedlicher Sorten fast das ganze Jahr hindurch kaufen. Sein schnelles Wachstum ermöglicht eine Ernte im Frühjahr und eine im Herbst. Die Rettiche, die wir im Herbst essen, sind spezielle Sorten, die eine lange Lagerung ertragen. In der Regel werden sie im Juli oder August gesät und im Oktober geerntet. In den professionellen Kühlzellen bei null Grad und relativ hoher Luftfeuchtigkeit (95 Prozent) halten sie bis zu sechs Monate.

Eine alte, für den Winter typische Sorte ist der runde oder längliche 'Schwarze Winterrettich'. Er ist etwas zäher, schärfer und härter als die weißen Rettiche. Auch der violette Rettich mit der dekorativen Schalenfarbe ist eher ein Wintergemüse. Der Daikon, bekannt aus der japanischen oder asiatischen Küche, ist nichts anderes als eine sehr große Sorte des weißen Rettichs.

Rettich darf nicht mit Meerrettich, auch Kren genannt *(Armoracia rusticana)*, verwechselt werden. Obschon aus der gleichen Familie, ist der Meerrettich als Gewürz einzustufen. Sehr fein geraspelt, mit Quark, Rahm oder Äpfeln gemischt, begleitet er traditionell Fleisch und Fisch. Beim Reiben von Meerrettich entweichen Senföle, die für Augen und Nase stark irritierend sind, dafür aber auch antibakteriell wirken.

In der Küche

Bei uns wird Rettich fast nur roh gegessen: geraspelt, in dünne Stäbchen oder Scheiben gehobelt oder im Salat. Aber man kann Rettich durchaus auch kochen, wobei kurze Garzeiten seiner knackigen Konsistenz entgegenkommen.

Normalerweise schäle ich den weißen Rettich, aus Gewohnheit, auch wenn die Schale eigentlich nicht stört. Den schwarzen hingegen wasche ich gründlich mit einer Gemüsebürste, damit ich die dekorative Schale mitverwenden kann. Man kann den Rettich also auch gut mit Schale essen!

In den letzten Jahren hat die Rettichvielfalt wieder zugenommen: Vom weißen Rettich gibt es verschiedene Sorten, die zum Teil aus dem asiatischen Raum stammen, daneben die violettschaligen oder schwarzen Winterrettiche. Die Sorte 'Mantang Hong' mit violettem Fleisch ist noch eine Rarität.

Passende Zutaten

Ingwer, Zitronengras, Kreuzkümmel, Koriander, Wacholder, Zimt
Petersilie, Schnittlauch, Korianderblätter, Dill
Zitrusfrüchte, Orangenblütenwasser, Sesam, Senf

Oben: Rettichernte bei Müller in Steinmaur. Ein beachtlicher Teil der Wurzel des 'Langen Schwarzen' befindet sich über der Erde, und doch wird auch hier von Hand geerntet.

Beim Anbau im eigenen Garten merkt man schnell, wie anfällig diese Wurzel auf andere Nutznießer ist.

Knackige Ecken

Ein sehr einfacher Aperitif-Snack, der mit allerlei Wintergemüse funktioniert; für eine schöne Präsentation lohnt es sich, die verschiedenen Zutatenvarianten auszunützen, oder gar neue zu kreieren. Diese Art, Gemüse zu marinieren, bewirkt eine interessante Veränderung von Geschmack und Konsistenz. Hält sich im Kühlschrank mehrere Tage frisch.

300 g Rettich und anderes Wintergemüse	In unregelmäßige, eckige Stücke schneiden und jedes Gemüse in einen separaten Behälter füllen.
1 EL Zucker 1 EL Salz	Beides mischen und reichlich über jede Gemüsesorte streuen. Den Behälter verschließen und mindestens 1 Stunde bis zu 1 Tag im Kühlschrank aufbewahren; ab und zu schütteln. Kurz vor dem Servieren die entstandene Flüssigkeit abgießen.
1 EL Zitronensaft	Das Gemüse mit Zitronensaft anmachen. Einfach so servieren oder je eine der zusätzliche Zutaten hinzufügen (siehe unten).

Zusätzliche Zutaten (wie im Bild, im Uhrzeigersinn):
Zum violettschaligen Rettich fein geschnittenes Zitronengras; zum Moschuskürbis geriebener Ingwer, Orange und Peperoncino bzw. Chili; zur 'Caprauna'-Rübe rote Zwiebelringe und Leindotteröl; zum violett-grünen Rettich Walnussöl; zu Chayote fein gehackter Galgant und geröstetes Sesamöl; zu Karotten Yuzu-Schale und -Saft.

Rettich mit Erdnusscreme

Die Aperitif-Nüsse einmal in anderer Form ... (Bild Seite 196)

1 EL mildes Sonnenblumenöl 1 Zwiebel, gehackt wenig Peperoncino (Chili), gehackt	Alles bei mittlerer Hitze 2–3 Minuten anbraten.
2 EL Ingwer, sehr fein gehackt	Dazugeben und weiterbraten.
1 EL Palmzucker 2–3 EL Tamari 2 EL Zitronensaft 50 g Erdnussmus	Diese Zutaten in die Pfanne beigeben; wenig warmes Wasser hinzufügen, mit einer Gabel zerdrücken und mischen, bis eine dicke Creme entsteht. Vom Herd nehmen und auskühlen lassen.
1 Rettich	In 2 mm dünne Scheiben schneiden und mit der Creme bestreichen.
100 g Sojasprossen	30 Sekunden in kochendes Salzwasser tauchen.
1 TL Zitronen- oder Limettensaft 1 TL Tamari	Saft und Tamari mit den Sprossen mischen und auf die Rettichscheiben verteilen.

Arabischer Rettichsalat

Dieses Rezept schmeckt auch sehr gut mit Herbstrüben oder Radieschen.

1 EL Zitronensaft	
1 EL Orangensaft und wenig abgeriebene Schale	
1 Prise Salz und Pfeffer	
1 TL Ingwerpulver	
1 TL Nelkenpfeffer	
1 TL Koriander, gemahlen	
1 TL Kreuzkümmel	
½ TL scharfes Paprikapulver	
3 EL Arganöl	Alle Zutaten zu einer Sauce mischen.
1 Rettich	In grobe Stäbchen raspeln.
1 Orange	Schälen und in Schnitze schneiden.
2 EL Dörraprikosen, in Streifen geschnitten	
1 EL Petersilie, geschnitten	Diese Zutaten zur Sauce geben und kurz marinieren lassen.

Verschiedene Snacks aus der Familie der Kreuzblütler: Hinten 'Caprauna'-Rüben-Carpaccio (Rezept Seite 183) auf Cicorino rosso. Mitte: Violetter Rettich mit Erdnusscreme (Rezept Seite 194). Vorne: Roher Blumenkohl-Snack (Rezept Seite 167).

Quick soup

Meine Version für eine schnelle Suppe und eine gesunde Alternative zu allen Fertigsuppen. Sie ist auf jeden Fall frischer und schmackhafter und kann in vielen Variationen hergestellt werden. Durch das Kleinschneiden ist das Gemüse sehr schnell gar. Während das Wasser aufkocht, gebe ich nach und nach das geschnittene Gemüse dazu, die zarten Teile zuletzt. Zum Salzen verwende ich Miso oder Tamari, das man im letzten Moment hinzufügen sollte, um die kostbaren Enzyme zu bewahren. Manchmal verwende ich nur ein oder zwei Gemüsesorten, ein anderes Mal gibt es eine Runde durch den Kühlschrank ...

20 g Hijiki-Algen	Mit 1 l kaltem Wasser in einen Topf geben und langsam zum Kochen bringen.
4 Shiitakepilze, geschnitten 500 g gemischtes Gemüse	Pilze und Gemüse in dünne Streifen hobeln oder schneiden und zu den Algen geben; 5 Minuten kochen.
2 cl Sherry oder Mirin (Reiswein) 1 Handvoll Sojasprossen 1 EL Ingwer, gehackt wenig Chili, gehackt	Diese Zutaten zur Suppe geben und nochmals aufkochen; dann vom Herd nehmen.
2 EL Misopaste	Mit wenig Kochflüssigkeit auflösen und zur Suppe hinzufügen; sofort servieren.

Wintergemüse aus dem Wok

Für ein Wokgericht sollte alles verwendete Gemüse mehr oder weniger in der gleichen Zeit gar sein. Man kann dies entweder durch eine unterschiedliche Größe der Stücke erreichen oder durch die gestaffelte Zugabe der verschiedenen Gemüsearten: zuerst die festeren und zuletzt die zarten. Wichtig ist, dass die Pfanne sehr heiß ist (ideal ist ein Wok aus dünnem Metall, der aber nur auf dem Gasherd funktioniert; eine normale Teflonpfanne geht aber auch), damit eine Mischung zwischen Braten und Dampfgaren vonstattengeht. Dazu besprenkelt man während des Garprozesses das Gemüse mit Wassertropfen. Das Gemüse sollte noch fast roh, aber heiß sein. Fast jedes Wintergemüse eignet sich dafür; hier sind es weißer und violetter Rettich, Lauch, Rosenkohl, asiatischer Kürbis, Chayote und Peperoni (Paprika).

600 g gemischtes Gemüse	In Schnitze, Stängel oder Scheiben schneiden.
1 EL Ingwer, fein gehackt wenig Peperoncino (milde Chili) 1 EL mildes Sonnenblumenöl	In einen sehr heißen Wok geben und sofort das Gemüse hinzufügen; fortwährend umrühren und ab und zu wenige Wassertropfen darübersprenkeln, damit Dampf entsteht.
1 Handvoll Sojasprossen	Nach wenigen Minuten zugeben, noch 1 Minute kochen und wenden.
2 EL Tamari 2 EL Sherry oder Reiswein	Beides hinzufügen und nach wenigen Sekunden das Gemüse aus dem Wok nehmen.

KNOLLENZIEST, STACHYS, CHINESISCHE ARTISCHOCKE, JAPANISCHE KARTOFFEL

Stachys affinis syn. *Stachys tuberosa*

Der Knollenziest gehört zur Familie der Lippenblütler (Lamiaceae), zu der auch die aromatischen Kräuter gezählt werden, zum Beispiel Rosmarin, Basilikum oder Oregano. Der Knollenziest bildet eine kuriose Ausnahme, indem bei ihm der unterirdische Teil, das verdickte Rhizom, essbar ist.

Vor vielen Jahren, als mir Hermann und Katharina Seibold, Gemüsebauern mit Herzblut, aus dem Verzascatal diese komischen, kleinen »Michelin-Männchen« brachten, war ich verblüfft. Ich hatte schon davon gehört, aber sie so vor mir zu sehen, war einfach fantastisch!

Der Geschmack des Knollenziests erinnert leicht an Haselnuss und Schwarzwurzel; er ist sehr fein und zart, weshalb man ihn wie auf Samthandschuhen tragen sollte.

Wenn der Boden nicht gefroren ist, kann man Stachys den ganzen Winter über ernten; lange aufbewahren kann man sie aber nicht.

Es ist schwierig, jemanden zu finden, der Knollenziest anpflanzt, geschweige denn erntet. Nicht vor Oktober beginnt die Ernte, die sich über den ganzen Winter erstreckt, solange der Boden nicht gefroren ist. Es ist eine sehr mühselige Arbeit, die nur von Hand zu erledigen ist. Die verdickten Rhizome, die am Wurzel-

ende gedeihen, sind sehr brüchig. Einmal geerntet, halten sie sich nur kurze Zeit: Sie trocknen schnell ein und werden braun. Darum sollte man nur für den sofortigen Verzehr ernten. Knollenziest hat einen relativ hohen Preis. Wenn man die mühselige Erntearbeit und das notwendige sorgfältige Waschen bedenkt, ist der Preis jedoch durchaus berechtigt. Knollenziest ist für mich ein Luxusgemüse, das Feingefühl verdient.
In China und Japan wird Knollenziest auf großen Flächen angepflanzt und meistens in Salzlake oder in Essig eingelegt.

In der Küche

Die Knollen des Knollenziests müssen nicht geschält werden – es wäre schier unmöglich –, darum müssen sie sehr gut gewaschen werden, wenn sie es nicht schon sind. Ich lege sie in ein Löchersieb und spritze sie mit einem starken Duschstrahl ab, während ich sie leicht bewege.
Roh gegessen, haben sie eine frische, knackige Konsistenz, aber relativ wenig Geschmack. Wenige Minuten im Dampf gegart, entwickelt sich allerdings ein sehr delikater Geschmack, zu dem wunderbar braune Butter passt. Auch leicht gebraten und mit Weißwein abgelöscht, schmecken sie sehr gut.
Man kann Knollenziest auch einmachen: in Salzlake oder in einer Marinade mit wenig Essig.

Passende Zutaten

Verschiedene Pfeffersorten, Muskatnuss
Schnittlauch, Knoblauch, Petersilie, Thymian
Butter, Haselnüsse

Es braucht eine unglaubliche Geduld und buchstäblich Fingerspitzengefühl, um dieses kostbare Gemüse aus der Erde zu bekommen, so klein sind die Knöllchen.

Lauwarmer Knollenziestsalat mit Kapern

2 Lorbeerblätter 200 g Knollenziest, gewaschen	In einen Topf mit 2 cm hoch Wasser geben und zum Kochen bringen. In einem Dämpfeinsatz über dem würzigen Dampf 5 Minuten garen.
2 EL sehr kleine Kapern, entsalzen eventuell wenig Salz ¼ Knoblauchzehe, gcpresst 1 TL Zitronensaft wenig abgeriebene Zitronenschale 2 EL Olivenöl	Diese Zutaten zu einer Sauce mischen und den Knollenziest darin marinieren.
2 Stücke Ofenkürbis (siehe Seite 90)	In Scheiben schneiden und auf Tellern auslegen. Den Knollenziestsalat darauf verteilen.
1 EL Aceto balsamico tradizionale di Modena	Tropfenweise darübergeben.

Knollenziest mit Pasta

400 g Pasta	Nach Packungsangabe kochen.
1 EL Olivenöl	In eine warme Bratpfanne geben.
400 g Knollenziest, halbiert 120 g Maronikürbis, in Streifen geschnitten	Beides 3 Minuten im Öl anbraten.
1 EL Petersilie, gehackt 1 Knoblauchzehe, gepresst	Petersilie und Knoblauch dazugeben und 1 Minute weiter braten.
100 g Lauch, in dünne Scheiben geschnitten 1 Prise Kräutermeersalz 100 ml Weißwein	Mit Lauch und Salz hinzufügen und noch 2 Minuten köcheln lassen. Dann mit der gekochten Pasta mischen.

Knollenziestsalat mit Honigsenf und Mandelöl

Hier die knackige Variante.

1 Prise Kräutermeersalz 1 EL Honigsenf 1 EL Honigessig 1 EL geröstetes Mandelöl 1–2 EL Sauerrahm	Alle Zutaten zu einer Sauce mischen.
200 g Knollenziest	Gut säubern; die größeren Stücke halbieren oder vierteln. Mit der Sauce servieren.

DOLDENBLÜTLER – APIACEAE

Zur Familie der Doldenblütler gehören verschiedene Gemüsearten, von denen viele hier vorgestellt werden. Fenchel sowie die aromatischen Kräuter aus dieser Familie, wie zum Beispiel Kerbel, Dill, Maggikraut, Fenchelkraut, Süßdolde, Koriander und Petersilie, sind eher Sommerpflanzen, die man am besten frisch genießt. Manche Früchte dieser botanischen Familie, die man fälschlicherweise oft als »Samen« bezeichnet, sind beliebte Gewürze, die eine sehr hilfreiche Wirkung bei Blähungen und Verdauungsstörungen entfalten: Fenchel, Anis, Kümmel, Koriander, Kreuzkümmel u. a. (Siehe auch Gewürze, Seite 359.)

Links: 'Gniff', eine alte Tessiner Karottensorte aus dem ProSpecieRara-Garten in Brontallo, neben einer für diese Familie typischen Doldenblüte.

Unten: Im Gespräch mit Peter Aschmann und Daniel Gutswiller, Gemüsebauern mit einem Flair für ausgeklügelte Landmaschinen;

Rechts ihre große Kühlzelle, wo Karotten und andere Lagergemüse viele Monate lang ruhen. Nach und nach werden sie in der großen Maschine gewaschen und gelangen so den ganzen Winter über und bis ins Frühjahr auf den Markt.

KAROTTE, RÜEBLI, MÖHRE

Daucus carota ssp. *sativus*

Von der Karotte wird die Wurzel, genauer die Pfahlwurzel, verwendet. In einer langen Selektions- und Kreuzungsarbeit hat der Mensch die wildwachsende Möhre domestiziert. Entscheidend waren und sind immer noch verschiedene Selektionskriterien: die Größe der Wurzel, Geschmack, Lagerfähigkeit, Resistenz gegen Krankheiten, Anpassung an verschiedene Klimata und Böden, Farbe. Dank dieser geduldigen Arbeit hat sich die Karotte von einer einst faserigen, holzigen Wurzel zu einem der meist konsumierten Gemüse entwickelt.

Jede Zeit hatte ihre Lieblingskarotte: Die orangefarbene, die wir heute kennen, hat sich erst Mitte des 19. Jahrhunderts durchgesetzt. Heute werden alte Sorten wiederentdeckt und neue gezüchtet, zur Freude von Köchen und Genießern. Der kommerzielle Karottenanbau konzentriert sich dort, wo der Boden dafür am geeignetsten ist. So wurden Gegenden, die einen genug durchlässigen Sand- oder Moorboden ohne Steine aufweisen, zu regelrechten »Rüebli-Regionen«. Die bekannte Gemüsesaftproduzentin Biotta hat ihren Sitz in einer dieser Regionen; sie war es, die in den Sechzigerjahren den biologischen Landbau unter den dortigen Gemüsebauern initiierte. Im Tessin kamen die angeblich besten Karotten von Brè und Rovio, zwei kleinen Dörfern hoch über dem Luganersee. In dieser Erde hat sich eine alte weiß-violette Sorte erhalten, die 'Gniff', die eine betagte Frau noch bis vor wenigen Jahren auf dem Markt in Lugano verkaufte. 'Gniff' ist denn auch in manchen Tessiner Tälern das Synonym für Karotte.

Das Unkraut in Schach zu halten, ist eine der größten Herausforderungen im biologischen Gemüseanbau; die Karotten sind vor allem am Anfang sehr empfindlich und könnten ohne mehrmaliges mechanisches und manuelles Jäten nicht überleben. Um Krankheiten und Schädlinge unter Kontrolle zu halten, dürfen

Eine Auswahl an Karottensorten aus dem Sortiment von Bio-Baumann.ch und aus dem ProSpecieRara-Sortengarten in Wildegg.
Linke Reihe: 'Riesen von Colmar', 'Jaune du Palatinat', 'Pfälzer', 'Küttiger', 'White Satin'. Mittlere Reihe: 'Pariser', 'Nantaise sélection Lecerf', die gewöhnliche Karotte 'Bolero', 'Rotfleischige Chantenay', 'Kyoto Red', 'Nutri Red'.
Rechte Reihe: 'Gniff', 'Purple Sun', 'Purple Haze', 'Drachen'.

Noch lange brauchen die jungen Karottenpflänzchen feinfühlige Handarbeit, um nicht von Unkraut – hier übrigens Portulak, der selbst wiederum essbar ist – vereinnahmt zu werden.

Oben: 'Carote di Polignano' , eine farbige Karottensorte aus Süditalien.
Unten: Eine Auswahl jung geernteter Karotten.

Karotten nur alle vier bis sechs Jahre auf das gleiche Feld gepflanzt werden. Das hat zu einem interessanten Land-Tausch-System geführt, da sich manche Bauern auf Karotten spezialisiert haben.

Was mich während meiner Besuche auf Biobetrieben in der deutschsprachigen Schweiz sehr beeindruckt hat, war die Menge an Ausschusskarotten, die wegen der immer strengeren Vorschriften untauglich für den Handel sind. Anders als im übrigen Europa, hat in der Schweiz der Vertrieb von Bioprodukten durch die Großverteiler stark zugenommen, was diesen mehr Macht in Fragen der Reglementierung gegeben hat. Heute wird von den Bioprodukten die gleiche, vor allem optische Qualität erwartet wie bei Produkten aus konventionellem Anbau. Diese Standardisierung setzt die Produzenten immer mehr unter Druck; sie sind gezwungen, immer öfter Hybrid-Saatgut zu verwenden, um die hohen Ziele zu erreichen. Und wenn man diese Praktik hinterfragt, steht immer der Konsument auf der Anklagebank, weil er angeblich keine »krummen Dinge« kauft. Wir als Konsumenten müssen also unser Verhalten hinterfragen und wieder vermehrt auch Produkte in den Einkaufskorb legen, die nicht ganz perfekt aussehen. Gemüse, das vielleicht eine Krümmung oder einen Flecken oder, um bei den Karotten zu bleiben, eine zweifache, krumme Wurzel hat. Es darf nicht sein, das bis zu vierzig Prozent der Karotten weggeworfen werden, nur weil sie nicht die Idealform haben; noch dazu, wenn man den Aufwand für die Nutzung des Bodens bedenkt, die vielen Arbeitsstunden fürs Jäten und die Kosten für die Einlagerung der Ernte.

Die Karotten, die wir im Winter und bis in den Juli hinein konsumieren, kommen aus den letzten Ernten des Jahres, die frühestens Anfang Oktober stattfinden. Diese Lagerkarotten sind speziell dafür geeignete Sorten, die auf dem Feld voll ausreifen müssen. Nur so halten sie sich sechs bis acht Monate in den professionellen Kühllagern bei 0 bis 2 Grad und hoher Luftfeuchtigkeit. Sie werden erst kurz vor dem Verkauf gewaschen und kontrolliert.

In Apulien existiert eine kuriose Karottenkultur: die 'Carote di Polignano' , man nennt sie auch 'Bastinache'; diese Karotten haben ganz verschiedene Farben. Den speziell guten Geschmack bekommen sie dank der Berieselung mit leicht salzigem Wasser. Die Saison ist in diesem Klima genau umgekehrt: Die Aussaat erfolgt zwischen August und September und die Ernte ab November bis in den Mai.

In der Küche

Karotten sollte man nie zusammen mit Äpfeln lagern (auch nicht im Kühlschrank), da sie sonst bitter werden. Ethylen, das bei der Reife von Äpfeln – aber auch von anderen Früchten – abgegeben wird, bewirkt in der Karotte die Bildung eines Bitterstoffes.

Grundsätzlich muss man Karotten nicht schälen, ihre Schale ist so dünn, dass sie nicht störend wirkt. Allerdings sind manche Karotten nach mehreren Monaten Lagerzeit äußerlich etwas unansehnlich, was zwar nicht schlimm ist, aber bei diversen Zubereitungsarten das Aussehen des Gerichts beeinträchtigen kann. Der Verwendungszweck entscheidet also darüber, ob man eine Karotte schälen soll oder nicht. Wichtig ist, dass man sie nur sehr dünn mit dem Sparschäler schält; allzu viel von der Schale zu entfernen, wäre schade. Falls Sie die Karotten noch mit Erde daran gekauft haben, was für die Konservierung ideal ist, ist eine Gemüsebürste nützlich: Ich verwende eine japanische aus Kokosfasern (siehe Bild Seite 378).

Die Vielfältigkeit der Karotte bietet Raum für Kreativität. Wenn man noch dazu viele verschiedene Sorten zur Verfügung hat, kann man wirklich spielen – im salzigen wie im süßen Bereich.

Die weißen und gelben Karottensorten (eher ursprüngliche Typen) sind meist im rohen Zustand geschmacklich weniger interessant, ergeben aber gekocht oder mit süßeren Sorten gemischt, eine schöne Abwechslung. Die orangeroten, lykopinhaltigen Karotten behalten ihre Farbe beim Kochen, während die violetten, anthocyanhaltigen sie verlieren können. Bei roher Verwendung ist es interessant zu beobachten, welch starken Einfluss die unterschiedlichen Schneide- oder Raspelgrößen auf den Geschmack haben.

Karotten kann man im Dampf oder mit wenig Flüssigkeit garen. Man kann sie braten und mit Weißwein ablöschen, im Ofen schmoren, in Suppen, Saucen und Eintöpfen mitkochen. Zusammen mit Zwiebeln und Sellerie angebraten, gehören sie zu den Geschmacksgrundlagen vieler Eintöpfe, Saucen, Risotti usw.

Mehrmals muss Fritz Lorenz mechanisch zwischen den Karottenreihen jäten und die Erde anhäufen. Die Karotten wurden auf erhöhte Wälle gesät, was das Wachstum fördert und die Arbeit erleichtert, denn zwischen den Pflänzchen kann man nur von Hand jäten.

Passende Zutaten

Ingwer, Zimt, Kardamom, Vanille
Dill, Petersilie, Kerbel
Zitrusfrüchte, Kokosmilch, Mandeln, Honig, Rosenblütenwasser

Karottenernte

Manche Betriebe (hier bei Fritz Lorenz in Tägerwilen) ernten mit einer ausgeklügelten Erntemaschine. Die Karotten werden beim Schopf gefasst, von den Blättern getrennt, aussortiert und mitsamt der daran haftenden Erde direkt in Paloxen (Palettenboxen) befördert. Diese großen Behälter, von cirka 400 kg Inhalt, werden dann in Kühlräumen eingelagert. Die Blätter bleiben auf dem Feld liegen. 5 Paloxen werden im Schnitt pro Stunde geerntet, wofür fünf Personen arbeiten. Die Ernte ist aber noch der geringste Aufwand bei der Rüeblikultur: Die Dammkultur muss mehrmals gejätet werden, was nur zum Teil maschinell geschieht.

Für die Handernte wie hier auf dem Biohof der Familie Gutknecht in Hedingen bei Winterthur (rechts) wird zuerst mit dem Traktor eine Art Messer in der Tiefe durch den Boden gezogen, um die dünnen Wurzeln von den eigentlichen Karotten zu trennen.

Die heutigen Sorten (seit mehreren Jahren bewährt sich die 'Bolero') sind weniger anfällig auf Krautkrankheiten: Die Karotten haben auch bei Vollreife immer noch schöne Blätter, an denen man sie aus dem Boden ziehen kann.

Gelber Karotten-Curry-Dip

Wieder ein Dip, der zu rohem Gemüse passt, aber auch als Brotaufstrich oder als Beilage verwendet werden kann. Hier eine der vielen möglichen Varianten.

300 g gelbe Karotten (z. B. 'Pfälzer')	Grob schneiden und mit wenig Wasser weich kochen; auskühlen lassen und zur Seite stellen.
1 EL mildes Sonnenblumenöl	In eine warme Pfanne geben.
1 Zwiebel, in grobe Ringe geschnitten	Im Öl golden anbraten.
1 EL Ingwer, fein gehackt 1 Knoblauchzehe, gehackt 1 TL Kreuzkümmel, gemahlen 1 TL Koriander	Dazugeben und 3 Minuten weiter braten.
1 TL Kurkuma 2 EL Wasser 1 TL Salz 1 TL Palmzucker	Hinzufügen und ½ Minute braten.
1 TL Garam Masala	Dazugeben, kurz aufkochen, dann abkühlen lassen.
2 EL Zitronensaft	Mit den Karotten und der Gewürzmischung in ein Mixerglas geben und pürieren; eventuell noch etwas Wasser hinzufügen.
2 EL Erdnusspüree	Dazugeben und weiter mixen, bis die Masse gut bindet.

Variante:
Normale orange Karotten, Saft und abgeriebene Schale von ½ Orange, Honig, Zimt, geraspelter Ingwer, Peperoncini (milde Chili), Sumach; binden mit Cashewnussmus.

Rohkost mit Gemüse-Dips. Von vorne links im Uhrzeigersinn: Topinambur-Dip mit Petersilie (Rezept Seite 293), Kürbis-Peperoni-Tomaten-Dip und Variante mit Safran und Ingwer (Seite 89), Randen-Dip (Seite 43), Petersilienwurzel-Dip (Seite 236) und Gelber Karotten-Curry-Dip mit Variante.

Arabischer Karottensalat

Es ist kaum zu glauben, wie die unterschiedliche Form und Grösse der Raspel den Geschmack von Karottensalat beeinflussen. Es lohnt sich zu experimentieren: Manche Formen, wie gröbere oder feinere Streifen (Julienne), sind vielleicht dekorativer, während eine mit der Röstiraffel geriebene Karotte im Mund einen ganz anderen Eindruck hinterlässt – sogar das Raspeln mit der Bircherraffel kann manchmal die richtige Wahl sein!
Als Orangenblütenwasser verwende ich eines aus Bitterorangen aus Ligurien und Pistazien aus Bronte.
Nachfolgend finden Sie noch einige Saucenvarianten für weitere schmackhafte Karottensalate.

1 Prise Salz je 1 EL Orangen- und Zitronensaft 1 EL Orangenblütenwasser je 1 TL Zimt-, Ingwer- und Nelkenpfefferpulver wenig scharfes Paprikapulver 1 EL Honig 2 EL Olivenöl	Alle Saucenzutaten mischen.
300 g verschiedenfarbige Karotten	In dünne Streifen hobeln und gut mit der Sauce mischen.
1 EL Datteln, gehackt 1 EL getrocknete Maulbeere 1 EL Pistazien, in Scheiben oder grob gehackt	Alles zum Salat geben und diesen ½ Stunde ziehen lassen.

Drei orientalische Salate: Arabischer Karottensalat (links), Rettichsalat (Mitte, Rezept Seite 197) und Taboulé (rechts, Rezept Seite 239).

Karottenvariationen: Zimtkarotten (Rezept Seite 218), fein geraspelt mit Rahm, kurz gekochte violette Karotten und Karotten mit geröstetem Mandelöl und Vanille (siehe Variationen).

Weitere Variationen für eine Karottensalatsauce:

- Nur Kräutermeersalz und Rahm verwenden
- Apfel-Verjus, grober Senf, Sonnenblumen- und Kürbiskernöl
- Saft und abgeriebene Schale von 1 Mandarine; geröstetes Mandelöl, Vanillepulver, Zimt, Birnendicksaft, Orangen- oder Rosenblütenwasser, wilde Dörraprikosen
- Anstatt Datteln: Feigen, Speckbirnen, Dörraprikosen, Dörrzwetschgen (z. B. vom Tafeljura)
- Verschiedene Öle ausprobieren: Arganöl , Haselnussöl, geröstetes Walnussöl
- Frische evtl. gefrorene Kräuter dazugeben: Petersilie, Schnittlauch, Dill, Kerbel
- Violette Karotten und 'Gniff'-Karotten in dünne Scheiben schneiden und in wenig aromatisiertem Salzwasser (Sumach, Lorbeer, Tasmanische Pfefferblätter) 2 Minuten kochen; mit Haselnussöl anrichten.

Zimtkarotten

Auf diese Art zubereitet – ich nenne sie »griechisch« – lassen sich Vorspeisen über eine Woche im Kühlschrank aufbewahren. Dank der Weinsäure, und in diesem Fall auch der Zitrone, verkochen die Karotten nicht, auch nicht bei längerer Kochzeit. Das Ergebnis sind außen knackige und innen weiche Karotten.

2 Zimtstangen	Auf den Topfboden legen.
400 g Karotten	Längs vierteln und dann in 3 cm lange Stücke schneiden.
Schale von ½ Zitrone	In dünne Streifen schneiden.
1 Prise Kräutermeersalz 200–300 ml Weißwein	Alles in den Topf geben und mit dem Wein knapp bedecken.
3 EL Olivenöl	Dazugeben und anfangs zugedeckt, dann ohne Deckel kochen, bis keine Flüssigkeit mehr vorhanden ist. Lauwarm oder kalt servieren.

Gersten-Karotten-Suppe mit Safran

Für dieses Rezept verwende ich gerne den Orzo antico delle Valli Bellunesi, eine alte Gerstensorte, deren Körner schonend geschält werden.

150 g Gerstenkörner	5–8 Stunden in Wasser einweichen.
1 EL Bratbutter	In eine warme Pfanne geben.
1 Zwiebel, gehackt 1 EL Ingwer, gehackt	Beides wenige Minuten darin anbraten.
500 g Karotten	Mit der Röstiraffel raspeln, dazugeben und einige Minuten dünsten.
1 TL Safranfäden	Beigeben und 1 Minute mitrösten.
1 l Wasser 1 EL Gemüsebrühepulver 1 Prise Rosmarinpulver 3 Lorbeerblätter	Diese Zutaten mit der Gerste hinzufügen und 40 Minuten kochen lassen.
2–3 EL Sherry wenig abgeriebene Orangenschale 100 ml Rahm 1 Prise Piment d'Espelette (rote Chili)	Dazugeben, abschmecken und heiß servieren.

Gedünstete Karotten mit Ingwer und Honig

Das war lange Jahre meine bevorzugte Karottenbeilage, meine Variante der glasierten Karotten der klassischen Küche. Und doch fragten meine Gäste immer wieder, was daran anders ist ... Es ist der Honig, der je nach Sorte einen ganz neuen Geschmack hervorbringt!

400 g verschiedenfarbige Karotten	Längs vierteln oder halbieren und in 2–3 cm dicke Stifte schneiden.
1 EL Ingwer, gehackt 1 EL Olivenöl	In eine warme Pfanne geben, den Ingwer, dann wenige Sekunden später die Karotten dazugeben und auf kleiner Flamme etwa 10 Minuten anbraten.
1 Prise Gemüsebrühepulver 100 ml Weißwein	Hinzufügen, den Deckel schließen und nochmals etwa 10 Minuten kochen.
1 EL Honig	Am Schluss, wenn die Kochflüssigkeit verdunstet ist, dazugeben, dann die Pfanne vom Herd nehmen.

Rote Karotten-Sternanis-Sauce

Eine schöne Sauce auf Gemüsebasis, die dank dem gekochten Vollkornreis mit der kalten Butter eine feine Emulsion eingeht. Diese Sauce kann man mit unterschiedlichem Gemüse zubereiten: Probieren Sie sie mit Randen! (Bild Seite 102)

1 EL Bratbutter 1 EL Ingwer, gehackt 2 Schalotten, in Ringe geschnitten	In einer Pfanne auf mittlerer Flamme einige Minuten anbraten.
250 g rote Karotten, in Scheiben geschnitten 1 Prise Gemüsebrühepulver 1 EL Vollkornreis, gekocht 3–4 Sternanis	Dazugeben, mit Wasser bedecken und so lange kochen, bis die Karotten sehr weich sind; dann den Sternanis herausnehmen.
2 EL Grand Marnier	Hinzufügen und nochmals aufkochen. Dann alles im Mixer zu einer cremigen, geschmeidigen Konsistenz pürieren; eventuell noch etwas kochendes Wasser dazugeben.
40 g kalte Butter, gewürfelt	Stück für Stück bei laufendem Mixer in die Sauce einarbeiten. Abschmecken und heiß servieren.

Schwarze Quinoa mit Karotten, Lauch, Herbstrüben, Stangensellerie und Rosenkohl, gewürzt mit Majoran und Pfeffer.

Schwarze Quinoa mit Gemüsewürfel

Eine meiner vielen Kombinationen mit Getreide: Wintergemüse ist prädestiniert für solche Rezepte, die man auch mit Hirse, Buchweizen oder Bulgur machen kann. Warm oder lauwarm genossen, ergeben sie eine einfache Mahlzeit. Kalt, eventuell mit etwas Salatsauce, können sie als Vorspeise oder auf einem Büffet serviert werden. Man kann sie nach Lust und Laune würzen.

200 g schwarze Quinoa
Mit der dreifachen Menge Wasser zum Kochen bringen.

2 Lorbeerblätter
1 Prise Salz
Dazugeben und etwa 30 Minuten zugedeckt sanft köcheln lassen; zuletzt auf der abgeschalteten Herdplatte noch 20 Minuten quellen lassen. Nicht umrühren, damit die Körner die Form behalten.

300 g verschiedene Karotten
200 g sonstiges Gemüse
In kleine Würfel schneiden und in einen Topf geben.

2 EL Olivenöl
1 TL Gemüsebrühepulver
Mit ganz wenig Wasser zum Gemüse geben und 10–15 Minuten kochen. Anschließend mit der gegarten Quinoa sanft mischen. Eventuell Gewürze oder Kräuter dazugeben.

Süße Karottencreme

Dieses Rezept sieht mit violetten Karotten sehr speziell aus, aber es gelingt selbstverständlich auch mit anderen Sorten. (Bild Seite 49)

220 g violette Karotten (z. B. 'Purple Sun')	Schälen, fein raspeln oder im Blitzhacker kurz zerkleinern.
100 ml Wasser 100 ml Apfelsaft 1 Apfel (Boskop), geraspelt wenig Nelken- und Zimtpulver	Alles zusammen in einem Topf etwa 10 Minuten kochen; etwas auskühlen lassen, dann mit dem Mixstab pürieren.
130 g Seidentofu 2 EL Cashewnussmus	Dazugeben und zu einer glatten Creme mixen. In kleine Portionsgläser füllen, zudecken und kühl stellen.

SIND BIOPRODUKTE BESSER UND GESÜNDER?

Diese Frage hat schon zu manch einer nächtelangen Diskussion geführt. Fest steht, dass man mit dem Konsum von Bioprodukten ein System unterstützt, das Rücksicht nimmt auf natürliche Ressourcen, Boden und Gewässer und damit indirekt auf unsere Gesundheit. Eine im Jahr 2011 durchgeführte Literaturanalyse von Vergleichsstudien zum Thema biologisch versus konventionell zeigt zudem, dass in einzelnen Produktkategorien Unterschiede bei den Inhaltsstoffen gefunden wurden. Ob ein Mehr an sekundären Pflanzeninhaltsstoffen wie Antioxidantien oder an Vitaminen und Omega-3-Fettsäuren tatsächlich einen positiven Einfluss auf die Gesundheit hat, sei dahingestellt. Tatsache ist: Milch von Kühen, die viel Gras und Heu fressen, wie dies in der biologischen Tierhaltung üblich ist, hat einen deutlich höheren Omega-3- und einen tieferen Omega-6-Fettsäurengehalt (Benbrook et al. 2013). Ebenfalls eine Tatsache ist, dass die Pflanzen unter ökologischer Bewirtschaftung als Abwehrreaktion gegen Fressfeinde bis zu 70 Prozent mehr sekundäre Inhaltsstoffe produzieren (Baranski et al. 2014). Zudem sind auf Früchten und Gemüsen kaum Pestizidrückstände anzutreffen, da der Einsatz von chemisch-synthetischen Pestiziden verboten ist. Fakt ist auch, dass in verarbeiteten Bioprodukten Zusatzstoffe nur sehr beschränkt zugelassen sind. Würste enthalten kein Phosphat, Biotrockenfrüchte sind nicht geschwefelt, Bio-Gummibärchen enthalten keine Farbstoffe und keine künstlichen Aromen. Geschmacksverstärker, künstliche Süßstoffe und viele Konservierungsmittel kommen in Bioprodukten nirgends vor. Von den mehr als 300 in der Schweiz für Lebensmittel erlaubten Zusatzstoffen sind in Bioprodukten gerade mal 47 zugelassen und in Knospe-Produkten sogar nur deren 34.

Regula Bickel, Forschungsinstitut für biologischen Landbau FiBL

PASTINAKE

Pastinaca sativa ssp. *sativa* var. *sativa*

Die Pastinake wird mit der gleichen Erntemaschine wie die Karotte geerntet. Pastinaken, auf dem Bild unten noch im jungen Stadium, haben extrem lange Blätter.

Die Pastinake ist ein spezielles Wintergemüse: Es hat die Form einer Karotte, schmeckt eigenartig süßlich, nach Sellerie, Fenchel oder Kokos; gebraten könnte sie mit Kartoffeln oder Maroni verwechselt werden, die Farbe erinnert an Rettich oder Rüben.
Die Wildform der Pastinake findet man am Wegrand, auf Wiesen und Unkrautfluren. Durch gezielte Selektion wurden die Wurzeln der Gemüse-Pastinake, so heißt die kultivierte Form, immer größer. Das ist gut so, denn für manche Gerichte braucht man viel davon und ist dann froh um solche Riesenexemplare.
Die Kartoffel hat die Pastinake im Laufe der Zeit verdrängt, und nur langsam findet sie wieder ihren Platz in der modernen Küche. Vor allem die Bioanbauer haben ihr dazu verholfen. Als ich die Pastinake vor Jahren einmal in einem Garten bei Modena sah, war ich sehr erstaunt über die Größe ihrer Blätter: Sie waren fast mannshoch und eher dem Sellerie ähnlich als der Karotte.
Die Pastinake hat eine relativ lange Kulturzeit: Schon die Keimzeit dauert bis zu drei Wochen. Im Ganzen vergehen zwischen 160 und 190 Tage, bis die ausgereiften Wurzeln geerntet werden können. Das bedeutet, dass auch für diese Kultur – noch mehr als für die Karotte – aufwendiges Jäten unverzichtbar ist.
Man unterscheidet Pastinaken für den Frischverzehr und Lagerware. Erstere werden schon ab März oder April gesät. Für das Lagergemüse ist die Aussaat Anfang Juni ideal; ab Oktober und bei frostfreiem Boden den ganzen Winter über kann man die reifen Wurzeln ernten. Sie sind frosthart und sollen mit der Zeit sogar an Geschmack gewinnen; zu bedenken ist allerdings, dass es auf dem Feld auch andere Nutznießer (Mäuse und Wild) gibt, die an den Wurzeln ebenso Freude haben. Darum werden die Pastinaken meistens wie die Karotten ungewaschen eingelagert.

In der Küche

Die Pastinakenwurzeln sollte man zuerst gründlich mit einer Bürste reinigen und waschen. Sie müssen nicht unbedingt geschält werden. Da ihr Geschmack sehr intensiv ist, mische ich sie für den rohen Verzehr gerne mit anderem Gemüse. Im Gaumen wirken sic relativ fein geraspelt lieblicher.
Wenn Sie zum ersten Mal Pastinaken verwenden, rate ich Ihnen, sie anzubraten: In Würfel geschnitten, in einer Bratpfanne mit Öl oder Butter und Rosmarin langsam goldgelb angebräunt, schmecken sie einfach köstlich. Diese Würfel kann man auch mal zum Probieren oder zum Aperitif in die Runde geben. Meistens sind die Leute von ihrem süßlichen Geschmack sehr überrascht!

Pastinaken kann man wie viele Kartoffelrezepte zubereiten: zum Beispiel als Gratin, als Püree oder in Eintöpfen, als Suppe oder im Ofen geschmort.
Im Dampf oder mit Wein oder Apfelsaft gegart, können sie salzig angemacht oder auch für die süße Küche weiterverarbeitet werden.
In dünne Scheiben gehobelt, mit Öl bestrichen und im Ofen bei 160 Grad gebacken, ergeben sie sehr schmackhafte Chips.

Passende Zutaten

Zimt, Sternanis, Vanille, Muskatnuss, Koriander, verschiedene Pfeffersorten
Rosmarin, Lorbeer, Majoran, Thymian, Dill, Petersilie, Schnittlauch, Ingwer
Zitronen, Apfel, Verjus, Senf

Vom Feld in die Kühlzelle: Die Pastinaken werden samt der daran haftenden Erde eingelagert, direkt in den Paloxen, den großen stapelbaren Kisten auf Paletten. Die Blätter bleiben auf dem Feld und werden zu Humus.

Pastinaken-Lauch-Apfel-Salat

Rohe Pastinake ist für sich allein fast zu stark im Geschmack. Um diesen etwas milder zu machen, brate ich in diesem Rezept zwei Drittel davon an. Ich nenne es auch das »salzige Birchermüesli«, denn das Zusammenspiel der Zutaten ergibt einen haferähnlichen Geschmack. Diesen Salat sollte man möglichst am gleichen Tag essen; nach einigen Tagen verliert er sein originelles Aroma.

200 g Pastinaken	In kleine, regelmäßige Stücke schneiden.
1 EL Olivenöl	In eine Bratpfanne geben und die Pastinaken bei kleiner Hitze zugedeckt und unter gelegentlichem Rühren goldgelb braten. Dann auskühlen lassen.
120 g Lauch, in Scheiben geschnitten	5 Minuten im Dampf kochen und auskühlen lassen.
1 Prise Kräutermeersalz 2 EL Zitronensaft 1 EL grober Senf 1 EL Apfelsaftkonzentrat 3 EL Walnussöl 100 g Joghurt 1 Prise Zimt 1 EL Dill 1 Prise grüner Pfeffer (gefriergetrocknet)	Alle Zutaten zu einer Sauce mischen.
100 g Pastinaken, roh geraspelt (Röstiraffel) 150 g Apfel, in kleine Stücke geschnitten 50 g Walnüsse, grob gehackt	Zusammen mit dem gekochten Gemüse zur Sauce geben und alles gut vermischen.

Die feinen Unterschiede zwischen Petersilienwurzel (links) und Pastinake (rechts): Am Blattansatz (konisch bzw. tief gefurcht) und im Querschnitt (sehr breites bzw. schmales Herz in der Mitte) erkennt man sie am besten.

Eine der besten Arten, dieses Wintergemüse kennenzulernen, sind gebratene Rosmarin-Pastinaken (Bild rechts, oben).

Pastinaken-Karotten-Salat

Dieser Salat wird besser im Geschmack, wenn man ihn einen Tag lang marinieren lässt; aber er ist dann weniger knackig.

1 Prise Kräutermeersalz
1 TL grober Senf
1 EL Apfel-Verjus
2 EL Haselnussöl
1 Dörrbirne, in Scheiben geschnitten
1 EL Pinienkerne, geröstet

Alle Zutaten zu einer Sauce mischen.

200 g Pastinaken
150 g Karotten, verschiedene
50 g Chioggia-Randen

Gemüse in Streifen hobeln (Julienne) und mit der Sauce mischen.

Gebratene Rosmarin-Pastinaken

(Bild Seite 227)

Meine Lieblingsvariante für Pastinaken. Von dem Sonntagsbuffet, das ich seinerzeit im »Ristorante Ponte dei Cavalli« in Cavigliano anbot, lobten die Gäste stets die außerordentlich schmackhaften Rosmarinkartoffeln ... Sie meinten damit diese Pastinaken! Sie eignen sich auch hervorragend als Beilage. Wichtig ist das langsame Braten.

500 g Pastinaken	In regelmäßige Würfel schneiden.
1 EL Rosmarin, gehackt	
1 EL Olivenöl	In eine warme Bratpfanne geben, Rosmarin und Pastinaken dazugeben und zugedeckt auf kleiner Flamme braten; zwischendurch immer wieder wenden, bis sie weich und goldgelb sind.
1 Prise Kräutermeersalz	Mit Salz würzen und nochmals wenden.

Pastinaken-Kartoffel-Vogelnester

300 g Kartoffeln, geschält	
300 g Pastinaken	Beides roh in 2–3 mm dünne Stifte hobeln (Julienne).
30 g weißer Lauch (evtl. 'Cervere')	Fein schneiden.
2 Eier	
je 1 Prise Piment d'Espelette und Nelkenpfeffer	
1 Prise Salz	Alles mit dem Gemüse gut vermengen.
1 EL Bratbutter oder Olivenöl	In eine warme Bratpfanne geben, die Masse löffelweise flach darin verteilen und zugedeckt auf kleiner Flamme etwa 8 Minuten braten. Wenden und ohne Deckel weiter braten; falls nötig noch mehr Butter oder Öl dazugeben.

Pastinakenmousse mit marinierten Quitten

Die wunderbare süße Variante! Dazu passt ein Kakipüree, das mit Cognac oder Grand Marnier verfeinert wurde.

450 g Pastinaken, geschält und grob gewürfelt
250 ml Apfelsaft

Die Pastinaken im Apfelsaft weich kochen; abkühlen lassen.

3 EL Akazienhonig

Dazugeben und pürieren.

200 g Vollmilchquark
2 EL Apfelsaftkonzentrat

Beides schaumig rühren und mit den Pastinaken mischen.

300 ml Schlagrahm

Langsam darunterziehen.

Marinierte Quitten:
100 ml Weißwein
100 ml Apfelsaft
1 Lorbeerblatt
3 Scheiben Ingwer
½ TL Gelbwurz (Kurkuma)
2 EL Birnendicksaft
wenig gemahlener Nelkenpfeffer
1 EL Zitronensaft

Alles in einem weiten Topf zum Kochen bringen.

1 Quitte, Flaum abgerieben

Die Quitte halbieren, jede Hälfte in 4 Teile zerschneiden und mit einem scharfen Messer das Kerngehäuse entfernen. In längliche Schnitze schneiden, in die Marinade geben und 5 Minuten kochen. In sterilisierte Gläser füllen und sofort verschließen oder vor dem Weiterverwenden in der Marinade auskühlen lassen.

PETERSILIE UND PETERSILIENWURZEL

Petroselinum crispum
Petroselinum crispum ssp. *tuberosum*

Während Petersilie wahrscheinlich die am meisten verbreitete Gewürzpflanze ist, ist die Petersilienwurzel weit weniger bekannt. Eher noch kennt man sie in den nördlicheren Regionen von Europa, wo sie kulinarisch wiederentdeckt wurde.
Botanisch gesehen sind Petersilie und Petersilienwurzel gleich. So wie es bei der Petersilie viele verschiedene Sorten gibt, mit glatten oder krausen, hellen oder dunkelgrünen Blättern, gibt es auch Sorten, die vor allem eine größere, nicht verholzende Wurzel bilden. Eigentlich könnte man von dieser Sorte auch die Blätter essen, aber das würde das Wachstum der Wurzeln beeinträchtigen. Diese braucht die geduldige Arbeit der Blätter, um die Energiereserve einzuspeichern, die für ihren tollen Geschmack zuständig ist. Dieser ist dem Knollensellerie näher als der Pastinake. Manchmal kann man Petersilienwurzel und Pastinake, wenn man sie ohne Blätter sieht, nur durch den Geruch unterscheiden. Die Form des Wurzelansatzes, das heißt dort, wo die Blätter entstehen, ist zwar unterschiedlich, aber manchmal ist auch dieses Merkmal nicht so klar zu sehen (siehe Bild Seite 227). Einmal aufgeschnitten, unterscheidet sich die Petersilienwurzel von der Pastinake durch einen breiteren Herzteil. Die Wurzeln wachsen noch langsamer als die der Pastinake und können wie diese im Winter im Boden bleiben. Die Petersilienwurzel wird wie die Sellerieknolle als Geschmacksgrundlage, aber auch pur verwendet.
Die Petersilie hingegen ist ein sehr bekanntes Kraut, wie die vielen regionalen Volksnamen in allen Sprachen dokumentieren. Sie ist relativ kälteresistent, darum findet man sie praktisch das ganze Jahr über. Kurz vor dem großen Frost erntet man nochmals alle schönen Blätter ab. So kann es sein, dass man einen ganzen Sack voll Petersilie erntet und sich fragt, was man damit machen soll? Man könnte sie einfrieren, aber ich verwende solche Kräuter gerne frisch. Nachfolgend finden Sie daher ein paar Rezepte, für die man viel Petersilie braucht. Keine Angst, die vermeintliche Toxizität der Petersilie bezieht sich auf das Apiol, eine Substanz, die nur in den Samen in großer Menge vorkommt und als ätherisches Öl gebraucht wird.

In der Küche

Die Petersilienwurzel wäscht man am besten mit einer Bürste, man muss sie nicht unbedingt schälen. Man kann sie auch roh essen, zum Beispiel als Salat, gemischt mit anderen Zutaten wie Karotten oder Kohl.
Das beste, intensivste Aroma entwickelt sie aber gekocht. Probieren Sie sie gewürfelt und gebraten, in Weißwein geschmort oder als Püree, allein oder mit Kartoffeln, als pürierte Suppe oder als Beilage.
Petersilie verwendet man normalerweise frisch, roh, mit einem scharfen Messer gehackt. Das ist sehr wichtig, um der Oxidierung und dem Aromaverlust vorzubeugen. Und so hackt man Petersilie richtig: Man hält die Blätter mit einer Hand fest und schneidet sie mit einem scharfen Messer in ganz dünne Streifen.

Krause und glatte Petersilie haben eine normal große Wurzel; nur dank spezieller Züchtung gibt es Sorten, die eine dicke, süß schmeckende Wurzel bilden.

Meistens braucht es dann keinen zweiten Durchgang in der Querrichtung, da diese Streifen für den Gaumen genug dünn sind und noch dazu schön aussehen.

Eine Ausnahme von dieser Regel stellt die Zubereitung von Pesto und ähnlichen Saucen dar, bei denen bewusst eine breiige Konsistenz erzeugt wird; sie muss dann sofort mit Öl und Salz vor Oxidation geschützt werden. (Wenn sie oxidiert, wird sie braun, bekommt einen seltsamen Geschmack, fermentiert schneller und verliert Aroma.) Für pestoartige Zubereitungen kann man auch das Wiegemesser (das selten wirklich scharf geschliffen ist) benutzen oder den Mörser oder noch einfacher einen elektrischen Mixer oder Blitzhacker.

Normalerweise verwende ich sowohl die Blätter als auch die Stängel: Fein genug gehackt sind die Stängel genauso essbar und schmackhaft.

Ein Tipp: Einen »Trifolato«-Geschmack erreicht man, wenn man die Petersilie in Öl so lange brät, bis sie fast knusprig ist, und dann noch etwas gepressten Knoblauch dazugibt. Das passt zu allerlei Gemüse, nicht nur zu Pilzen!

Passende Zutaten

Petersilienwurzelsuppe (oben) ist schon fast ein Klassiker, hier mit gebratenen Pilzen und in Rotwein gekochter Wurzel.

Die Blätter darf man nicht pflücken, wenn man eine schöne Wurzel ernten will.

Zitronengras, Muskatnuss, Paprika, Kümmel, Koriander, Nelkenpfeffer, Sumach
Schnittlauch, Rosmarin, Estragon
Zitrone, Apfel, Walnuss, Mohnsamen

Petersilienwurzel-Dip

Noch eine Dip-Variante, diesmal in Weiß: ein schöner Gegensatz zu den anderen farbigen Dips. Dieses Rezept kann man genauso gut mit Knollensellerie zubereiten. (Bild Seite 214)

300 g Petersilienwurzel	In grobe Stücke schneiden.
3 Zitronengrasstängel	Mit dem Messergriff etwas flach klopfen.
1 Prise Kräutermeersalz	Alles zusammen in eine Pfanne geben und knapp mit Wasser bedecken. So lange kochen, bis das Gemüse ganz weich ist und das Kochwasser fast ganz eingekocht ist; auskühlen lassen; Zitronengras entfernen und die Masse in ein Mixerglas füllen.
3 EL Zitronensaft	Dazugeben und pürieren; eventuell noch etwas Kochwasser hinzufügen.
3–4 EL geröstetes Walnussöl	Wenn sich die Masse im Mixerglas gut dreht und ganz fein ist, das Öl einfließen lassen, damit sie emulgiert. Abschmecken und kühl stellen.

Panelle

Kichererbsenfladen

Hier eine Gemüsevariante der sizilianischen Spezialität. Passt gut zu mariniertem Gemüse oder kann einfach so als Snack zwischendurch gegessen werden. Gebleichter Lauch, wie zum Beispiel der 'Cervere'-Lauch, passt hervorragend dazu.

200 g Kichererbsenmehl 600 ml Wasser	In einen kalten Topf geben und das Mehl mit einem Rührbesen auflösen.
100 g Petersilienwurzel, geraspelt 1 Prise Salz	Beides dazugeben und unter Rühren zum Kochen bringen. Auf kleiner Flamme etwa 20 Minuten kochen, dabei oft umrühren.
2 EL Petersilie, gehackt	Hinzufügen und nochmals 10 Minuten kochen. Die cremige Masse 2–3 mm dünn auf zwei Backbleche streichen und auskühlen lassen. Dann in Stücke schneiden.
300 ml Frittieröl oder Olivenöl	Erhitzen, die Stücke schwimmend golden ausbacken. Auf Haushaltspapier entfetten.
1 gebleichter Lauch, in ganz dünne Ringe geschnitten 1 EL gebratene Kräuterseitlinge	Beides über einen Teil der Panelle streuen.

Panelle, hier mit gebratenen Kräuterseitlingen angerichtet, dahinter Krautstiel mit Berberitze und Pinienkernen (Rezept Seite 54) und Farbige Krautstiele mit Avocado und Zitrone (Seite 55).

Farina-bona-Snack

Farina bona ist ein Mehl aus geröstetem Mais, das noch im Tessiner Onsernonetal produziert wird (siehe Seite 375). Es kann ohne Kochen genossen werden, da es schon geröstet ist. In den meisten Rezepten wird es in süßer Variante verwendet; hier eine salzige Variante, die man auch mit anderem gekochtem Gemüse zubereiten kann. Es ergibt einen ungewöhnlichen Aperitif-Snack! Wenn man noch mehr Farina bona dazugibt, kann man kleine Kugeln formen.

250 g Petersilienwurzel, in grobe Schnitze geschnitten
100 g Lauch, in Ringe geschnitten
2 Lorbeerblätter
1 EL Gemüsebouillon

Alles zusammen mit wenig Wasser sehr weich kochen.

100 ml Weißwein
1 TL Majoran
½ TL Rosmarinpulver
½ TL gemahlener schwarzer Pfeffer

Diese Zutaten dazugeben und nochmals 5 Minuten kochen; auskühlen lassen.

1 Knoblauchzehe, gepresst
3 EL Olivenöl
2 EL Tamari
1 Formaggino (Frischkäse)

Diese Zutaten hinzufügen und fein pürieren.

150 g Farina bona

So viel Mehl dazugeben, bis eine streichbare Masse entsteht. Die Masse mit dem Spritzsack auf rohe Gemüsescheiben spritzen.

Interessantes zum Aperitif: Gemüsescheiben (Winterrettich, Karotte, violetter Rettich, rosa Rettich 'Mantang Hong') mit Farina-bona-Creme, Spießchen von gebratener Pastinake und Räucherhering, Brüsseler Snack (Rezept Seite 271).

Taboulé

In dieser Winter-Variante des orientalischen Petersiliensalats werden die frischen durch getrocknete Tomaten ersetzt. Die meiste Arbeit macht das Schneiden der Petersilie, weil man wirklich viel davon braucht! Ich verwerte auch den größten Teil der Blattstängel: Wenn man sie fein genug schneidet, sind sie knackig und schmecken genauso gut wie das Blatt selbst.

100 g Bulgur	In einen Behälter geben und mit kochendem Wasser bedecken, bis es 2 mm über den Bulgur reicht; dann den Behälter verschließen und den Bulgur 1 Stunde quellen lassen.
100 g Dörrtomaten	30 Minuten in heißem Wasser einweichen, dann in Streifen schneiden.
1–2 EL Zitronensaft 4–5 EL Olivenöl 1 Prise Salz und Pfeffer	Die Zutaten zu einer Sauce mischen.
200–400 g Petersilie, ganz fein geschnitten 1 rote Zwiebel, fein gehackt	Zusammen mit der Petersilie, dem abgekühlten Bulgur und den Tomaten mit der Sauce gut vermischen.

FLEISCHHUNGER

Wo Tiere Gras und andere Pflanzen fressen, die zur direkten menschlichen Ernährung nicht geeignet sind, erhöhen sie das Lebensmittelangebot und leisten einen wichtigen Beitrag zur landwirtschaftlichen Produktion. Die heute benötigten Fleischmengen – weltweit ist der Fleischkonsum in den vergangenen vierzig Jahren von 78 Millionen Tonnen auf über 250 Millionen Tonnen pro Jahr angestiegen – sind jedoch nur mit industrieller Produktion zu erreichen. Die meisten Masttiere fressen heute nicht mehr Gras, sondern Mais, Weizen und Soja. Diese wachsen auf Ackerflächen, die damit für die direkte Lebensmittelproduktion nicht mehr zur Verfügung stehen. Die Fleischproduktion fordert so viele menschliche, tierische und natürliche Ressourcen wie kein anderes Nahrungsmittel. Für die Herstellung von einem Kilo Rindfleisch braucht es 15000 Liter Wasser. Zur Produktion einer tierischen Kalorie werden je nach Tierart fünf bis dreißig pflanzliche Kalorien verfüttert.
Erklärung von Bern

SELLERIE

- **Knollensellerie, Wurzelsellerie** *(Apium graveolens* var. *rapaceum)*
- **Stangensellerie, Bleichsellerie** *(Apium graveolens* var. *dulce)*
- **Schnittsellerie** *(Apium graveolens* var. *secalinum)*

Sellerie hat sich in den verschiedenen Regionen Europas unterschiedlich entwickelt. Während im Süden und in England der Stangensellerie sehr beliebt ist, wird in den nördlicheren Regionen der Knollensellerie bevorzugt. Der Schnittsellerie ist seinem wilden Verwandten am nächsten; er entwickelt petersilienähnliche Blätter und wird als Würze verwendet.
Es gibt viele alte Sorten von Knollensellerie, die unterschiedlich große und mehr oder weniger wulstige Wurzelteile entwickeln. Sie haben oft gelbliche Flecken, die schmackhafter sind, da sie ätherische Öle enthalten. Neueren Sorten hat man diese »unschönen« Teile weggezüchtet, das heißt: Sie haben an Geschmack eingebüßt, dafür sind sie schneeweiß, was den Konsumenten mehr behagt. Da der Selleriegeschmack vielen zu penetrant ist, kann ich diese Entwicklung auch etwas verstehen.
Für die Winterlagerung wird ab Oktober geerntet. Frühe Sorten erntet man in wärmerem Klima schon ab August.
Der Stangensellerie bildet fleischige, lange Blattstängel, deren Farbe von Hell- über Dunkelgrün bis Violett reichen können. Die neueren Sorten sind oft selbstbleichend oder werden noch zusätzlich durch Anhäufen von Erde oder Einwickeln gebleicht. Sie werden schon ab Juli und bis in den Spätherbst hinein geerntet. In Italien gibt es zwei regionale Sorten, die als Slow Food Presidi gelten: 'Sedano rosso di Orbassano' (Turin) und 'Sedano nero di Trevi' (Umbrien).
Sellerie kann bei darauf empfindlichen Personen einen allergischen Schock auslösen. Wenn jemand allergisch auf Sellerie reagiert, kann das für ihn lebensgefährlich sein. Sellerie kommt in vielen Fertigprodukten vor, zum Beispiel in Kräutersalz und Gemüsebrühepulver, er ist auch oft Bestandteil von Suppen, Brühen, Eintöpfen und Saucen.

In der Küche

Wie bei Karotten, Pastinaken und Petersilienwurzeln kann man auch beim Knollensellerie die gereinigte Schale für einen Gemüsefond verwenden (siehe Seite 35). Da Sellerie relativ hart ist, ist es ratsam, für den rohen Verzehr eine Küchenmaschine zu Hilfe zu nehmen. Meine Mutter raspelte ihn noch von Hand, darum galt und gilt er bei uns immer noch als Luxussalat! Sellerie verfärbt sich sehr schnell, darum sollte die Salatsauce schon zubereitet sein, wenn man mit dem Raspeln beginnt. Man muss sich wegen etwas Verfärbung während des Rüstens nicht allzu große Sorgen machen: Nach dem Kochen ist sie nicht mehr sichtbar; mich stört auch die etwas grauliche Farbe der älteren Sorten nicht. Man muss den Selle-

Rechts Seite: Die Sorte 'De Corseaux' im ProSpecieRara-Garten von Basel.

Für die maschinelle Ernte oder für Industrie-Sellerie (z. B. für Saftgewinnung) wird zuerst das Kraut geschlegelt (grob abgehackt), dann die Wurzeln mit einer durch den Boden gezogenen Klinge durchtrennt und die Knollen aus der Erde gehoben.

rie also nicht unbedingt mit Zitronensaft einreiben oder in Zitronenwasser einlegen, wie es in einigen Kochbüchern immer noch empfohlen wird. Das etwas hohle oder schwammige Innere, das manche Knollen aufweisen, ist sortenabhängig und nicht ein Zeichen von minderem Wert.

Gekocht mundet der Sellerie am besten, wenn er langsam gebraten wird: Das Karamellisieren verleiht der Wurzel einen sehr lieblichen Geschmack. Sellerie ist sehr vielseitig verwendbar: als Püree, Suppe, Gratin und Rösti, gemischt mit Kartoffeln oder anderem Gemüse.

Stangensellerie kann man, vor allem wenn er schön knackig ist, roh genießen, als Salatzugabe oder in Stängel geschnitten als Aperitif zu Dips. Natürlich kann man ihn überall dort einsetzen, wo sonst der Knollensellerie verwendet wird, als Grundgeschmack und als Röstgemüse. Er gehört zur Trilogie »Zwiebel, Sellerie, Karotte«, die den typischen »Soffritto« ausmachen, das Bratgemüse der mediterranen Küche, mit dem die Zubereitung von jedem Eintopf, jedem Risotto und jeder Suppe beginnt.

Passende Zutaten

Zitronengras, Kaffirlimettenblätter, Muskatnuss, Pfeffer, Nelkenpfeffer, Sumach
Lorbeer, Thymian, Dill, Kerbel, Minze
Zitrusfrüchte, Mayonnaise, Joghurt, Tamarinde, getrocknete Berberitzenbeeren, Senf, Obst, Nüsse

Der Rote Stangensellerie von Orbassano ist sehr dekorativ und aromatisch.

Stangensellerie und Grapefruit

Ein sehr einfaches Rezept, das sich auf einem Buffet gut macht. Mein Vater zieht es dem Nachtisch vor.

200 g frischer Stangensellerie	In ½ cm dünne Scheiben schneiden.
1–2 rosa Grapefruits	Mit einem scharfen Messer schälen, halbieren, in Schnitze und dann quer in 1–2 cm große Stücke schneiden.
1–2 Handvoll Walnüsse 2 EL geröstetes Walnussöl 2 Prisen Kräutermeersalz viel schwarzer Pfeffer	Alle Salatzutaten gut mischen.

Stangenselleriesalat mit Feta

200 g Stangensellerie, in dünne Scheiben geschnitten 300 g Feta, gewürfelt ½ Granatapfel, Kerne ausgelöst 1 kleine rote Zwiebel, in Scheiben geschnitten 1 EL entsteinte Oliven 1 EL Minzeblätter tasmanischer Pfeffer, gemahlen ½ Zitrone, Saft und abgeriebene Schale 2 EL Olivenöl 1 EL Zitronenöl	Alle Zutaten gut mischen.

PASST GEWÄCHSHAUSANBAU IN EIN SAISONALES KONZEPT?

An Verfrühung (Primeurgemüse) oder Saisonverlängerung sind die Gärtnerinnen und Gärtner schon lange interessiert. Bereits ungeheizte oder frostfreie Gewächshäuser oder Folientunnels können das Gemüseangebot wesentlich erweitern. Nüsslisalat kann dadurch beispielsweise auch dann geerntet werden, wenn draussen alles gefroren ist. Salat, Radieschen und Kohlrabi können im Frühjahr schon geerntet werden, wenn die Frühjahrsgefühle zwar da sind, aber das Freilandgemüse noch nicht. Die Bioverbände (in Deutschland, der Schweiz und Österreich) erlauben diesen Anbau, beschränken aber das Heizen im Winter stark, sodass nur die typischen Wintergemüse angebaut werden können. Diese Art des Anbaus erfordert viel Fingerspitzengefühl, denn bei hohem Düngereinsatz und fehlendem Licht – um nur einen Aspekt herauszugreifen – kann es zu Nitratanreicherungen im Gemüse kommen. Da Bioproduzenten Dünger sparsam einsetzen und organischer Dünger, anders als Mineraldünger, bei kaltem Wetter auch nicht aufgenommen werden kann, sind hohe Nitratwerte im Bioanbau jedoch meistens kein Problem.

Martin Koller, Forschungsinstitut für biologischen Landbau FiBL

Selleriesalat mit Walnussöl

Der Sellerie sollte sehr fein geraspelt sein, um die gewünschte saftig-feuchte Konsistenz zu erreichen. Mit der Handreibe ist die Arbeit sehr mühsam, darum war dieser Salat immer ein Luxus in unserer Familie. Mit der Küchenmaschine geht es mühelos, und so bereite ich mir manchmal einen richtigen Berg davon zu!

1 Prise Kräutermeersalz	
1 EL Zitronensaft	
1 TL grober Senf	
70 g Mayonnaise	
60 g Joghurt	
2 EL geröstetes Walnussöl	Alles zu einer Sauce mischen.
400 g Knollensellerie	Fein raspeln.
1 Handvoll Walnüsse	Grob hacken und mit dem Sellerie sofort unter die Sauce mischen.

Sellerie-Vorspeisen-Trio (links): mit Tamarinde, als Salat mit Walnussöl, gebraten mit Rotkohl-Kaviar und Beluga-Linsen (Rezept Seite 129).

Ein schmackhafter Hauptgang (rechts): Panierter Sellerie auf würzigem Wirz und Schwarzkohl (Rezept Seite 151) mit Kürbissauce (Seite 93) und Gerstenschrot.

Panierter Sellerie

Ein einfaches, aber schmackhaftes Rezept und eine gute Alternative zu Schnitzel! Die Zitrone gibt das gewisse Etwas. Mit einer Kürbissauce (Rezept Seite 93) serviert ein Gedicht!

1 Ei, verquirlt 1–2 EL Zitronensaft 1 Prise Kräutermeersalz	Die Zutaten in einem Suppenteller mischen.
100 g gemahlenes Brot (Panierbrot) 1 EL Sesamsamen 1 EL Mohnsamen	Brotbrösel und Samen in einem zweiten Suppenteller mischen.
1 Knollensellerie	In 2–3 mm dünne Scheiben schneiden. Zuerst im Ei, danach im Brot wenden und dieses gut andrücken.
1 EL Bratbutter	In eine warme Bratpfanne geben; die panierten Selleriescheiben darin auf kleiner Flamme auf beiden Seiten goldgelb braten. Eventuell mehr Butter dazugeben. Kurz auf Küchenpapier abtropfen lassen.

Sellerie mit Tamarinde

Ein etwas ungewöhnliches Rezept. Der Tamarindensaft ersetzt hier die Zitrone, die gut zu Sellerie passt (siehe auch Gewürze, Seite 369).

2 EL Tamarinden-Fruchtfleisch	Mit heißem Wasser bedecken. Nach 15 Minuten mit den Händen oder einer Gabel zerreiben und durchkneten. Durch ein Sieb pressen und das Mus aufheben.
400 g Knollensellerie	In 1½ cm große Würfel schneiden.
1 EL Olivenöl	In eine warme Bratpfanne geben und den Sellerie darin auf kleiner Flamme zugedeckt goldgelb braten; dabei öfter wenden.
1 Prise Salz	Nach circa 15 Minuten mit dem Tamarindenmus dazugeben, nochmals kurz aufkochen und aus der Pfanne nehmen. Warm oder kalt servieren.

NÜSSLISALAT, FELDSALAT, VOGERLSALAT, ACKERSALAT

Valerianella locusta

Nüssli- oder Feldsalat ist der einzige im großen Stil angebaute Salat, der sich im Winter entwickeln kann; er wird zwischen Oktober und März geerntet. Die kleine, delikate Pflanze, die auch wild am Wegrand und in Rebbergen wächst, wird heute auf offenem Feld und in meist unbeheizten Gewächshäusern angepflanzt. Im Freilandanbau kann der Nüsslisalat bei 5 bis 10 Grad immer noch wachsen und überlebt Temperaturen bis zu minus 15 Grad. Was zwischen Juli und August gesät wird, kann noch bis zum ersten Schnee geerntet werden. Was später gesät wurde, pflückt man im Frühjahr auf dem Feld oder über den Winter im Gewächshaus. Da Unkraut das Wachstum sehr beeinträchtigen kann, werden im Erwerbsanbau meist Jungpflanzen ausgesetzt; dadurch ist dieser Salat dann auch frei von Sand und Erde.
Die kleine Größe des Nüsslisalats erklärt den relativ hohen Marktpreis: Wer selbst einen Garten hat, weiß, wie viel Arbeit allein für Ernte und Waschen anfällt, bis eine Schüssel Salat beisammen ist. Ein Luxussalat also, den man würdigen sollte.
Leider gibt es in den letzten Jahren fast das ganze Jahr über Nüsslisalat zu kaufen. Im kommerziellen Anbau wird immer früher angepflanzt. Letzten Sommer habe ich Kulturen gesehen, die mit Netzen vor Sonnenstrahlen geschützt werden mussten, damit sie nicht verbrannten. Eine absurdes Vorgehen, wenn man bedenkt, dass der Sommer die Saison der Schnittsalate und Lattiche ist. Mein Aufruf lautet deswegen: Genießen Sie diese delikaten Blättchen in der kalten Jahreszeit als willkommene Abwechslung zu den bitteren Zichorien, und wechseln Sie im Sommer zu anderen Salaten über!

Nüsslisalat-Ernte. Das weiße Vlies schützt die Winterkultur vor dem ärgsten Frost. Um die Nachfrage zu erfüllen, wird Nüsslisalat auch außerhalb der Saison, im Sommer, angebaut. Dann muss er sogar vor der Sonne geschützt werden (rechts).

In der Küche

Das delikate, nach Haselnuss schmeckende Aroma, die zarten Blätter und die dekorative Anordnung der Rosetten machen aus dem Nüsslisalat eine ideale Beilage zu Vorspeisen von zarter Konsistenz wie Pâté oder Terrinen oder zu Frischkäse – natürlich immer als roher Salat.
Man muss ihn vorsichtig waschen und das Wasser so oft wechseln, bis keine Erde mehr auf dem Boden der Schüssel zu sehen ist. Heutzutage wird Feldsalat schon küchenfertig verkauft; wenn man allerdings am Markstand bei Kleinbauern einkauft, muss man eventuell noch die Wurzeln etwas zurückschneiden und die gelblichen Keimblätter entfernen, die Rosette aber sollte erhalten bleiben.
Wichtig ist, den gut abgetropften Salat erst im allerletzten Moment mit der Sauce zu mischen, weil er sehr schnell zusammenfällt, wenn er mit Essig und Salz in Berührung kommt. Eine zweite Empfehlung: Man sollte für diesen Salat nur sehr wenig Sauce verwenden, damit sein delikates Aroma nicht übertönt wird, und man den Salat nicht zusammengefallen auf dem Schüsselboden wiederfindet!

In großen Betrieben wie bei Rathgeb in Stammheim werden die Jungpflanzen mit Maschinen in die Erde gesetzt (unten links).

Zwischen den kleinen Pflänzchen muss von Hand gejätet werden (unten rechts).

Dank gestaffeltem Anbau steht immer frischer Salat zur Verfügung.

Passende Zutaten

Balsamico- oder andere milde Essige, Walnuss- oder Haselnussöl
Dörrfrüchte, Brotcroûtons, Avocado, gekochtes Ei

Nüsslisalat mit Haselnussöl

Nüsslisalat braucht sehr wenig Sauce und wird nach dem Anmachen schnell schlaff. Mit anderen Worten: Er sollte erst am Tisch mit der Sauce gemischt werden.

50 g gelbe Randen
50 g fester Kürbis (z. B. 'Tetsukabuto')

Das Gemüse in ganz kleine Würfel schneiden.

50 ml Apfel-Verjus
1 Prise Salz

Beides in ein Pfännchen geben und das Gemüse darin wenige Minuten kochen; dabei den Sud einkochen. Auskühlen lassen.

1 Prise Kräutermeersalz
1 TL grober Senf
2 EL geröstetes Haselnussöl

Diese Zutaten zu einer Sauce mischen.

300 g Nüsslisalat, gewaschen

Mit den Gemüsewürfeln und der Sauce mischen und sofort servieren.

KORBBLÜTLER – ASTERACEAE

Das »Warenzeichen« der Korbblütler ist ihre hoch entwickelte »Organisation«: Was wir als Blüte bezeichnen, ist eine große Ansammlung einzelner Blüten (in einem »Korb«), die sich einen einzigen Träger gechartert haben. Eine kluge Sache, so braucht nicht jede Blüte einen eigenen Stängel zu bauen und sich einzeln gegen den Himmel zu strecken. In dieser Formation täuschen die Blüten sogar eine wirkliche Blüte vor, indem manche von ihnen nur als Röhren daherkommen und sich andere eine Zunge als Kleid anziehen. Letztere sind die weißen Blättchen, die man beim »Liebt mich, liebt mich nicht ...«-Spiel den armen Margariten ausreißt. Das innere Gelbe sind die Röhrenblüten.
Zur großen Familie der Korbblütler gehören unter anderem auch viele Nahrungsmittel. Aus botanischer Sicht sind es ganz unterschiedliche Teile einer Pflanze, die wir auf dem Teller vorfinden. Hier eine unvollständige Übersicht:

- Pfahlwurzeln: Schwarzwurzel, Haferwurzel, Wurzelzichorie, Löwenzahn, Große Klette
- Wurzelknollen: Topinambur, Yacón
- Blätter: Lattich, Schnittsalate, Zichorien, Radicchio, Endivie, Speisechrysantheme *(Glebionis coronaria)*, Estragon, Wermut, Ringelblume
- Sprossachse: Chicorée, Catalogna cimata
- Blatt-Mittelrippe: Kardy
- Blütenknospen: Artischocke
- Samen: Sonnenblume, Saflor (Färberdistel)

Vor allem die Wurzeln und Knollen dieser Familie bilden als Reservestoff das Inulin, eine Substanz, die für Diabetiker als Stärkeersatz interessant ist, da es den Blutzuckerspiegel nicht beeinflusst. Es ist ein präbiotischer Ballaststoff, der unverdaut bis zum Dickdarm gelangt und dort vor allem den gesunden Bakterien als Nahrung dient.
Das Inulin ist aber auch schuld an den Nebenwirkungen dieser Gemüsesorten: Je nach Empfindlichkeit kann sich sehr viel Gas im Darm bilden, was zu Blähungen und Meteorismus führt. Für manche reicht es schon fast, beispielsweise Topinambur zu sehen, dass sich Bewegungen im Darm bemerkbar machen ... Eigentlich nichts Schlimmes, wenn man sich in einer Umgebung aufhält, wo man Luft lassen darf!
Auf Chicorée, der zu den Korblütlern gehört, hat die Industrie ein spezielles Auge. Viele dieser Sorten werden immer öfter mit der sehr kritisch zu bewertenden künstlichen CMS-Technik produziert (mehr dazu Seite 30). Für den Bioanbau gibt es jedoch immer noch samenfeste Sorten; die gärtnerischen Sortenzüchter leisten auch hier viel Pionierarbeit, die dem gesamten Gemüseanbau zugutekommt.

Eine reiche Auswahl an Wintersalaten.

ENDIVIE

- **Glatte Endivie, Escariol** *(Cichorium endivia* var. *latifolium)*
- **Krausblättrige Endivie, Frisée** *(Cichorium endivia* var. *crispum)*

Die Endivie wird oft als Wintersalat angesehen, dabei ist sie in unseren Breitengraden nicht wirklich winterhart: Sie muss vor dem ersten starken Frost geerntet sein, ist also eigentlich ein Spätsommersalat. In der Kühlzelle bleibt sie dann noch zwei bis drei Wochen frisch, aber nicht viel länger. Die glatten Endiviensorten sind bedeutend lagerfähiger als die krausen; Letztere sind für den Frischverzehr geeignet.
Endivien, die bei uns im Winter im Angebot sind, werden aus milderen Regionen, zum Beispiel aus Süditalien, importiert.
Es gibt Sorten, bei denen die Salatköpfe zum Teil so dicht sind, dass die äußeren Blätter die inneren von selbst bleichen. In manchen Regionen wird dabei nachgeholfen, indem man die Blätter etwa ein bis zwei Wochen vor der Ernte oben zusammenbindet oder, wie in Frankreich, eine Art Hut oder einen Blumentopf über den Salatkopf stülpt oder ihn mit dunkler Folie abdeckt.
Die gebleichten Blätter sind weniger bitter, was andererseits schade ist, sind es doch genau diese Bitterstoffe, die unseren Magen und Darm positiv beeinflussen.

Unkraut – im Bild links das ebenfalls essbare Knopfkraut *(Galinsoga)* – findet überall einen Platz.

Mit kleinen Folientunneln kann der Endiviensalat noch ein paar Tage vor dem ersten Frost geschützt werden.

In der Küche

Außer sie gründlich zu waschen, verlangen die Salatköpfe keinen weiteren Aufwand. Wichtig ist, die Salatblätter immer vor dem Schneiden zu waschen, weil sonst die kostbaren Mineralien mit in den Abfluss wandern.
Die Endivie wird meist als Salat gegessen. Man kann sie aber auch kurz dämpfen und als »gekochten Salat« anrichten. Das ist in manchen Ländern üblich; für mich waren die knackigen Blätter immer zu schade für diese Zubereitungsart, aber seit ich es probiert habe, weil ich einmal mehrere große Köpfe gleichzeitig zur Verfügung hatte, muss ich gestehen: Es lohnt sich!

Passende Zutaten

Frischkäse, Mayonnaise, hart gekochte Eier, Knoblauch, Sardellen
Sultaninen, geröstete Samen und Nüsse, Algenflocken

Gemischter Wintersalat

Der »Gemischte Salat« ist ein dehnbarer Begriff, vor allem in der Gastronomie. Bei mir sieht er so aus: Auf dem Teller soll nur rohes Gemüse sein, es soll saisonal sein (im Winter keine Peperoni bzw. Paprika, keine Tomaten und keine Gurken); außer Blattsalaten soll er noch mindestens drei Gemüsesorten enthalten, die wenn möglich unterschiedlich geraspelt sind. Ob die verschiedenen Komponenten einzeln oder gemischt daherkommen, ist eine Frage der Ästhetik – oder der Zeit. Und welche Sauce dazu passt, überlasse ich Ihnen.

Für diesen großen Salatteller habe ich Folgendes verwendet:

- **Blattsalate:** Zuckerhut, Feldsalat, Endivien, 'Palla rossa', 'Castelfranco', 'Tatsoi'
- **Geraspeltes Gemüse:** Moschuskürbis (Provence), violett-grüner Rettich, Chayote, violette Karotten, gelbe Randen, normale (orange) Karotten
- **Gehobeltes Gemüse:** Rotkohl, violetter Rettich, Chioggia-Rande

Gekochter Endiviensalat

Es lohnt sich, das Rezept auch mit Zichorien auszuprobieren, zum Beispiel mit den schönen Blättern der 'Castelfranco'-Zichorie; das Ergebnis ist bitterer, mit Scheiben von gegartem Kürbis aber auch sehr gut.

1 Endiviensalat

Die Blätter ablösen, einzeln waschen und tropfnass nebeneinander in eine warme Pfanne legen. Zugedeckt etwa 5 Minuten garen; aus der Pfanne nehmen und etwas auskühlen und abtropfen lassen.

1 Prise Salz und Pfeffer
1 EL Zitronensaft
½ Knoblauchzehe, gepresst
2 EL Olivenöl

Diese Zutaten zu einer Sauce mischen und die Salatblätter damit beträufeln.

1 EL Dulse-Algenflocken
2 EL schwarze Kichererbsen, gekocht
Zitronenöl

Diese Zutaten darübergeben.

Ein gemischter Salat kann im Winter – auch ohne Tomaten, Peperoni oder Gurken – genauso farbenfroh und geschmackvoll sein.

ZICHORIE

Cichorium intybus var. *foliosum*

- **Zuckerhut, Fleischkraut**
- **Radicchio:** 'Trevisano', 'Radicchio Rosso di Verona', 'Palla rossa', 'Rosso di Chioggia', 'Castelfranco', 'Grumolo' usw.
- **Catalogna** (Löwenzahnblättrige Zichorie), 'Puntarelle (di Galatina)'

Diese Zichorien machen den großen Teil der Wintersalate aus. Es gibt eine unglaubliche Vielfalt an Sorten, die im Laufe der Zeit in unterschiedlichen Regionen gezüchtet wurden und zum Teil noch heute dort mit züchterischem Stolz erhalten werden (siehe zum Beispiel 'Radicchio Rosso di Treviso'). Viele der Radicchio-Sorten stammen aus Italien, das zeigen schon ihre Namen. Dort ist auch deren Bitterkeit viel beliebter als anderswo.

Der Ursprung der Zichorien ist auch hier eine bekannte Wildpflanze: die Wegwarte. Aus ihr haben sich sehr unterschiedliche Merkmale weiterentwickelt, so zum Beispiel die Blattfarbe oder Blattform, die kopfbildende oder offene Rosette, die Wurzelbildung usw. Das wichtigste Merkmal bei allen Sorten ist der bittere Geschmack, der leider immer mehr weggezüchtet wird, weil die Kunden ihn angeblich nicht mehr schätzen. Dazu kommt, dass die Süße durch Bleichen, das heißt Lichtentzug, erhöht wird.

'Palla rossa', der rote runde Radicchio, und Zuckerhut sind wahrscheinlich die bekanntesten Winterzichorien, die man auch am längsten lagern kann, da sie sehr große, dichte Köpfe bilden. Der Geschmack und die Konsistenz der verschiedenen Radicchio-Sorten können sehr variieren; sie auszuprobieren lohnt sich! Manche Zichorien-Sorten bilden große Wurzeln und werden »getrieben«; doch dazu mehr im nächsten Kapitel.

Eine weitere Gruppe bilden die löwenzahnblättrigen Salate, »Catalogna« genannt. Oft verwendet man sie als gekochten Salat, wobei die Herzblätter außerordentlich bittersüß und knackig sind. Spezielle Catalogna-Sorten sind die 'Puntarelle' oder 'Catalogna cimata', sprossbildende Sorten, die in Italien im Winter auf den Markt kommen. Diese innen hohlen Sprosse sind roh oder gekocht eine Delikatesse.

Salat trocknet noch schneller aus als anderes Gemüse und wird schlapp. Darum muss man ihn im Plastikbeutel im Kühlschrank aufbewahren. Manche Salatsorten, vor allem die roten, neigen zu schneller Blattfäulnis; da muss man aufpassen und gut beobachten.

In der Küche

Geschlossene Köpfe, bei denen die Blätter einander eng umschließen und schützen, sind am einfachsten in der Küche. Weil keine Erde und kein Schmutz in sie eindringen kann, müssen sie nicht gewaschen werden. Wenn man sieht, wie viel auf dem Acker schon beim Pflücken liegen bleibt, ist es wahrer Unsinn, sie nochmals zu rüsten, es sei denn, die äußeren Blätter sind welk oder faul.

Die Zichorien, die offene Rosetten bilden, müssen hingegen gründlicher gewaschen werden. Meistens sammelt sich Erde und Staub in der Nähe des Blattansatzes an. Dort kann man es mit den Fingern unter dem Wasserstrahl gut entfernen. Falls ein Teil der Wurzel noch dran ist, wie beim 'Grumolo' oder bei der 'Tervisana', sollte man diese etwas putzen, damit man sie als Delikatesse mitessen kann.
Wichtig ist auch hier, dass man die ganzen Blätter wäscht; werden sie schon geschnitten gewaschen, geht ein guter Teil der Mineralstoffe mit dem Spülwasser verloren.
Je dünner man Bittersalat schneidet, desto angenehmer wird sein Aroma; auch genug Sauce kann viel bewirken.
Kochen oder Braten sind ebenfalls sehr schmackhafte Zubereitungsarten für dieses Blattgemüse. So passt es zu Kartoffeln oder Getreide wie Hirse, Reis oder Polenta und zu gekochten Hülsenfrüchten.

Passende Zutaten

Diese Zutaten können die Bitterkeit von Salaten etwas ausgleichen, ohne dass sie durch Auslaugen entfernt wird:
Hartgekochte Eier, Mayonnaise, gepresster Knoblauch, Zwiebeln, Avocado, gebratene Kürbiswürfel, Sardellen, Dörrfrüchte und Nüsse

Dem 'Cicorino palla rossa' (ganz oben) platzt das Herz schier vor Gesundheit!

'Variegato di Castelfranco' nach dem ersten Frost (darunter).

Frühe Ernte des 'Radicchio di Treviso' (rechts). Nur das Herz kommt in die Verkaufsregale, viele Blätter bleiben auf dem Feld liegen.

Gemischte Zichoriensalat-Kultur in Cadenazzo im Tessin (oben).

'Puntarelle' oder 'Catalogna cimata', aufgeschossene Catalogna-Herzen (ganz links) sind eine noch wenig bekannte Spezialität aus Italien. Verschiedene Catalogna-Sorten, dem Löwenzahn ähnlich (links).

Catalogna »ligurisch« mit gebratenem Kürbis

300 g gebratene Kürbiswürfel (siehe Seite 78)

400 g Catalogna — Die langen Blätter in 3 cm große Stücke schneiden und in Salzwasser 3–5 Minuten gar kochen; abgießen und auskühlen lassen.

1 EL Olivenöl — In einer Bratpfanne auf kleiner Flamme erhitzen.

½ Peperoncino (milde Chili), in feine Streifen geschnitten
1 EL Rosinen
1 TL Fenchelsamen — Peperoncino, Rosinen und Fenchel im Öl 1–2 Minuten anbraten.

5–8 Sardellenfilets — Dazugeben und auf kleinster Flamme zergehen lassen.

1–2 Knoblauchzehen, gepresst — Noch 15 Sekunden mitbraten, sofort vom Feuer nehmen. Den gekochten Catalogna zugeben.

2 EL Olivenöl
2 EL geröstete Pinienkerne — Mit dem Öl und den Kürbiswürfeln unter den Catalogna mischen.

Catalogna-Herzen mit Gialét-Bohnen

Wenn ich Catalogna koche, behalte ich die inneren, zarten Blätter zurück, da sie beim Kochen zu schnell gar wären; diese edlen Salatherzen esse ich dann roh als knackigen Bittersalat. Die schönen hellgelben Gialét-Bohnen, die aus dem Val Belluna in Norditalien kommen, haben eine ausgezeichnete cremige Konsistenz.

100 g Gialét-Bohnen (oder andere getrocknete Bohnen)	Mindestens 8 Stunden in kaltem Wasser einweichen.
1 Lorbeerblatt	Die Bohnen mit Lorbeerblatt und frischem Wasser etwa 1 Stunde kochen.
1 Prise Salz	Zuletzt salzen. Im Sud lauwarm abkühlen lassen und erst dann abgießen.
1 Prise Salz und schwarzer Pfeffer 1 EL Zwetschgenessig 1 EL Olivenöl 1 EL Zitronenöl 1 TL grober Senf	Diese Zutaten in einer Schüssel zu einer Sauce mischen.
4 Handvoll Catalogna-Herzen	4 mm dünn schneiden und mit den Bohnen zur Sauce geben.

Gekochter Catalogna-Salat mit Puffbohnen

Für dieses Rezept verwende ich gerne die 'Fave di Carpino'. Diese kleineren Saubohnen werden in Apulien, meist auf kleinen Flächen, nach traditioneller Art noch von Hand verarbeitet.

200 g geschälte Saubohnen	8 Stunden einweichen.
1 Zwiebel, gehackt 1 EL Olivenöl	In einen Topf geben und die Zwiebel darin andünsten; die abgespülten Saubohnen dazugeben, mit reichlich Wasser bedecken und zum Kochen bringen.
3 Lorbeerblätter etwas Koriander und Fenchelsamenpulver	Die Gewürze hinzufügen und etwa 1 Stunde kochen, bis die Bohnen zerfallen.
je 1 Prise Salz und Zucker 1 EL Zitronensaft	Salz, Zucker und Zitronensaft unter die Bohnenmasse rühren; diese in eine Schale gießen. Beim Erkalten verfestigt sich die Masse.
etwas Olivenöl	Mit etwas Olivenöl servieren.
300 g Catalogna	In 1 cm lange Stücke schneiden und im Salzwasser gar kochen. Abgießen und schnell ausgebreitet auskühlen lassen.
½ Knoblauchzehe, gepresst 1 EL Zitronensaft 2 EL Olivenöl 1 Prise zerstampfte Paradieskörner	Diese Zutaten zu einer Sauce mischen und den Catalogna darin wenden. Zu den Bohnen servieren.

Catalogna mit »Beurre noisette«

Eine sehr schmackhafte Art, Catalogna zu genießen. Statt Butter kann man auch geröstetes Walnuss- oder Haselnussöl verwenden. Das Aroma geht in die gleiche Richtung.

4–6 EL Butter	In einem Pfännchen erhitzen und unter Rühren langsam braun werden lassen; warm halten.
600 g Catalogna	In 3 cm große Stücke schneiden und wenige Minuten in Salzwasser gar kochen; abgießen und auf vorgewärmte Teller legen. Mit der braunen Butter beträufeln.
4 hart gekochte Eier, gewürfelt	Über den Catalogna verteilen und warm servieren.

Puntarelle

Die knackigste Art, 'Puntarelle' (oder 'Catalogna cimata') zu genießen: roh der Länge nach aufgeschlitzt, kurz in kaltes Wasser gehalten und mit der gleichen Marinade wie im Rezept Seite 262 angemacht. Wenn man die jungen Triebe ganz dünn aufschlitzt und mehrere Stunden in kaltes Wasser einlegt, entstehen lustige Locken. Ich lasse sie aber lieber nur kurze Zeit im Wasser, damit nicht zu viele wertvolle Nährstoffe ausgespült werden.
Man kann die aufgeschlitzten 'Puntarelle' auch zur Marinade in die Pfanne geben und zugedeckt wenige Minuten garen.

Rotes Risotto mit Trevisana

Für dieses Gericht verwende ich roten Reis (Camargue- oder roten Wildreis), der ein Vollkornreis ist. Als solcher hat er eine ganz andere Kochzeit und Zubereitungsart als der weiße, polierte Reis, um gar und verdaulich zu werden. Die zugegebene Flüssigkeit sollte kalt und salzlos sein, damit die Reiskörner schön aufgehen können; saure (Wein oder Tomaten) und salzige (Bouillon) Zutaten sollte man erst zuletzt zugeben, wenn das Korn schon aufgeschlossen ist. Dieses Prinzip gilt auch für den braunen Vollkornreis und den schwarzen Reis (Nerone), die auch Vollkornsorten sind.

1 EL Olivenöl	In einen warmen Topf geben.
1 Zwiebel, gehackt 1 Karotte, fein gewürfelt 3 Selleriestangen, fein gewürfelt	Diese Zutaten sofort hinzufügen und längere Zeit auf kleiner Flamme anbraten.
300 g roter Reis 3 Lorbeerblätter wenig Rosmarin- und Nelkenpulver 1 l kaltes Wasser oder kalter Gemüsefond	Diese Zutaten zum angebratenen Gemüse geben und auf kleiner Flamme zugedeckt kochen, bis das Korn aufplatzt. Je nach Sorte kann das zwischen 30 und 50 Minuten dauern. Dabei braucht man nicht immer am Herd zu stehen!
500 g Trevisana-Salat, in Streifen geschnitten 1 EL Olivenöl	In eine sehr heiße Bratpfanne geben und den Salat darin sofort 5 Minuten goldbraun braten; mehrmals wenden.
50 ml Rotwein	Dazugeben und etwas einkochen lassen; zur Seite stellen.
100 ml Rotwein 1 Prise Majoran 1 EL Gemüsebouillon	Rotwein, Majoran und Bouillon zum gekochten Reis geben, nochmals ein paar Minuten aufkochen lassen und den gebratenen Salat dazugeben.
½ Knoblauchzehe, gepresst 10 Dörrtomaten, eingeweicht	In Streifen schneiden, mit dem Knoblauch hinzufügen und nochmals gut umrühren.

Varianten: Trevisana und Tomaten können Sie auch durch viele andere Kombinationen ersetzen: Probieren Sie Pilze und Lauch (Seite 310), Kürbis und Peperoni (Seite 80), Blumenkohl und Kapern, Lauch und Thunfisch, Kardy und Oliven, Stangensellerie und Walnüsse, Krautstiel und Champignons …

WURZELZICHORIE

Cichorium intybus var. *sativum*

- **Brüsseler, Chicorée**
- **'Radicchio tardivo'**
- **'Radici di Soncino', 'Radici di Chiavari'**

Manche Zichoriensorten bilden eine sehr große Wurzel aus. Aus ihnen hat man früher durch Trocknen, Mahlen und Rösten einen Kaffeeersatz hergestellt. Noch heute findet man dieses Produkt im Fachhandel: Man stellt damit schmackhafte Getränke her, die noch leckerer schmecken, wenn sie ausschließlich aus Zichorien produziert sind.

Die gleiche Pflanze wird auch als **Chicorée** verwendet, wenngleich man hierfür andere, spezifischere Sorten benützt.

Damit sich die Wurzel gut bilden kann, pflückt man von diesen Pflanzen keine Blätter. Für die Chicoréeherstellung werden die reifen Salate im Herbst mit einem langen Teil der dicken Wurzel geerntet, und das Blattwerk wird auf 3 bis 5 Zentimeter zurückgeschnitten. Dann wird ihnen in Kühlzellen der Winter vorgetäuscht: Sie werden dort bei tiefen Temperaturen mindestens 3 Wochen, aber auch bis zu 11 Monate, gelagert. Danach werden sie zum Treiben gebracht. Dafür gibt es zwei Möglichkeiten: die Erd- oder die Wassertreiberei. Bei der ersten, die im biodynamischen Anbau bevorzugt wird, werden die Wurzeln nebeneinander in die Erde gesteckt, im Boden oder in Kisten, und bei Temperaturen zwischen 10 und 18 Grad mit reichlich Wasser begossen. Bei der Wassertreiberei werden die Wurzeln senkrecht in Kisten übereinander gestapelt und mit nährstoffreichem Wasser bewässert. Als wäre es schon Frühling, sprießt dann aus den Wurzeln der Spross oder Zapfen, der eigentlich zur Blüte heranwachsen würde. Nach circa 3 bis 5 Wochen, je nach Sorte und Technik, sind die Sprosse, nach umfangreichem Rüsten, bereit für den Verkauf. Die ganze Zeit über sollte kein Licht dazukommen, da die Sprosse sonst aufgehen und sich grün verfärben würden, was auch mehr Bitterstoffe mit sich brächte. Es ist also eine sehr arbeitsintensive Kultur, die viel spezielles Wissen erfordert; darum sollte man Chicorée entsprechend schätzen und als etwas Besonderes genießen.

Chicorée gehört, zusammen mit dem Nüsslisalat, auch zu den wenigen Biosalaten, die im Februar noch aus Schweizer Produktion stammen können.

Am ersten Slow-Food-Markt in Zürich habe ich den Chicorée aus der Erdtreiberei vom Ekkharthof kennengelernt, und ich durfte am Ende der drei Tage zwei ganze Kisten schon etwas grün gewordene Sprosse, mitsamt den Wurzeln und der Erde, mit nach Hause nehmen. Die Sache hat mich sofort gepackt: »Es kann doch nicht sein, dass man aus diesen immer noch sehr dicken und dichten Wurzeln nichts mehr machen kann!«, sagte ich mir und fing an zu experimentieren. Noch immer bin ich hell begeistert von diesem Gemüse, das so viel hergeben kann und hoffe, dass es Sie auch packt!

Oben links: 'Radicchio tardivo' mit den köstlichen dicken Wurzeln.
Oben rechts: 'Radici di Chiavari'. Diese frisch gepflückten Wurzeln mitsamt Blättern haben dank Toni von der bekannten Osteria Luchin in Chiavari den Weg ins Bleniotal gefunden.
Unten links: 'Radici di Soncino', eine Rarität, die man ab und zu beim Gemüsehändler findet.
Unten rechts: Chicorée mit Wurzel vom Ekkharthof, Lengwil, die für mich leckerste Entdeckung der letzten Jahre.

Der **'Radicchio rosso di Treviso tardivo'**, fast schon ein Kultgemüse in Venetien, hat auch eine Treiberei hinter sich, die allerdings etwas anders abläuft. Die ausgereiften Salatköpfe bleiben auf dem Feld, bis sie zwei Frostnächte über sich haben ergehen lassen. Erst dann werden sie mit der Wurzel und allen lahmen Blättern geerntet und in Kisten gesteckt. Die »eingeschlafenen« Wurzeln werden dann ins 14 Grad warme Quellwasser gestellt und mit einer Plane vor Licht geschützt. Auch hier wird also Frühling vorgetäuscht. Im Schutz der Blattrosette entstehen neue, knackige Blätter. Diese werden in mühsamer Handarbeit von den welken Blättern befreit und die lange Wurzel fachgemäß geschält. Sie muss unbedingt mitgegessen werden! In Italien gibt es noch viele weitere regional geschützte Radicchio-Sorten, jede mit spezifischen Kulturregeln.
In Frankreich gibt es die **'Barbe de Capucin'**, eine Zichorienart, die in unterirdischen Grotten getrieben wird. Dadurch dass diese langen gelben Blätter lose verkauft werden, ist eine mehrfache Ernte möglich.

Für Bitterwurzel-Liebhaber hält Italien noch weitere Spezialitäten bereit. Es sind Sorten der gleichen Varietät, von denen aber nur die Wurzel gegessen wird: Zum einen die **'Radici di Soncino'** (auch Bitterwurzel genannt), die als 40 Zentimeter lange weiße, fingerdicke Wurzeln in Styroporschalen in Spezialitätengeschäften verkauft werden. Sie werden in der Lombardei kultiviert und stammen von einer extra winterharten Zichoriensorte, die speziell süße Wurzeln liefert. Die andere Sorte, die **'Radici di Chiavari'**, hat ähnlich wie die 'Magdeburger Zichorie' eine konische Wurzel.
Alle diese und andere Wurzel- oder Treibzichorien, auch die der wild vorkommenden Pflanze, werden normalerweise als gekochtes Gemüse konsumiert.

In der Küche

Sprosssalate, die durch Treiben entstehen, sind von Natur aus sauber; sie brauchen höchstens kurz äußerlich abgespült zu werden; manchmal muss man die Wurzeln nochmals schälen. Die 'Brüsseler Wurzeln' werden nach dem Waschen geschält. Man kann sie frittieren, in der Pfanne braten oder kochen und gratinieren. Die 'Radici di Soncino' haben eine so dünne Haut, dass man sie nicht schälen muss.

Passende Zutaten

Verschiedene Pfeffersorten, Majoran, Koriandersamen, Fenchelsamen
Käse, Kürbis, Ricotta, Sardellen, Eier

Brüsseler Snack

Dies war mein erstes Rezept beim Experimentieren mit Chicoréewurzeln. Es ist einfach köstlich, und man kann davon kaum genug bekommen, vorausgesetzt, man liebt Bitterkeit. Ideal als Snack zum Aperitif!

300–500 ml Frittieröl oder Olivenöl	In einer Pfanne oder Fritteuse erhitzen.
2–3 Chicoréewurzeln	Schälen und in 1 mm dünne Scheiben hobeln; dann in dem Öl frittieren. Herausnehmen, sobald sich die Farbe ändert. Auf Küchenpapier abtropfen lassen.
1 gute Prise Meersalz	Die Chips salzen und servieren.

Hier habe ich mit zwei Sorten von Chicorée-Wurzeln experimentiert: mit der, die nach dem Abschneiden des Chicorées übrig bleibt (die ich normalerweise verwende), und mit einer, die noch nicht getrieben hat, also noch reicher an Nährstoffen ist. Beides schmeckt gut, nur die Form der Chips ist etwas anders.

Kastanientaler mit verschiedenen Zichorien

Die Kastanienmasse kann man beliebig mit gepresstem Knoblauch oder gemahlenen Fenchelsamen, Rosmarin, Pfeffer oder Bohnenkraut würzen.

130 g Kastanienmehl 1 Ei 150 ml Wasser 100 g Kürbispüree 1 Prise Salz	Alles zu einem relativ dünnen Teig klopfen oder rühren. Die Masse esslöffelweise in einer Bratpfanne stocken lassen. Dann in eine gebutterte Ofenform legen.
200 g Zichorie (z. B. Chicorée)	In ½ cm dicke Scheiben schneiden.
1 EL Olivenöl	In eine heiße Bratpfanne geben und sofort den Salat darin bei starker Hitze etwa 5 Minuten golden braten, dabei stetig wenden.
50 ml Weißwein	Dazugießen und komplett einkochen lassen.
1 Prise Kräutermeersalz	Würzen und den Salat über die Kastanientaler verteilen.
100 g Alpkäse	In Scheiben schneiden und über die Taler verteilen. Vor dem Servieren im Ofen bei 180 Grad 5 Minuten erwärmen.

Vier Variationen des Kastanientaler-Rezepts mit unterschiedlichem Belag. Von oben nach unten:
- 'Cicorino rosso' mit Malaga und geräuchertem Scamorza
- Grundrezept wie oben beschrieben
- 'Radicchio di Treviso tardivo' mit Rotwein und 'Sardina del Lago d'Iseo', einem gesalzenen und getrockneten Süßwasserfisch
- Zuckerhut mit Apfel-Verjus und frischem Ricotta

Wurzelzichorien aus dem Ofen

Sehr gut passen dazu in Olivenöl gebratene Kürbisscheiben, die mit Sardellen und/oder mit Bottarga (gesalzener Fischrogen, am besten der aus Orbetello) belegt werden. Jeder feste Kürbis eignet sich dafür ('Banana', 'Jarrahdale', 'Bleu d'Hongrie', asiatischer Moschus). Die karamellisierte Bitterkeit des Salats, die Süße des Kürbisses und die starke Fischwürze ergeben eine unwiderstehliche Komposition.

2 'Trevisana'-Salate mit Wurzel 2 Köpfe Chicorée	Die Salatköpfe längs halbieren; bei Chicorée mit Wurzel diese sauber putzen und einschneiden.
1 Prise Kräutermeersalz	Über den Chicorée streuen.
2 EL Olivenöl	Darübergießen und mit den Händen auf Blätter und Wurzel gut verteilen. Auf ein Backblech legen und im Ofen bei 200–220 Grad 20–30 Minuten backen. Die größeren Blätter sollten kross und die Wurzel karamellisiert, das heißt braun geröstet sein.

Mit Rosmarin gebratene Chicoréewurzel mit Haferriegel

Dieses Rezept kann man auch mit den Wurzeln des 'Radici di Soncino' zubereiten.
Mit etwas Kürbissauce (siehe Seite 93) ergibt dieses Rezept eine vollständige Mahlzeit.

100 g Haferflocken	
200 ml kochendes Wasser	Über die Flocken gießen und 1 Stunde quellen lassen.
100 g Zwiebel, gehackt	In etwas Olivenöl anbraten.
1 Ei	
50 g Petersilienwurzel, geraspelt	
130 g Tofu	
je 1 Prise Schabzigerklee, Rosmarin, Nelkenpfeffer, Paprika	Diese Zutaten mit den Haferflocken zu einer festen Masse kneten. Ein Blech mit Backpapier belegen und die Masse in Form von Riegeln anhäufen.
20 g Butter	In kleinen Flocken über die Riegel verteilen. Im Ofen bei 180 Grad 20 Minuten backen.
400 g Chicoréewurzel	In 1–2 cm große Würfel schneiden.
1 TL Rosmarin, gehackt	
1 EL Olivenöl oder Bratbutter	In eine Bratpfanne geben und die Chicoréewürfel mit dem Rosmarin auf kleiner Flamme zugedeckt 10–15 Minuten goldbraun braten; dabei öfter wenden.
1 Kopf Chicorée	Die Chicoréeblätter einzeln dazugeben und noch einige Minuten weiter braten.
30 ml Weißwein	
1 Prise Kräutermeersalz	Beides hinzufügen und wenige Minuten einkochen lassen.
2 EL Aceto balsamico tradizionale di Modena	Das Gemüse damit beträufeln.

Soncino-Wurzel-Salat

Auf dieselbe Art kann man 'Radici di Chiavari' zubereiten; falls man sie mitsamt den Blättern bekommt, kann man die inneren, zarten mitkochen.

1 EL Zitronensaft 1 Prise Kräutermeersalz 3 EL Olivenöl 1 EL Koriander und Petersilie, gehackt 1 Prise Korianderpulver	Alles zu einer Sauce mischen.
400 g Soncino-Wurzel	In wenig Salzwasser etwa 10 Minuten kochen; herausnehmen, in Stücke schneiden und in der Sauce marinieren.

Variante für gratinierte Wurzeln:
Jeder würzige Käse, der gut schmilzt (Fondue- oder Raclettekäse, Halbhartkäse) eignet sich für diese Käsesauce.

400 g Soncino-Wurzel	Die Wurzeln wie oben beschrieben kochen.
100 ml Rahm 20 ml Sherry oder Weißwein ½ Knoblauchzehe, gepresst 40 g Fontina (Hartkäse aus dem Aostatal) 80 g Vacherin fribourgeois (Halbhartkäse)	Den Käse raspeln, mit allen anderen Zutaten in einem kleinen Topf knapp zum Kochen bringen und fortwährend rühren. Über die gekochten Wurzeln gießen und im Ofen gratinieren.

WARUM IM FEBRUAR SCHWARZWURZELN STATT SPARGELN?
Für die Ökobilanz von Lebensmitteln ist die Art des Transports entscheidend. Nichts ist so umweltbelastend wie Fliegen – das gilt für das Gemüse genauso wie für den Menschen: So braucht ein im Februar aus Peru eingeflogenes Bund Spargeln fünf Liter Erdöl, bis es bei uns im Laden ist, für eines aus heimischer Produktion reichen 0,3 Liter. Und die Umweltbelastung, die ein Kilo eingeflogener Bohnen aus ägyptischer Produktion verursacht, ist zehn Mal höher als jene der gleichen Menge saisonal produzierter einheimischer Bohnen.
Saisonale Produkte aus der Nähe sind in der Regel energiesparend und weniger umweltbelastend. Trotzdem ist nicht alles aus der Nähe gut und alles aus der Ferne schlecht. Wird ein Lebensmittel per Containerschiff transportiert, fällt der Transport ökologisch kaum ins Gewicht. Regionales Gemüse, das in einem mit fossilen Energien beheizten Treibhaus produziert wurde, führt hingegen zu ähnlich hohen Umweltbelastungen wie eingeflogenes. Darum ist es wichtig, beim Kauf von Gemüse auf saisonale Produktion zu achten.
WWF Schweiz

Gekochter Radicchio di Treviso tardivo

2 große Köpfe 'Radiccio di Treviso tardivo'	Längs in 4 Teile schneiden.
1 EL Olivenöl	In eine weite Bratpfanne geben; die Salatviertel hineinlegen und 5 Minuten zugedeckt auf kleiner Flamme braten.
wenig Wasser wenig Salz	Wenig Wasser und Salz zugeben und weiter 10–15 Minuten auf kleiner Flamme dünsten.
1 EL Pflaumenessig	Hinzufügen.
200 g Ricotta, in Scheiben geschnitten 1 EL Olivenöl	Die Ricottascheiben in Öl beidseitig anbraten; mit dem Radicchio servieren.

Karamellisierte Radicchiocreme

Eine Entdeckung: Der angenehme Bitterton passt so gut zum Karamellgeschmack, dass sogar ich, die ich eigentlich fast keine Süßigkeiten esse, von diesem Dessert schwärme. Kurz gebratener Kürbis und Boskopäpfel, in Portwein marinierte Dörrbirnen und einige Tropfen »Miel de Palma« (eingedickter Palmsaft von den Kanarischen Inseln), »Vin cuit de Poire« oder Sapa passen sehr gut dazu. Letztere, beides traditionelle Dicksäfte aus verschiedenen Früchten gewonnen, haben in jeder Region andere Namen.

250 g 'Radicchio di Treviso tardivo' 120 g Birnendicksaft	Die Blätter in ½ cm lange Stücke schneiden. Zusammen mit dem Salat zum Kochen bringen und circa 20 Minuten einkochen lassen, bis er anfängt zu karamellisieren; ganz wenig Wasser dazugeben; dann auskühlen lassen.
100 g Vollmilchquark 100 ml Rahm, steif geschlagen	Beides unter die kalte Masse ziehen.

Brüsseler-Produktion auf dem nach Demeter-Richtlinien produzierenden Ekkharthof in Lengwil. Während der warmen Jahreszeit wächst die Zichorie in großen Büscheln, ohne gepflückt zu werden. Im Herbst folgt die zweite Arbeitsphase: Mit dem Traktor wird eine Art Messer 20–30 cm tief horizontal durch den Boden gezogen, um die Wurzeln abzutrennen. Die Wurzeln werden aus dem Boden gezogen und kommen zuerst in die Kühlzelle, später werden sie ganz dicht nebeneinander in die Erde gesetzt, um sie lichtgeschützt abgedeckt und bei kontrollierter Temperatur zum Treiben zu bringen. Nach mehreren Wochen zeigt sich das Resultat der vielen Arbeit: die Brüsseler-Sprosse.

SCHWARZWURZEL, WINTERSPARGEL, SKORZONER WURZEL

Scorzonera hispanica

HAFERWURZEL, WEISSWURZEL

Tragopogon porrifolius

Die **Schwarzwurzel** ist ein altbekanntes Gemüse, das leider nicht mehr viel verwendet wird. Eine Zeit lang kannte man es nur als weiße, fade Gemüsestücke in der Erbsenkonserve. Eine andere Bezeichnung, der »Spargel des kleinen Mannes«, kommt ihrem Wert und ihrem delikaten Geschmack schon näher. Diese Wurzel ist nämlich eine Delikatesse! Im Gegensatz zu anderem Wintergemüse ist sie sehr mild und erinnert geschmacklich leicht an Artischocken, Austern oder sogar Blumenkohl. Trotzdem hat sie einen schlechten Ruf, ich vermute, vor allem wegen der Rüstarbeit: Der milchige, klebrige Saft, der sofort austritt, wenn man die Wurzel anschneidet, oxidiert an der Luft, wird braun und verschmutzt die Hände und das Geschirr (siehe unten Tipps zur Vereinfachung dieser Arbeit). Es gibt auch immer weniger Produzenten, die diese aufwendige Arbeit auf sich nehmen.
Die Schwarzwurzel wird im März ausgesät und kann nicht vor Oktober geerntet werden. Die Ernte dauert dann bis zum April. Die bis zu 35 Zentimeter langen, relativ brüchigen Wurzeln sind sehr empfindlich: Die schwarze Haut sollte so wenig wie möglich verletzt werden, damit die Wurzeln lange haltbar sind. Das bedeutet viel Handarbeit: Mit einem Spaten wird die Erde von der Seite her abgegraben oder die Wurzeln werden in einer Tiefe von rund 50 cm unterfahren und durch Wippbewegungen der Maschine etwas gelockert, bevor man sie herausziehen kann. Also wieder ein Gemüse, das mehr Achtung von uns verlangt!

Noch viel weniger bekannt und schwieriger zu erwerben ist die **Haferwurzel**. Diese außen helle Wurzel wächst unter ähnlichen Bedingungen wie die Schwarzwurzel, ist aber meist kürzer und spitz zulaufend. Oft wird die Haferwurzel mit 'Radici di Soncino' verwechselt (siehe Seite 269). Die Konsistenz der Haferwurzel ist etwas faseriger als jene der Schwarzwurzel, dafür entfällt das Problem mit dem lästigen Milchsaft, da die Schale dünn und essbar ist.
Man kann die Haferwurzel den ganzen Winter über ernten. Sie ist sogar besser nach einem Frost, wird aber holzig, sobald sich die Blüte entwickelt. Das unterscheidet sie von der Schwarzwurzel, die auch nach Blütenbildung geerntet wird. Der englische Name »vegetarische Auster« (oysterplant) verrät etwas über ihren Geschmack, den man auch als süßlich und nussig bezeichnet. In manchen Regionen wird sie mit einem Teil der Blätter verkauft, die man ebenfalls essen kann. In anderen Regionen (Piemont) wird die Haferwurzel sogar nur für die Blattrosette angebaut, die dann als Ganzes, die jungen Blätter mit wenig Wurzel, verkauft wird.
Auch von der Schwarzwurzel kann man die jungen Blätter und die Blütenknospen, roh oder gekocht, verwenden. Letztere sind eine wahre Delikatesse, die ich vom wild vorkommenden Wiesenbocksbart *(Tragopogon pratensis)*, einem nahen Verwandten, gut kenne.

Rechts die Schwarzwurzel, links die Haferwurzel, die oft viel kleiner ist und lange, grasähnliche Blätter aufweist.

In der Küche

Am noch austretenden milchigen Saft erkennt man, ob die eingelagerten Schwarzwurzeln noch verwendbar sind.
Die schwarze, etwas raue Haut muss man bei der Schwarzwurzel entfernen. Um die rohen Wurzeln zu schälen, sollte man am besten Wegwerf-Handschuhe tragen, denn der milchige Saft ist sehr hartnäckig. Die mit dem Sparschäler geschälten Wurzeln muss man sofort in Wasser legen, dem je nach Rezept Zitronensaft, Essig, Mehl oder Milch zugegeben wurde. Dies soll die Verfärbung verhindern. Ehrlich gesagt, mache ich das schon lange nicht mehr so. Einfacher ist es, die Wurzeln gut mit der Gemüsebürste zu reinigen, zu waschen und, wenn möglich, ganz im Dämpfeinsatz etwa 10 bis 15 Minuten knackig zu garen. Danach kann man die Haut, am besten unter dem Wasserstrahl, locker abziehen oder -reiben, und der kostbare Saft verbleibt in der Wurzel (siehe Bild Seite 288). Die so vorbereiteten Wurzeln kann man als Salat weiterverarbeiten, noch kurz in einer Sauce kochen, braten, im Ofen gratinieren oder im Öl ausbacken.
Haferwurzel ist deutlich einfacher in der Verarbeitung: Die Wurzel muss gut gewaschen, aber nicht unbedingt geschält werden. Danach kann man sie direkt braten oder im Dampf oder Salzwasser garen. Man könnte sie aber auch roh verwenden – geraspelt und mit Zitronensaft und Olivenöl angemacht. Oder in Ei und Mehl gewendet und frittiert.

Passende Zutaten

Koriandersamen, Fenchelsamen, Muskatnuss, Nelkenpfeffer, Safran
Kerbel, Dill, Majoran, Petersilie, Borretsch
Weißwein, Rahm

Haferwurzeln im ProSpecie-Rara-Garten in Basel.

Da die Schwarzwurzel sehr brüchig ist, braucht es für ihre Ernte Fingerspitzengefühl. Um so lange Wurzeln wie möglich zu ernten, wird neben der Pflanze ein tiefer Graben ausgehoben. Bei einer anderen Methode zieht der Traktor eine Art Klinge mehr als 50 cm tief durch den Boden, die gleichzeitig die Wurzeln lockert. Danach werden sie herausgezogen und zum Schluss die Blätter abgeschnitten.

Marinierte Haferwurzeln

8 Haferwurzeln

Mit dem Messerrücken abschaben, die jungen Blätter daran lassen und etwas kürzen; die Wurzeln längs halbieren.

½ Zitrone, in Scheiben geschnitten
1 TL grüne Pfefferkörner
je 1 Prise Salz und Zucker
2 EL Olivenöl

Alles in einen Topf geben und die Wurzeln knapp mit Wasser bedecken; 5–10 Minuten dünsten, bis die Kochflüssigkeit verdampft ist und die Wurzeln gar sind.

Variante:
Die Wurzeln mit Lorbeer, Safran, Salz und Öl kochen; zuletzt etwas Zitronensaft dazugeben.

Zweifarbige Schwarzwurzelterrine

Ich verwende meistens Agar-Agar anstelle von Gelatine. Es muss mindestens 4 Minuten kochen, und man muss bedenken, dass es schon bei 40 Grad stockt.
Diese Terrine passt zu einem Wintersalat mit Endivien und geraspeltem Gemüse (z. B. Moschuskürbis, Karotten, Rettich). Das Gemüse für die zwei Pürees kann beliebig ersetzt werden: Auch Randen ergeben eine interessante Farbe.

400 g Schwarzwurzeln	Im Dampf 20 Minuten sehr weich garen; schälen und beiseitestellen.
250 g violette Karotten	In Scheiben schneiden und mit wenig Wasser gar kochen.
250 g Kürbis, in Würfel geschnitten	Mit wenig Wasser gar kochen. Alles Gemüse zur Seite stellen.
100 ml Weißwein 2 Lorbeerblätter 250 ml Wasser 200 ml Rahm 1½ TL Agar-Agar 10 ml Sherry wenig Zigerklee und Muskatnuss 1 EL Gemüsebrühepulver	Diese Zutaten in einen Topf geben, unter Rühren 5 Minuten kochen, dann die Lorbeerblätter entfernen. Die Hälfte davon zu den gekochten, noch warmen Karotten und die andere Hälfte zum Kürbis geben. Separat pürieren.
1 Prise pikantes Paprikapulver	Zur Kürbismasse geben.
gemahlener Szechuanpfeffer und Macis	Zum Karottenpüree geben. Eine Terrinenform mit Klarsichtfolie auslegen, das Karottenpüree einfüllen und glatt streichen, die Hälfte der Schwarzwurzeln einlegen, dann das Kürbispüree darüber verteilen und die restlichen Schwarzwurzeln hineinpressen. An einem kühlen Ort fest werden lassen; dann mit einem sehr scharfen Messer behutsam in Scheiben schneiden.

Schwarzwurzeln und Champignons in Weißweinsauce mit Hirseburger

10 Champignons, in Scheiben geschnitten	
3–4 Schwarzwurzeln	Im Dampf 5 Minuten garen, schälen und in Scheiben schneiden.
1 EL Bratbutter	In eine Bratpfanne geben; Champignons und Schwarzwurzeln darin einige Minuten bei hoher Temperatur braten.
1 Schalotte, in Scheiben geschnitten	Dazugeben und weiter braten.
1 EL Petersilie, gehackt	
1 Knoblauchzehe, gepresst	Beides hinzufügen und wenige Sekunden mitbraten.
1 TL Gemüsebrühepulver	
100 ml Weißwein	Beides dazugeben und aufkochen lassen.
100 ml Rahm	
1 EL Farina bona	Mit etwas Wasser mischen und zusammen mit dem Rahm in die Pfanne geben. Noch wenige Minuten kochen und warm servieren.

Für die Hirseburger:

300 g gekochte Hirse (siehe Seite 304)	
50 g Quark	
1 Ei	
1 Schalotte, fein gehackt	
1 EL Petersilie, gehackt	
2 EL Sbrinz, gerieben	
ein wenig Pfeffer, Majoran, Muskatnuss	
1 EL Wildhirsemehl	Alle Zutaten zu einer homogenen Masse kneten; flache Burger formen und in wenig Öl beidseitig auf kleiner Flamme anbraten.

Es ist praktischer, die Schwarzwurzel erst nach dem Kochen zu schälen.

Gebratene Schwarzwurzeln mit Petersilie

400 g Schwarzwurzeln	Im Dampf 5 Minuten garen, schälen und in 1 cm dicke Stücke schneiden.
1 EL Olivenöl	In eine heiße Pfanne geben und die Wurzeln sofort hinzufügen; auf allen Seiten golden anbraten.
3 EL Petersilie, gehackt	Darüberstreuen und auf relativ starker Flamme weiter braten; fortwährend wenden, damit die Petersilie knusprig wird.
1 TL Olivenöl 1 Knoblauchzehe, gepresst	Mit dem Öl dazugeben, 20 Sekunden braten, gut wenden.
1 gute Prise Kräutermeersalz	darüberstreuen und servieren.

TOPINAMBUR, JERUSALEM-ARTISCHOCKE, ERDTRÜFFEL, ERDBIRNE

Helianthus tuberosus

Topinambur ist eine bis zu 3 Meter hohe, krautige Pflanze, die sonnenblumenähnliche, aber kleinere Blüten trägt. Das Essbare an ihr sind die Wurzelknollen, die sich am Ende der Wurzeln – meist erst, wenn es kalt wird – bilden. Je nach Sorte wachsen sie nahe am Strunk oder verbreiten sich weit im Boden. Auch Form und Farbe variieren stark zwischen den Sorten: So gibt es für die Küche fast unbrauchbare, verwachsene Knollen oder schöne längliche, glatte Formen, die relativ einfach zu verarbeiten sind. Die Farben können variieren: weiß, gelb, rot oder violett.

Topinambur kann im Gemüsegarten schnell zu einem Problem werden, wenn man der Pflanze nicht einen speziell abgeschotteten Platz zuweist. Denn aus jedem kleinsten Knöllchen, das man im Boden übersehen hat, wächst im Frühjahr eine neue Staude. So ist Topinambur schon für viele zu einer Plage geworden; nicht nur in der Schweiz ist sie als »invasiver Neophyt« eingestuft. Im Tessin findet man sie massenweise ausgewildert an Brachstellen und Ackersäumen, wo sich vermutlich jemand von ihr befreien wollte.

Die sehr frostfeste Knolle (bis minus 30 Grad) erntet man ab Herbst, wenn die Pflanze braun wird. Sie ist nur bedingt lagerfähig, da sie schnell Feuchtigkeit verliert, dafür kann man sie den ganzen Winter über ernten, solange der Boden nicht gefroren ist. Bis zu drei Monate kann man sie auch in Erd- oder Sandmieten kühl und dunkel aufbewahren.

Topinambur kann man roh essen, sie hat eine frische, knackige Konsistenz. Viel schmackhafter aber finde ich die gekochten Knollen: Dann erinnert der Geschmack an Artischocken. Der einzige Nachteil ist die bei manchen Menschen stark blähende Wirkung. Darum verwende ich zur Zubereitung von Topinambur gerne Gewürze, die gegen diese unerwünschte Nebenwirkung helfen. Das sind vor allem die Doldenblütlersamen (siehe Seite 359) und manche Lippenblütler wie Bohnenkraut, Thymian und Ysop.

In der Küche

Für den rohen Verzehr könnte man die Schale daranlassen, wobei nach meinen Beobachtungen gerade sie eine stark blähende Wirkung hat. Man kann Topinambur als Carpaccio dünn hobeln und mit Zitronensaft und Olivenöl anmachen oder raspeln und mit anderem Gemüse mischen.

Die einfachste Art, Topinambur zuzubereiten ist, die ganze Wurzel über Dampf zu garen. Danach kann man sie einfach schälen, indem man die ledrige Haut wie einen Mantel abzieht. Die Garzeit variiert sehr, und oft ist ein Teil der Wurzel noch hart und der andere schon weich, was die Wurzel zum Platzen bringt. Je nach Sorte und Alter kann man verschiedene Gerichte damit zubereiten: als grobe Stücke, mariniert oder gebraten, oder zerkleinert in Gratins und überbacken, als Stampf oder Püree zusammen mit anderem mehligem Gemüse wie Kartoffeln, Kürbis, Pastinaken usw.

Die Formenvielfalt der Topinambur ist beeindruckend, aber nicht immer rüstfreundlich. Manche Sorten haben eindeutig bessere Chancen als andere, in der Küche überhaupt verwendet zu werden!

Passende Zutaten

Kümmel, Koriander, Fenchelsamen, Muskatnuss, Nelken
Thymian, Bohnenkraut, Petersilie, Majoran, Minze
Meerrettich, Oliven, Kapern, Knoblauch, Zitrusfrüchte

Im Sommer erreichen die Topinambur-Stauden eine beachtliche Höhe, und ihre sonnenblumenähnlichen Blütenstände sind sehr dekorativ.

Jede kleinste Knolle, die im Boden zurückbleibt, bildet im folgenden Jahr wieder eine solche Staude.

Topinambur-Salat mit Joghurt (Rezept Seite 294), daneben kurz frittierte Topinambur-Chips.

Topinambur-Dip

So wie alle Dips aus diesem Buch kann auch dieser etwa eine Woche im Kühlschrank aufbewahrt werden. Man kann viele Dips auch einfrieren, manche verlieren aber die Bindung. Man muss sie dann vor der Verwendung erneut kurz mixen. (Bild Seite 215)

400 g Topinambur, ungeschält

Im Dampf oder mit wenig Wasser ganz weich kochen, auskühlen lassen und schälen.

1 Prise Kräutermeersalz
1 Knoblauchzehe, gepresst
6 EL Petersilie, gehackt
1 EL Zitronensaft

Mit der Topinambur im Mixer pürieren, eventuell noch etwas Wasser zugeben.

4 EL Olivenöl

Hinzufügen und bei laufendem Mixer emulgieren lassen. Kühl stellen.

Topinambursalat mit Joghurt

100 ml Joghurt 1 Prise Kräutermeersalz 1 TL Tamari 1 TL grober Senf 1–2 EL Olivenöl 1 TL abgeriebene Zitronenschale ½ Knoblauchzehe, gepresst Koriander- und Fenchelsamen, gemahlen 1 EL Petersilie, gehackt	Alle Zutaten zu einer Sauce mischen.
300 g Topinambur	Schälen und in dünne Scheiben oder Stäbchen hobeln; sofort mit der Sauce mischen.
2 EL schwarze Oliven, entsteint	Grob hacken und mit dem Salat vermischen.

Topinambur mit Fenchel à la grèque

Eine schmackhafte Kombination, die gekühlt mehrere Tage haltbar ist. Fenchel ist bei uns ein Sommergemüse, während er in Süditalien nur in der kalten Jahreszeit wächst. Die süditalienischen Kooperativen Salamita oder JonicaBio schicken seit Jahren Fenchel zusammen mit den Orangen und Zitronen in den Norden.

300 g Topinambur, geschält 300 g Fenchel	Beides in grobe Stücke schneiden.
2 Schalotten, in Scheiben geschnitten 2 Knoblauchzehen, geviertelt 1 Rosmarinzweig 1 TL Thymian und griechischer Oregano 1 TL Korianderpulver 1 Prise Chiliflocken je 3 Zitronen- und Orangenscheiben, mit Schale	Alle Zutaten in einen weiten Topf geben.
200–300 ml Weißwein	Hinzufügen; er soll das Gemüse zu zwei Dritteln bedecken.
3 EL Olivenöl 1 Prise Salz und Pfeffer	Dazugeben, zuerst zugedeckt zum Kochen bringen; dann ohne Deckel auf starker Flamme so schnell wie möglich einkochen, bis keine Flüssigkeit mehr vorhanden ist. Lauwarm oder kalt servieren.

Topinambur mit Tofu-Algen-Sauce

Die Inspiration kommt von der schmackhaften Kombination von Topinambur und Sardelle. Hier eine vegetarische Variante, die aber doch ans Meer erinnert. Die Sauce kann auch zu anderem, im Dampf gegarten oder rohen Wintergemüse serviert werden. Manche Algen kann man roh verwenden (Dulse, Laitue de mer, Nori), indem man sie getrocknet dazugibt. Andere kocht man zuerst (Hijiki, Wakame, Kombu).

8 Knoblauchzehen	In wenig Salzwasser 15 Minuten kochen.
4 EL Algenflocken 100 g pasteurisierter Tofu 1 EL Zitronensaft 2 EL Tamari 1 TL Senf	Alles mit dem Knoblauch pürieren; eventuell noch etwas Wasser zugeben.
3 EL Olivenöl 1 EL Zitronenöl	Hinzufügen und weiter mixen, bis eine homogene Creme entsteht.
400 g Topinambur	Im Dampf garen; lauwarm schälen, in Schnitze schneiden und auf einem Teller mit der Sauce anrichten.

Topinambur-Kartoffel-»Sandwich« mit Ziegenburger

Auf dem Markt in Bellinzona ließ mich eine innovative Ziegenbäuerin (Azienda Chernabò) ihren neu kreierten Ziegenburger probieren (einen Hackfleischburger, der nur aus fein gewürztem Ziegenfleisch bestand), und so entstand dieses Rezept, das viele Varianten zulässt. Natürlich passt dazu jede Art Burger. Kartoffel und Topinambur sind als Gratin, als Stampf oder gebraten immer ein tolles Paar; dazu gesellt sich gerne auch noch etwas Kürbis, Lauch oder Knoblauch.

4 Kartoffeln 4 Topinambur	Beides schälen und dünn hobeln.
50 ml Rahm 1 Prise Kräutermeersalz 10 ml Sherry	Mit dem Gemüse mischen. Ein Blech mit Backpapier belegen, mit Butter bestreichen und die Scheiben fächerartig darauflegen. Im Ofen bei 180 Grad 20 Minuten garen, eventuell noch etwas mit Oberhitze gratinieren.
4 Ziegenhackfleisch-Burger	Auf beiden Seiten 5 Minuten braten und zum Servieren zwischen zwei Schichten Kartoffel-Topinambur-Rosetten platzieren.

Topinambur-Kürbis-Gratin: eine gelungene Kombination.

KARDY, KARDONE, KARDI

Cynara cardunculus var. *altilis*

Kardy ist mit den Artischocken nah verwandt. Die Pflanzen sehen sehr ähnlich aus, aber der essbare Teil ist ein anderer. Beim Kardy werden die dicken, fleischigen oder manchmal hohlen Blattstiele verwendet, da die Blüten kleiner und ohne bemerkenswerten Blütenboden sind. Je nach Tradition, Herkunft oder Sorte werden die langen Blattstiele direkt verwendet, oder sie werden zuerst gebleicht. Letzteres ist die am meisten verbreitete Art, für die es unterschiedliche Techniken gibt. So werden manche noch auf dem Feld mit Zeitungspapier, Jute oder Plastik eingewickelt, oder die ganze Pflanze geerntet, etwas zurückgeschnitten und im dunklen Keller gelagert, oder auf dem Feld nur halb ausgegraben, abgelegt und mit Erde oder Folien zugedeckt. Diese Arbeit fängt beim ersten Kälteeinbruch an und kann sich den ganzen Winter fortsetzen. Jede dieser Methoden führt dazu, dass die Blätter bleichen; dadurch verlieren sie an Bitterkeit und gewinnen an Zartheit.

Auf die Spitze getrieben haben es die Produzenten vom 'Cardo gobbo di Nizza Monferrato', einem Slow Food Presidio; diese kurvigen (gobbo heißt Buckel), zarten Kardy sind auch die einzigen, die man roh wirklich genießen kann, so wie es gemäß der Piemonteser Tradition mit der Bagna Cauda üblich ist.

Andere bekannte Kardy wachsen beispielsweise in Genf: Der 'Chardon épineux argenté de Plainpalais' (Genfer Dornkardy) ist in Sachen Stacheln der aggressivste. Darum wurde er auch vorwiegend verarbeitet verkauft, meist gekocht in Gläsern oder früher in Dosen. Dank innovativer Produzenten gibt es ihn in letzter Zeit auch frisch oder konsumfertig vorgerüstet.

Es gibt noch viele andere Kardysorten, die sehr gut schmecken und eine angenehme Konsistenz haben; die Pflanzen können zum Teil so riesengroß sein, dass sie in keinem häuslichen Kühlschrank Platz finden.

In den Feldern um Genf wächst der 'Cardon épineux de Plainpalais'. Die Blätter werden gestutzt und zusammengebunden. Ein Teil der Pflanzen wird ausgegraben und in dunklen Kellern während mehreren Wochen gebleicht. Der andere Teil wird direkt auf den Feldern in dunkle Plastikfolie gewickelt. Nach 4 bis 6 Wochen ist der Kardy gebleicht und erntereif.

Der Geschmack reicht von herb über bitter zu süßlich, je nach Sorte, und die Konsistenz kann sehr zart oder faserig sein. Man braucht etwas Experimentierfreudigkeit, um mit diesen Riesen umzugehen. Aber wenn man auf den Geschmack gekommen ist, können sie eine Delikatesse sein.

Ich habe mich entschieden, die **Artischocke** in diesem Herbst-Winter-Gemüsebuch nicht zu porträtieren. In der Schweiz ist sie eine einjährige Kultur und wird im Sommer geerntet. Dass so viele Artischocken im Winter auf dem Markt sind, ist intensiver Bewässerung zu verdanken – oft in sehr trockenen Gebieten – , die den mehrjährigen Artischockenkulturen an wärmeren Standorten eine Art Frühling vortäuschen, damit sie früher aus dem Vegetations-Stillstand erwachen. Auch dort würden die Artischocken sonst erst später wieder Blütenköpfe bilden. Die Saisonalität ist bei der Artischocke also schwierig zu definieren. Nichts gegen Artischocken im Winter, auch ich liebe sie, aber sie sind ein Luxusprodukt, das man sparsam genießen sollte.

Der Genfer Kardy mit seinen langen Stacheln wird vor Ort meistens nur in der Weihnachtszeit genossen.

Diese Riesenpflanze (unten), die ich von Urs Baumann bekam, fand keinen Platz im Kühlschrank. Dafür war sie dank ihrer relativ kurzen Stacheln benutzerfreundlich und schmeckte gekocht sehr lecker.

In der Küche

Je nach Kardysorte muss man für die Rüstarbeiten dicke Handschuhe tragen, denn manche Sorten haben entlang der Stängelkante lange Stacheln, die man zuerst mit einem scharfen Messer entfernen muss. Die Blätter haben oft eine Art Filz auf der ganzen Oberfläche, der vor allem bei den älteren, äußeren Blättern etwas störend wirkt. Man kann ihn aber mit einer Gemüsebürste abtragen. Es gibt auch Sorten, bei denen die einzelnen Nervenstränge ziemlich stark ausgebildet sind. Dann sollte man diese abfädeln oder einfacher die Stängel in kurze Stücke schneiden. So empfindet unser Gaumen das Ganze nicht als zäh. Der dicke Strunk, das Herzteil der Pflanze, ist eine Delikatesse: Man muss hier nur die äußere dicke Schicht abziehen.
Auch die Kochzeit ist sehr sortenabhängig: von wenigen Minuten bis zu einer halben Stunde kann es dauern, bis das Gemüse zart ist. Es werden mehrere Tricks beschrieben, damit der Kardy sich nicht verfärbt, wie zum Beispiel, ihn in angesäuertes Wasser zu legen oder darin zu kochen. Ich mache das nicht mehr, seit ich beobachtet habe, dass es am Ende der Kochzeit keinen großen Unterschied ausmacht.
Kardy kann man als Vorspeise, gekocht und mit Zitronensaft und Olivenöl angemacht, oder als Beilage servieren. Er passt sehr gut zusammen mit Kartoffeln in Eintöpfe, zu Reis, Eiern, allen Sorten Käse oder weißen Saucen, zu Fleisch oder Fisch. Nicht immer muss er vorgekocht werden. Für manche Gerichte reicht es, den Kardy mit dem anderen rohen Gemüse anzubraten und danach zum Beispiel mit Weißwein abzulöschen.

Passende Zutaten

Muskatnuss, Fenchelsamen, Zimt
Thymian, Rosmarin, Lorbeer
Zitrone, Zitronatzitrone (Cedrat), Dörrtomaten, Speck, Sardellen, Mandeln, Knoblauch

Kardy mit Mandel-Bagna-cauda

Ich habe mir erlaubt, eine Variante der bekannten piemontesischen Sauce zu kreieren, und hoffe, die Puristen damit nicht allzu sehr zu brüskieren. Als rohes Gemüse dazu empfehle ich den Kardy 'Cardo gobbo di Nizza Monferrato', der sich zum Rohessen wirklich sehr gut eignet, da er sehr zart ist. Andere Kardysorten sind gekocht besser.
Zu dieser Sauce passt aber auch allerlei anderes Gemüse: Peperoni (Paprika), solange es sie noch gibt; weißer Lauch (der von 'Cervere' ist ideal), Stachys oder Knollenziest, Topinambur, Rotkohl, Karotten, Rüben, Rettich ... Jeder tunkt sein Gemüse in die warme Sauce, ein Gemeinschaftsessen, falls man nur ein Pfännchen zur Verfügung hat.

200 g Kardy	Die rohen Blattrippen schräg in Stücke schneiden.
400 g verschiedenes rohes Gemüse	In Stifte oder Scheiben schneiden.
9 Knoblauchzehen, gepresst 15 Sardellenfilets 2 Lorbeerblätter 50 ml Olivenöl	Knoblauch, Sardellen, Lorbeer mit dem Öl in einem kleinen Pfännchen auf kleinster Flamme 30 Minuten unter dem Siedepunkt garen.
50 ml Weißwein 2 EL braunes Mandelmus 2 EL Kapern, entsalzen und gehackt	Wein, Mus und Kapern dazugeben und rühren, um das Mandelmus aufzulösen; eventuell noch etwas Wasser hinzufügen. In einem warmen Gefäß (auf Kerzenrechaud) zum Kardy und dem Gemüse servieren.

Kardy mit blauen Kartoffeln

Eine schmackhafte Zubereitung, die man als Vorspeise oder Hauptgang genießt. Natürlich kann man den 'Cervere'-Lauch und die blauen Kartoffeln durch die üblichen Sorten ersetzen. Falls man Zitronatzitrone findet (auch Cedrat oder Judenapfel genannt, eine Zitrusfrucht, bei der auch der weiße Teil essbar ist), kann man diese, in Scheiben geschnitten, anstatt der Yuzu- oder Zitronenzesten hinzufügen.

4 Kartoffeln ('Blauer Schwede')

Waschen und im Dampf garen; etwas auskühlen lassen, schälen und in grobe Würfel schneiden.

300 g Kardy
etwas Salz und Milch

Waschen und in 2 cm breite Stücke schneiden.
Den Kardy in Salzwasser, dem etwas Milch zugefügt wurde, etwa 10–30 Minuten (je nach Sorte) knackig garen und abgießen.

40 g grüne Peperoni (Paprika), in dünne Scheiben geschnitten
40 g Lauch ('Cervere'), in 1 cm dicke Scheiben geschnitten
50 ml Weißwein
1 Knoblauchzehe, gepresst
1 Prise Kräutermeersalz
2 EL Olivenöl

Alles 2–3 Minuten kochen, dann die Kartoffeln und den Kardy zugeben und nochmals erwärmen.

1 TL Zesten von Yuzu oder Zitrone
1 EL Dulse-Algen-Flocken
viel schwarzer Pfeffer

Zesten, Algen und Pfeffer zum Gericht geben und nochmals gut umrühren.

Kardy-Linsen-Gratin

Drei verschiedene Massen, die in Schichten im Ofen garen. Dieses Rezept kann auch mit anderen Gemüse- und Hülsenfrüchtesorten zubereitet werden; es eignet sich sehr gut zur Resteverwertung.

Erste Masse:

100 g braune Linsen	Über Nacht einweichen; dann in frischem Wasser weich kochen; abgießen und zur Seite stellen.
50 g Zwiebeln, gehackt 50 g Petersilienwurzel, gehackt 1 EL Olivenöl	Die Wurzel mit den Zwiebeln in einem Topf im Öl anbraten.
3 EL Tomatenmark 100 ml Weißwein nach Geschmack: Oregano, Kreuzkümmel, Koriander 1 Prise Salz	Tomatenmark, Wein und Gewürze zum angebratenen Gemüse geben und alles zum Kochen bringen. Die Linsen hinzufügen und abschmecken; beiseitestellen.

Zweite Masse:

350 g Kardy, in Scheiben geschnitten	In wenig Salzwasser 5–15 Minuten (je nach Sorte) kochen; abgießen und etwas abkühlen lassen.
1 Ei 100 ml Rahm 20 ml Sherry 1 Prise Kräutermeersalz 80 g Alpkäse, gewürfelt	Diese Zutaten mischen, den Kardy dazugeben. Untermischen; beiseitestellen.

Dritte Masse:

1 Ei 100 g frischer Ricotta 1 Prise Kräutermeersalz wenig Muskatnuss	Diese Zutaten mischen.
230 g Kartoffeln, geschält 100 g Kürbis (z. B. 'Potimarron')	Beides mit der Röstiraffel zur Masse raspeln und sofort mischen. Beiseitestellen.
1 Kartoffel, in dünne Scheiben gehobelt 1 EL Bratbutter	Eine Gratinform mit der Butter bepinseln. Den Boden mit den Kartoffelscheiben auslegen; darüber die Linsenmasse verteilen, dann die Kardymasse und zuletzt die Kartoffel-Kürbis-Masse. Mit etwas Öl beträufeln und im Ofen bei 180 Grad etwa 1 Stunde backen.

Kardy-Eintopf mit Hirse

100 g Schwarzwurzel

Im Dampf wenige Minuten kochen, dann schälen und in Stücke schneiden.

100 g Zwiebeln, in grobe Scheiben geschnitten
300 g eher zarter Kardy, in 2 cm dicke Scheiben geschnitten
200 g Kartoffeln, gewürfelt
100 g 'Chioggia'-Randen
300 ml Weißwein
100–200 ml Wasser
1 TL Gemüsebrühepulver
30 g Oliven (z. B. 'Taggiasca')
½ Zitrone, mit Schale in dünne Scheiben geschnitten
4 EL Olivenöl
1 Peperoncino (milde Chili)
2 Knoblauchzehen, gepresst
1 Prise Safranfäden
2–3 Ysop- und Majoranzweige

Alle Zutaten in einen weiten Topf geben und zum Kochen bringen; die ersten 15 Minuten zudecken, dann ohne Deckel bei starker Flamme etwas einkochen lassen.

Für die Hirse:
180 g Hirse

Das Volumen der Hirse abmessen und die doppelte Menge Wasser für die spätere Zubereitung bereitstellen. Um die bitteren Saponine zu entfernen, die Hirse in ausreichend kochendes Wasser geben und 1 Minute kochen, den entstehenden Schaum abschöpfen und die Hirse abgießen.

50 g Petersilienwurzel, klein gewürfelt
50 g Karotte, klein gewürfelt
100 g Zwiebel, gehackt
1 EL Olivenöl
1 TL Gemüsebrühepulver

Das Gemüse mit dem Öl in einem Topf anbraten. Die Hirse mit der Gemüsebrühe und der abgemessenen doppelten Wassermenge zugeben. Zum Kochen bringen und, ohne umzurühren, kontinuierlich die Hitze reduzieren, bis kein Kochwasser mehr sichtbar ist. Zugedeckt auf der abgeschalteten Platte noch mindestens 10 Minuten quellen lassen. Dann die Hirse mit einer Gabel lockern. Zum Eintopf servieren.

Der 'Cardo gobbo di Nizza Monferrato' (wörtlich der »buckelige Kardy«) ist eine traditionelle Spezialität aus dem Piemont (Italien) und der einzige, den man roh genießen kann. Im September werden die Pflanzen umgebogen und mit Erde bedeckt. Indem sie das Licht wieder suchen, werden sie dicker und buckelig; in der Erde verlieren die Blattrispen das Chlorophyll und werden weiß und zart. Nur das Herz wird verwendet, alles andere wird weggeschnitten. Die Saison dauert von November bis März.

LAUCH, PORREE

Allium ampeloprasum ssp. *ampeloprasum*

Die Sorten 'Elefant' (links) und 'Monstreux de Carentan' (Mitte) stammen aus dem ProSpecieRara-Garten in Wildegg; der lange, schlanke Lauch wird im Piemont in der Gemeinde Cervere angebaut.

Die Lauchblüte wird dem Bauern nicht gefallen, ist aber eine willkommene Überraschung in der Küche, zum Beispiel wie Schnittlauch roh über ein Gericht gestreut.

Lauch ist fast das ganze Jahr über verfügbar. Es gibt jedoch sehr unterschiedliche Sorten, die in Sommer-, Herbst- und Winterlauch unterteilt werden. Je dunkler die Blätter, desto kälteresistenter sind die Pflanzen. Ihre schwefeligen ätherischen Öle helfen mit, den Frost zu überstehen, darum ist Winterlauch oft intensiver im Geschmack. Die Herbstsorten werden zwischen September und November geerntet. Winterharte Sorten kann man dann noch auf dem Feld lassen und bis in den April hinein ernten. Im Erwerbsanbau werden meistens F1-Hybriden verwendet.

Herbstsorten wurden vor allem früher im Keller oder in der Scheune gebleicht, heute wird das noch ab und zu auf dem Feld unter schwarzer Plastikfolie gemacht.

Lauch gibt es in dünner, langer, aber auch sehr dicker und kurzer Form; die Geschmacksunterschiede zu evaluieren, ist gar nicht so einfach. Bei den traditionellen Typen weisen besonders die winterharten Sorten einen kurzen, zum Teil zwiebelförmigen Schaft auf. Generell kann man sagen, dass der gebleichte, weiße Teil süßer, zarter und weniger scharf schmeckt als der grüne Teil. Die grünen Blätter sollte man aber keineswegs entsorgen. Bei den meisten Rezepten kann man sie genauso gut verwenden wie den inneren, zarten Teil. Sie müssen einfach etwas dünner geschnitten werden. Und die ganz zähen, äußeren Blätter leisten beispielsweise für Gemüsefond (siehe Seite 35) einen wichtigen geschmacklichen Beitrag.

Manche Sorten tendieren mehr als andere zum frühzeitigen Blühen. Wenn man das Glück hat, in der Nähe eines Biobauern zu wohnen, kann man ab und zu solch eine Knospe ernten: Noch ganz geschlossen oder kurz vor dem Aufblühen sind diese Knospen gleichermaßen eine Delikatesse, und dazu noch sehr dekorativ.

Viele alte Sorten sind regional verankert. In vielen Ländern wird der Erhalt von alten Sorten meistens von einzelnen Produzenten gewährleistet, vor allem im biologischen Landbau. In Italien werden diese Unterschiede stark betont, verehrt und kommerziell genutzt. Ein Beispiel ist das Piemonteser Dorf Cervere. Dort haben dank ausgeklügelter Anbaumethoden (leider nicht in Bioqualität) und einer Genossenschaft zur Aufwertung und zum Schutz des **'Cervere'-Lauchs** die Produzenten dieses Produkts weit über die Gemeindegrenzen hinaus bekannt gemacht. Dieser Lauch wird relativ dicht gepflanzt, damit die Pflanzen dünn bleiben. Im Laufe des Jahres wird immer wieder sandige Erde angehäuft, damit eine sehr hohe Lauchpflanze entsteht, deren weißer Teil, auch mehr als 60 Zentimeter hoch, die eigentliche Delikatesse ist. Die meisten Arbeiten werden vorwiegend manuell ausgeführt. In der Region haben sich auch andere Produzenten diese Technik angeeignet: Am Bauernmarkt in Alba findet man ebenso Bioproduzenten, die relativ lange, dünne und weiße Lauchstangen verkaufen (siehe Bild Seite 312). In anderen Gemein-

Anfangs muss der Lauch in mehreren Durchgängen gejätet werden, damit er nicht von Unkraut erstickt wird, später ist er weniger heikel.

den bleichen die Produzenten den im November gepflückten Lauch in verdunkelten Tunneln, wo die Lauchstangen dicht und schräg übereinander in sandiger Erde liegen (beispielsweise beim 'Porro lungo dolce di Carmagnola'). So gebleichten und getriebenen Lauch kann man gut auch in größeren Mengen roh essen, was bei anderen Sorten weniger empfehlenswert ist.

In der Küche

Da der Lauch aus vielen übereinander wachsenden Blättern besteht, ist es normal, dass man Erde in den äußeren Blattachseln vorfindet. Normalerweise wasche ich den Lauch kopfüber, unter fließendem Wasser, damit die Erde ausgewaschen wird und nicht noch weiter eindringt. Ich breche die äußeren Blätter etwas an, damit ich mit den Fingern eventuell vorhandene Erdreste besser erreiche. Bin ich dann im mittleren Teil des Lauchs angelangt, erübrigt sich diese Arbeit.

So gewaschenen Lauch kann man in schöne Scheiben schneiden. Falls die Form nicht so wichtig ist, ist es einfacher, den Lauch längs aufzuschlitzen oder ganz zu halbieren, damit man ihn einfacher waschen kann. Ich würde aber nie den schon geschnittenen Lauch waschen, da sonst viele der kostbaren Substanzen ausgelaugt würden.

Wie erwähnt, schmeckt der gebleichte weiße Teil des Lauchs auch roh sehr gut. Er ersetzt den Schnittlauch, der im Winter keine Saison hat, und verleiht jedem Gericht eine aromatische und pikante Note, indem man davon im letzten Moment etwas darüberstreut, zum Beispiel über Pasta, Pizza, Suppe und Risotto.

Alle Teile des Lauchs sind gekocht sehr gut, egal ob knackig oder ganz durchgegart. Lauch schmeckt sehr fein allein, als Beilage oder als Teil von Eintöpfen und Suppen, in Begleitung von anderem Gemüse, Fleisch oder Fisch. Er eignet sich auch sehr gut als Füllung von Quiches oder Teigtaschen, und als Bestandteil von Gratins. Die Kombination mit Pilzen ist vielleicht die passendste. Risotto mit Lauch und Pilzen ist mein Lieblingsgericht. Da ich es mit Vollkornreis mache (siehe Rezept Seite 266), koche ich die eingeweichten Steinpilze von Anfang an mit und gebe gegen Ende der Kochzeit den dünn geschnittenen Lauch dazu. Zur Abrundung füge ich noch ein wenig gepressten Knoblauch, Sherry, Rahm und Tamari hinzu: ein Gedicht!

Lauch ist eine der wenigen Gemüsearten, die nicht an Geschmack gewinnt, wenn man sie brät: Golden gebratener Lauch schmeckt eher bitter und ist zäh.

Passende Zutaten

Zitronengras, Ingwer, Kümmel, Koriander, Paprika, Muskatnuss, Pfeffer, Safran, Curry
Lorbeer, Zitronenthymian, Zitronenverbene (Verveine), Wacholder
Alle Pilzsorten, Fisch, Zitronen und Orangen, Algen, Geräuchertes

Lauch-Terrine

Eine etwas aufwendigere Art, Lauch zu servieren: Ideal für dieses Rezept sind dünne, gebleichte Lauchstangen (z. B. 'Cervere'-Lauch), die auch sehr zart sind.

Eine Terrinenform mit Klarsichtfolie auskleiden.

Ca. 1 kg dünner, heller Lauch

Am Stück waschen und in die Länge der Terrinenform schneiden.

300 ml Wasser
1 TL Gemüsebrühepulver
1 TL Thymian, gerebelt
abgeriebene Schale von ½ Zitrone
1 Prise Nelkenpfeffer
½ TL Agar-Agar

Alle Zutaten in eine weite Bratpfanne geben und unter Rühren zum Kochen bringen. Den Lauch darin zugedeckt etwa 20 Minuten weich kochen.

1 TL Szechuanpfeffer, gemahlen
3 cl Sherry

Beides zugeben und etwas einkochen lassen. Die noch warmen Lauchstangen in die Terrine schichten, gut anpressen, beschweren und über Nacht auskühlen lassen. Dann mit einem sehr scharfen Messer sorgfältig in Scheiben schneiden.

Unten: Verschiedene Lauchschnittarten. Auch der grüne Teil gehört dazu.

Platterbsen ('Cicerchie di Serra de' Conti') passen gut zu dieser Terrine: Sie werden eingeweicht, geschält und 30 Minuten gekocht, zuletzt mit Lavendel und Salz aromatisiert und mit Orangenöl beträufelt. Ergänzt durch eine Sauce aus schwarzem Sesammus, Zitronensaft und Knoblauch.

Grünkernsalat mit Lauch und Champignons

Der leicht rauchige Geschmack des Grünkerns (siehe auch Seite 57) passt hervorragend zum rohen Lauch und den Pilzen. Ein gutes Gericht für ein Buffet, als Vorspeise oder als kleinere Mahlzeit.

150 g Grünkern	Mit dreimal so viel Wasser 40 Minuten kochen; zugedeckt auf der abgeschalteten Platte 30 Minuten quellen, dann abkühlen lassen.
1 Prise Kräutermeersalz 1 EL Tamari 1 EL Sherry 1 EL grober Senf 3 EL Joghurt 1 Knoblauchzehe, gepresst 1 EL Balsamicoessig 2 EL geröstetes Walnussöl 1 EL Petersilie, gehackt 1 TL Majoran, zerdrückt schwarzer Pfeffer	Alle Zutaten zu einer Sauce mischen.
60 g Lauch, hellerer Teil	In ganz dünne Scheiben schneiden.
100 g Champignons	In dünne Scheiben schneiden und zusammen mit dem Lauch und dem abgekühlten Grünkern mit der Sauce mischen.

Lauch mit Totentrompeten

Alle Sorten Pilze passen sehr gut zu Lauch. Hier habe ich Totentrompeten *(Craterellus cornucopioides)* verwendet, die man getrocknet kaufen kann; aber auch jeder andere Pilz, frisch oder getrocknet, eignet sich dafür. Dieses Gericht kann man als Beilage, als Sauce zu Pasta oder Gnocchi oder zu gebratenem mariniertem Tofu, Seitan oder Fleisch servieren. (Bild Seite 315)

20 g getrocknete Totentrompeten	In lauwarmem Wasser 20 Minuten einweichen.
1 Prise Gemüsebrühepulver 2 Lorbeerblätter	Beides zusammen mit den Pilzen und dem Einweichwasser (ohne den eventuell sandigen Bodensatz) etwa 10 Minuten kochen.
400 g Lauch, geschnitten 1 Prise Thymian	Beides dazugeben und 10–15 Minuten weiter kochen.
1 Knoblauchzehe, gepresst 2 cl Sherry 100 ml Rahm wenig Tamari	Diese Zutaten zuletzt hinzufügen und auf großer Flamme schnell um die Hälfte einkochen.

Lauch-Kürbis-Gemüse

Eine schöne Beilage für die kalte Jahreszeit: Zitrusfrüchte und Thymian passen gut zu beiden Gemüsearten.

200 g Lauch, in 1 cm dicke Ringe geschnitten 200 g fester Kürbis, gewürfelt (z. B. 'Potimarron', 'Marina di Chioggia') 200 ml Weißwein je 3 Schalenstreifen von Zitrone und Orange 1 TL Gemüsebrühepulver 1 Prise Zitronenthymian 2 EL Olivenöl	Alles zusammen zum Kochen bringen; halb zudecken und die Flüssigkeit in 15 Minuten einkochen lassen.

Lauch mit fünf Gewürzen

Die indische Gewürzmischung (Panch phoron) kann man gut aufbewahren und für allerlei Gemüsegerichte verwenden. Sie passt zum Beispiel auch sehr gut zu Weißkohl. Bei diesem Rezept ist es wichtig, die relativ kurze Bratzeit einzuhalten. Das noch knackige Gemüse erhält so eine unerwartet würzige Note.

2 TL schwarze Senfsamen 2 TL Kreuzkümmel 2 TL Schwarzkümmel (Nigellasamen) 1 TL Bockshornkleesamen 1 TL Fenchelsamen	Die Gewürze mischen (in einem Schraubglas aufbewahren).
1 EL Bratbutter	In einer Pfanne erwärmen, 1–2 Teelöffel der Gewürzmischung darin ½ Minute rösten.
500 g Lauch, längs in Stäbchen geschnitten	Dazugeben, 4–5 Minuten stetig wenden und mit einigen Wassertropfen besprenkeln.
1 Prise Salz 1 EL Zitronen- oder Tamarindensaft	Beides zuletzt hinzufügen und sofort servieren.

Rechte Seite: Lauch mit Totentrompeten (Rezept Seite 313), Lauch-Kürbis-Gemüse und Lauch mit fünf Gewürzen.

Wer abgepackten, küchenfertigen Lauch kauft, verpasst die Möglichkeit, den grünen Teil zu verwenden, der genauso gut ist.

Safran-Lauch-Bulgur

Eine einfache Beilage anstelle Reis oder Kartoffeln.

1 Prise Safranfäden	Im Ofen leicht erwärmen, dann mörsern.
500 ml Wasser 200 g Lauch, klein gewürfelt 1 TL Gemüsebrühepulver	Alles mit dem Safran zum Kochen bringen.
300 g Bulgur	Dazugeben, nochmals aufkochen; nach wenigen Minuten die Herdplatte abschalten und zugedeckt 20 Minuten quellen lassen. Danach den Bulgur mit einer Gabel auflockern.
1 EL Orangenöl	Beimischen.

Ein Lauch-Kürbis-Gemüse ist eine sehr schmackhafte Kombination.

Buchweizengratin mit Lauch und Steinpilzen

Eine einfach zubereitete Hauptmahlzeit. Anstatt Buchweizen eignen sich auch Quinoa, Bulgur oder Hirse. Hirse sollte man vorher noch kurz in kochendem Wasser blanchieren.

25 g getrocknete Steinpilze — In wenig lauwarmem Wasser einweichen.

200 ml Rahm
400 ml Wasser (inklusive Einweichwasser von den Pilzen)
1 TL Gemüsebrühepulver
1 EL Tamari
3 EL Sherry
je 1 Prise Nelkenpfeffer, Thymian, Pfeffer, Muskatnuss, Paprika
1 Knoblauchzehe, gepresst
200 g Buchweizen
300 g Lauch, in Scheiben geschnitten
100 g milder Käse, gewürfelt

Alle Zutaten gut mischen und in eine eingefettete, ofenfeste Form füllen. Im Ofen bei 180 Grad etwa 1 Stunde garen.

FOOD WASTE IN DER SCHWEIZ

Rund ein Drittel aller in der Schweiz produzierten Lebensmittel geht zwischen Feld und Teller verloren oder wird verschwendet. Das entspricht pro Jahr rund 2 Millionen Tonnen Nahrungsmitteln oder der Ladung von rund 140 000 Lastwagen, die aneinandergereiht eine Kolonne von Zürich bis Madrid ergeben würden. Als Food Waste bezeichnet man alle Lebensmittel, die für die menschliche Ernährung angebaut wurden, aber nicht von Menschen gegessen werden. An Tiere verfüttertes Brot gehört dazu, nicht essbare Teile wie Rüstabfälle und Knochen sowie Futtermittel aber nicht. Food Waste entsteht im Verlauf der gesamten Lebensmittelkette. Fast die Hälfte der Lebensmittel wird allerdings in Haushalten und Restaurants weggeworfen: Pro Person landen hier täglich 320 Gramm einwandfreie Lebensmittel im Abfall. Dies entspricht fast einer ganzen Mahlzeit. Im Detailhandel fallen nur schätzungsweise 5 Prozent aller Verluste an. Trotzdem spielen die Detailhändler eine wichtige Rolle, denn mit Aktionen, Grosspackungen und »kosmetischen Normen« für Früchte und Gemüse beeinflussen sie die vor- und nachgelagerten Verluste. Weitere Informationen auf der Informations- und Dialogplattform *www.foodwaste.ch.*

Claudio Beretta

'Porro di Cervere'
Diese regionale Spezialität aus dem Piemont wird mit viel Hingabe gepflegt. Die jungen Lauchpflanzen werden relativ eng nebeneinander auf den Acker gelegt und mit Erde bedeckt. Nach und nach wird der weiter wachsende Lauch immer wieder mit Erde fast zugedeckt. Tiefe Gräben entstehen zwischen den hohen Lauchzeilen. Dadurch wird der Cervere-Lauch sehr dünn und lang, mit einem hohen weißen Anteil, butterzart und mild. Stolz zeigen Daniela Bottero und Antonio Rinero, Produzenten der Genossenschaft, ihre Ausbeute. Die großen Bündel sind mit einem Zweig zusammengebunden und mit einem Siegel versehen. Am »Mercato della Terra« in Alba, ebenfalls ein Slow-Food-Projekt, bieten Bioproduzenten ein sehr ähnliches Produkt an (links).

ZWIEBEL, KNOBLAUCH & CO.

- **Zwiebel, Küchenzwiebel oder Speisezwiebel** *(Allium cepa* var. *cepa)*
- **Schalotte, Familienzwiebel** *(Allium cepa* var. *ascalonicum)*
- **Knoblauch** *(Allium sativum)*

Nachdem die Zwiebeln aus der Erde gehoben sind, müssen sie noch mehrere Tage liegen bleiben, um nachzutrocknen.

Zwiebel und Knoblauch könnte man als Grundlage vieler Rezepte nicht nur der europäischen Küche bezeichnen, beginnen diese doch meist mit: »Zwiebel und Knoblauch anbraten ...« Und doch gibt es viele Menschen, die das eine oder das andere oder gerade beide gar nicht mögen oder sogar empfindlich darauf reagieren. Die ayurvedische Küche geht noch weiter und verbannt diese Zutaten sogar ganz. Die extrem große Vielfalt an Zwiebel- und Knoblauchsorten bezeugt allerdings, dass die Liebe zu diesem Gemüse stärker ist. Beim letzten »Salone del Gusto« in Turin, der internationalen Slow-Food-Messe, gab es unzählige Knoblauch- und Zwiebelsorten zu bewundern, und jeder Produzent war sich ganz sicher, dass seine die absolut beste Sorte sei.
Wir können immer öfter zwischen sehr unterschiedlichen Farben, Konsistenzen, Süße- und Schärfegraden wählen, wenn wir nach Zwiebeln, Knoblauch oder **Schalotten** suchen. Letztere sind die etwas schickere Variante der Zwiebel: klein, zweiteilig, etwas milder und doch aromatisch im Geschmack, ideal für feine Saucen.
Was wir im Winter konsumieren, ist die als Trockenzwiebel geerntete Sommerzwiebel. Die wärmeliebende Pflanze ist vor allem im Bio-Gewerbeanbau schwierig zu kultivieren: Sie ist wenig konkurrenzfähig gegen Unkraut und muss daher sehr sorgfältig von Unkraut freigehalten werden, was fast nur von Hand geht. Da sie anfällig für Krankheiten ist und ihr diverse Insekten an den Kragen gehen, muss 4 bis 6 Jahre ausgesetzt werden, bis der gleiche Acker wieder mit Zwiebeln bepflanzt werden kann. Auch viele externe Einflüsse machen die Zwiebelernte unsicher oder die Lagerfähigkeit der Zwiebeln unmöglich. So sollten Zwiebeln zum Beispiel auf keinen Fall Regen ausgesetzt sein, wenn sie auf dem Feld nach der Ersternte noch 3 bis 10 Tage nachtrocknen. Fäulnis ist auch ein großes Problem bei der Lagerung. Dort wird meistens mit großem Aufwand nachgetrocknet, bevor die Zwiebeln dann in langsamen Schritten gekühlt und bei 2 Grad trocken gelagert werden. Wenn alles wie gewünscht läuft und die Ernte gut lagerfähig ist, können die Zwiebeln 6 bis 8 Monate lang aufbewahrt werden.
Das heißt: Auch unsere ganz normale Zwiebel ist in Bioqualität fast schon ein Luxusgemüse, das es hoch zu schätzen gilt; kleinere Unschönheiten und Teilfäulnis sollten wir gelassener nehmen.
Bei uns sind die **Frühlingszwiebeln** in Realität oft junge, noch nicht ausgereifte Zwiebeln oder Schalotten. Nicht so die Winterheckenzwiebel oder Winterzwiebel *(Allium*

Die Schnittzwiebel, als mehrjährige Pflanze praktisch im Garten zu halten, liefert immer frische Röhrenblätter für Salate oder Suppen.

fistulosum). Diese produzieren in nicht extrem kalten Klimazonen auch im Winter noch grüne Röhrenblätter. Sie können als mehrjährige Pflanzen schon sehr früh frisches Grün liefern oder werden, vor allem in Asien, als einjährige Pflanze kultiviert. Man kennt sie als »Spring Onions« aus dem Asia-Shop.

Knoblauch gehört ebenfalls zur *Allium*-Gattung: Man könnte diese Gruppe »Aromatisches Gemüse« nennen oder zu den Gewürzen zählen. Geschmack und Duft variieren stark je nach Sorte, aber auch nach Alter, Lagerung und Jahreszeitpunkt. Es gibt viele Slow Food Presidi, die Knoblauch und Zwiebeln in verschiedenen Regionen fördern. Alte Sorten weisen meist einen feineren Duft und einen besseren Geschmack auf als die großknolligen Sorten aus industrieller Produktion.

In der Küche

Die schwefelhaltigen Inhaltsstoffe sind verantwortlich für den typischen scharfen Geschmack und die tränentreibende Wirkung von jedem Gemüse der Allium-Art. Es gibt tausend Tricks, um diese Unannehmlichkeit zu umgehen; ich gebe noch ein paar davon dazu, im Wissen, dass »daran zu glauben« am wichtigsten ist:

A. Das Messer muss scharf sein, damit die Zellvakuolen so wenig wie möglich verletzt werden. Bei diesen beginnt eine lange Reaktionskette, die in Tränen endet, was öfter passiert, wenn man Zwiebeln mit den marktüblichen Hackgeräten oder dem Wiegemesser zerquetscht.

B. Man sollte das Gesicht in genügend Abstand halten und

C. für leichte Zugluft sorgen, die den Zwiebelduft mit sich nimmt; eine Abzugshaube kann schon helfen.

Aufgeschnitten verliert die **Zwiebel** sehr schnell ihren guten Geschmack und beginnt bald einen schlechten Geruch anzunehmen. Nach mehreren Stunden ist ihr Geruch fast nicht mehr erkennbar oder besser als typischer »Buffet-Zwiebelgeruch« zu identifizieren, der Geruch, dem man oft in Restaurants begegnet, in denen die Zwiebeln schon lange im Voraus geschnitten werden. Mein Trick, wenn ich weiß, dass ich viel Zwiebeln und Knoblauch brauchen werde: Ich schäle sie, indem ich sie so wenig wie möglich verletze und bewahre sie im Ganzen in geschlossenen Behältern im Kühlschrank auf.

Auch der grüne Spross der Zwiebel ist essbar: Er ist etwas schärfer, aber er kann gut anstatt Frühlingszwiebeln oder Schnittlauch verwendet werden.

Normalerweise verwende ich rohe Zwiebel nur in kleiner Dosierung zur Aromatisierung; es gibt aber Gerichte, für die man sehr viel davon braucht; hier kann Salzen oder Wässern den Geschmack etwas mildern. Wenn man Zwiebeln als aromatische Grundlage verwendet, gewinnen sie sehr an Geschmack, wenn sie langsam längere Zeit in etwas Fett angebraten werden. So können die zuckerhaltigen Inhaltsstoffe karamellisieren, was den Geschmack komplexer und intensiver macht. Zwiebeln langsam golden anzubraten, ist daher unabdingbar, um einen intensiven und lang anhaltenden Geschmack zu erzeugen. Andererseits genieße ich ebenso ganz kurz angebratene Zwiebel, wie es zum Beispiel in der chinesischen Küche üblich ist.

Knoblauch hingegen nimmt einen seltsamen, etwas penetranten und bitteren Geschmack an, wenn er lange gebraten wird und Farbe bekommt. Das ist der Grund, weswegen ich ihn bei den meisten Gerichten erst im letzten Moment hinzufüge. Der Knoblauchduft ist sehr flüchtig, darum gebe ich manchmal am

Ende der Kochzeit nochmals ganz wenig, eine Viertel oder halbe Zehe, gepresst dazu. Es reicht meistens sehr wenig davon, um dem Gericht eine neue Note zu verleihen. Darum gebrauche ich so oft die Knoblauchpresse. Aber es gibt wiederum Gerichte, die sehr viel Knoblauch verlangen: Da ist es wichtiger, eine gute Qualität zu verwenden, mit einem frischen, nicht abgestandenen Geschmack, was im Laufe der Wintermonate von Natur aus immer schwieriger wird. Wenn man eine ganze Knoblauchzehe kocht, ergibt das nicht den gleichen Geschmack wie bei einer gehackten Zehe. Der typische, frische Knoblauchgeschmack entwickelt sich nur, wenn Zellgewebe zerstört wird und ein spezielles Enzym (Alliinase) ins Spiel kommt. Dieses Enzym, das der Pflanze als Abwehrmittel dient, wirkt bei hohen Temperaturen nicht mehr; darum schmecken gekochte, ganze Knoblauchzehen weniger beißend.

Ob man den inneren Keim des Knoblauchs entfernen soll oder nicht – darüber gibt es viele Theorien. Wenn man bedenkt, dass die Knoblauchkeime (die jungen Blütenstängel) vielerorts als Delikatesse gelten und sogar in Öl eingemacht werden, sehe ich nicht ein, wieso man den so jungen Spross nicht auch mitessen sollte. Tatsächlich verwenden wir in vielen Gerichten die grünen Teile dieser Pflanzengattung. Aber, wie schon früher erwähnt, der Glaube (zum Beispiel, dass der Knoblauch ohne den Spross verdaulicher ist) hat den besten Placeboeffekt!

Passende Zutaten

Koriandersamen, Kümmel, Anis, Ingwer, Curry
Thymian, Lorbeer, Sumach

Das Zwiebelfeld mit abgehackten Blättern, nachdem der Traktor mit dem Schlegel durchgefahren ist. Als Nächstes werden mit einer Art Messer die Wurzeln durchtrennt; dann werden die Zwiebeln aus der Erde gehoben und auf dem Boden zum Nachtrocken liegen gelassen (siehe Bild Seite 321).

Zwiebel-Snack

Ein Snack für Zwiebel-Liebhaber! Am besten verwendet man dafür süßere Zwiebelsorten, meistens sind das die weißen und die roten und die Slow-Food-Presidio-Sorten.
Man kann diesen Zwiebel-Snack auch mit Olivenöl oder Olivenpaste, mit Dörrtomaten oder Kapern anreichern.

2 Zwiebeln	Halbmondförmig in 8 oder 10 Schnitze schneiden.
1 gute Prise Salz	
2 EL Apfelessig	
1 TL Sumach	
1 TL Minze, zerrieben	
1 TL griechischer Thymian	
1 Prise scharfer Paprika	Alles dazugeben, gut mischen und mindestens eine Stunde ziehen lassen. Abgetropft mit Zahnstocher servieren.

Orangen-Zwiebel-Salat

2 Blutorangen	Schälen und in kleine Stücke schneiden.
1–2 rote Zwiebeln	In dünne Ringe schneiden.
3 EL schwarze Oliven »à la grèque«	Entkernen und grob hacken.
2 EL Petersilie, gehackt	
2 EL Olivenöl	
Salz und schwarzer Pfeffer	Alle Zutaten gut vermischen.

Zwiebeln in Thunfischsauce

Eine schmackhafte Vorspeise, die man zum Beispiel mit einem bitteren Zichoriensalat servieren kann oder mit roten Krautstielen, die mit Orangenöl und Kapernfrüchten mariniert sind. Das Rezept ergibt mehr Sauce, als hier benötigt wird; es lohnt sich aber, die ganze Menge herzustellen. Sie werden sehen, die Sauce ist schnell weg, als Brotaufstrich, als Dip für rohes Gemüse oder zu kaltem Fleisch ...

Je 1 TL Fenchel-, Kümmel- und Anissamen	In einen mit 2 cm hoch mit Wasser gefüllten Topf geben und zum Kochen bringen.
400 g Zwiebeln	In regelmäßige Schnitze schneiden.
1 Prise Salz	Mit den Zwiebeln mischen und im Dampfaufsatz über dem aromatisierten Wasser 5–6 Minuten garen. Auskühlen lassen.
200 g pasteurisierter Tofu 150 g Thunfisch (aus der Dose) 3 EL Tamari 2 EL Kapern, entsalzen 3 EL Zitronensaft 7 Sardellenfilets 1 EL Senf 80 g Essiggurken 3 EL Wasser von den Essiggurken 1 EL Petersilie gehackt ein wenig Paprika, Pfeffer	Diese Zutaten im Mixer zu einer homogenen Creme pürieren.
3–4 EL Olivenöl	Dazugeben und bei laufendem Motor binden. Etwa die Hälfte der Sauce mit den Zwiebeln mischen.

Pissaladière

Die langsam gegarten Zwiebeln geben diesem dünnen Zwiebelkuchen sein intensives Aroma.
Man kann die Pissaladière als Aperitif-Snack oder zusammen mit einem Salat als schnelles Mittagessen servieren. Die Sardellen können durch Algenflocken und die frischen Lorbeerblätter durch pulverisierte Lorbeerblätter ersetzt werden.
Dies ist eine andere Art, Teig zuzubereiten: Im Blitzhacker-Aufsatz der Küchenmaschine kann man das Wasser bei laufendem Motor zugeben und zuschauen, wie sich Masse bindet. Es darf ein relativ weicher und elastischer Teig sein, den man fast mit den Händen ausbreiten kann.

250 g Weißmehl 60 ml Olivenöl 1 Prise Salz 1 EL Essig	Alles in den Blitzhacker geben; langsam so viel lauwarmes Wasser hinzufügen, bis der Teig geschmeidig ist. Auf Backpapier ausrollen und auf ein Kuchenblech legen.
800 g Zwiebeln	In Scheiben schneiden.
wenig Öl	In eine Bratpfanne geben und die Zwiebeln auf mittlerer Flamme zusammenfallen lassen; dann etwas auskühlen lassen.
2 EL schwarze Oliven »à la grèque«, gehackt 10 Sardellenfilets, gehackt 10 frische junge Lorbeerblätter	Die Lorbeerblätter sehr fein hacken; zusammen mit Oliven, Sardellen und Zwiebeln in einer Schüssel gut vermischen. Auf dem Teigboden verteilen.
viel schwarzer Pfeffer	Gut mit Pfeffer würzen.
1–2 EL Olivenöl	Über den Kuchen träufeln und diesen im 180 Grad heißen Ofen 30–40 Minuten backen.

Rechte Seite: Pissaladière, mit würzigen Kichererbsensprossen zum Aperitif serviert (die Kichererbsensprossen werden 5 Minuten in Salzwasser mit Kurkuma, Kreuzkümmel, Koriander, Lorbeer und Chili gekocht).

Beim Gemüsehändler findet man manchmal im Ofen gegarte Zwiebeln.

Cipolla Ramata di Montoro
Cipolla Ramata di Montoro

Aglio rosso
di Nùbia

Rosajanski
STROK
AGLIO di RESIA

Am »Salone del Gusto«, der internationalen Slow-Food-Messe in Turin, findet man unzählige Zwiebel- und Knoblauchsorten, alle regional verankert und manche zu »Presidi«-Produkten erklärt. Die meisten dieser Knoblauchsorten gehören zur älteren Varietät des Weinbergknoblauchs *(Allium sativum* var. *ophioscorodon).* Sein Merkmal ist der direkt mit dem Blütenboden verbundene Blütenstängel, was bei den neueren Kulturformen nicht mehr der Fall ist.

Hier eine Auswahl: 'Cipolla ramata di Montoro', die bis zu 500 g schwere 'Zwiebel von Giarratana' aus Sizilien, der kleine schmackhafte 'Rote Nubia-Knoblauch', die langen Zöpfe des 'Roten Sulmona-Knoblauchs', der kroatische 'Sarac von Ljubitovica', der kleine 'Resia-Knoblauch' aus einem kleinen Tal im Friaul zwischen Österreich und Slowenien, die 'Zwiebel von Cavasso', der 'Knoblauch aus Vessalico'.

KASTANIE, MARONI

Castanea sativa

Ein Kastanienbaum kann viele hundert Jahre alt werden, wie diese in den schönen Kastanienhainen von Soazza im Misox. Es sind meistens veredelte Exemplare, die so lange leben, weil sie immer wieder gepflegt wurden.

Kastanien sind zwar in der modernen Zeit vorwiegend frisch und als süßes Lebensmittel bekannt, sie haben aber eine lange Tradition als Grundnahrungsmittel. Als Dörrkastanien und als Kastanienmehl sind sie ein vielseitig verwendbares Produkt. Kastanien sind eigentlich geschmacklich neutral, das heißt, sie können ähnlich wie Kürbis sehr gut in salzige sowie in süße Gerichte verwandelt werden. Dörrkastanien und das daraus hergestellte Mehl sind im Vergleich zu den frischen Kastanien für den Alltag sinnvoller zu verwenden. Gleichzeitig unterstützt man mit deren Kauf ein uraltes Handwerk, zu dem die Baum- und Landschaftspflege, die Ernte, verschiedene Trocknungsverfahren (Luft oder Rauch), Aufbewahrungsräume und schließlich die Mühlen gehören.

Es gibt Regionen, beispielsweise in Italien und Frankreich, die sich schon früh auf den Export von Kastanien spezialisiert haben – weil sie nicht davon leben mussten. In diesen Regionen gibt es Kastanienhaine, die vorwiegend aus wenigen Kastaniensorten bestehen. Diese sind spezielle Sorten für den Frischkonsum (vor allem große Früchte mit guter Konsistenz und leicht zum Schälen) oder zum Trocknen. In anderen Regionen, wie zum Beispiel im Tessin, wurden mehr als 50 verschiedene Kastaniensorten angebaut, weil man autark (über)lebte. Dank den frühen, den mittleren und den späten Sorten hatte eine Familie fortlaufend Zeit, die Kastanien für den gesamten Jahresbedarf zu ernten. Die eine Sorte konnte man gut schälen, andere waren geeignet zum Trocknen, andere blieben im »Igel« und wurden in einer Art Erdmiete (Ricciaia) gelagert, wo eine »Nachreifung« die Konservierung sicherte, indem sich die bei Schimmelpilzen beliebten Zuckeranteile zurückbildeten; wieder andere Sorten wurden dem Vieh überlassen.

Auch gegenüber klimatischen Bedingungen und alten und neuen Krankheiten sind Kastanienbäume unterschiedlich gewappnet. Vieles von diesem Wissen ist heute verloren gegangen, und doch werden wieder alte Kastanienbaumbestände aufgeforstet, kleine Dörrhäuschen instandgesetzt und die Bevölkerung eingeladen, Kastanien zu sammeln ... mit unterschiedlichem Erfolg. Im Tessin werden die Kastanien leider immer noch mit der früheren Armut in Zusammenhang gebracht; man denkt bei Kastanien nicht nur an das Nahrungsmittel, und so findet sich dort fast niemand mehr, der die feinen Früchte sammelt. In anderen Regionen ist es unvorstellbar, die Kastanien einfach liegen zu lassen. Dort werden sie rege aufgelesen und die Kastanienhaine als Privateigentum vor Diebstahl geschützt. Man muss noch hinzufügen, dass die Kastanienhaine in alpinen Tälern (wie im Tessin) keineswegs bequem zu erreichen sind, sie liegen oft weitab von Straßen an felsigen Steilhängen.

In den traditionellen Großanbauregionen hat man sich hingegen schon seit Langem besser organisiert: Die Haine befinden sich in relativ zugänglichen Lagen, der Boden darunter wird sauber gehalten, es gibt Erntemaschinen, die Bäume werden beschnitten. Dank »Sterilisierungs«-Anlagen (45 Minuten in 50 Grad heißem Wasser), Hydrotherapie (ein 4- bis 10-tägiges Wasserbad) und gekühlte Lager können die Maroniverkäufer in den Städten ganz Europas den langen Winter hindurch frische Kastanien rösten.

Die großen Dörranlagen funktionieren heute mit Warmluft und nicht mehr wie früher mit Rauch und Feuer. Das erklärt auch die Schwierigkeit, heutzutage Dörrkastanien zu finden, die noch den typischen Räuchergeschmack aufweisen. Die sehr schmackhafte 'Castagna essiccata nei tecci di Calizzano e Murialdo', eine Kastanie, die in solchen Räucherhäuschen getrocknet wurde, ist ein Slow-Food-Presidio-Produkt.

Frische Kastanien schmecken am besten einfach in der Schale gebraten, am liebsten über dem Kaminfeuer, aber auch der Backofen oder ein spezieller Maroniofen kann das übernehmen. Um keine Explosionen zu verursachen, muss man sie auf der gerundeten Seite einschneiden. Man kann sie auch in Wasser kochen und auslöffeln.

Für den Alltag sind vor allem Dörrkastanien sehr praktisch, da das Schälen der frischen Kastanien sehr mühsam ist. Eingeweichte Dörrkastanien sind auch weniger süß als frische, wodurch sie sich für pikante Gerichte besser eignen. Wie bei manchen Hülsenfrüchten oder Getreide muss man die Einweichzeit berücksichtigen.

Spannend ist eine Kastanienmehl-Degustation: Wenn man italienisches, französisches und Tessiner Kastanienmehl nebeneinander stellt und probiert, kann man eine Ahnung bekommen, welche Geschmacksvielfalt diese Frucht haben kann.

Auf dem Feuer gebratene Kastanien haben unzählige regionale Namen, ein Zeichen für die große Wichtigkeit der Kastanien als Nahrungsmittel.

In der Küche

Dörrkastanien müssen etwa acht Stunden in Wasser eingelegt werden, dann erst kann man die noch vorhandenen Häutchen abnehmen. Die Qualität der Kastanien kann sehr variieren, was auch unterschiedliche Kochzeiten zur Folge hat, die von einer halben bis zu zwei Stunden dauern können. Einfacher ist es mit dem Dampfkochtopf: die eingeweichten Kastanien mit dem abgeseihten Einweichwasser zum Kochen bringen, Deckel drauf und 2 bis 3 Minuten unter Druck kochen. Danach kann man die Kastanien weiter verarbeiten als wären sie frisch: anbraten, in würzigem Sud oder in einer Sauce kochen.

Im Bergell wie auch in vielen anderen alpinen Regionen existieren noch die traditionellen Räucherhäuschen, »Grà« oder »Metato« genannt, in denen die Kastanien mehrere Wochen lang über einem schwelenden Feuer getrocknet werden.

Oft werden die Kastanien gar nicht mehr aufgesammelt – ein Zeichen unserer Zeit.

Kastanienmehl hat einen sehr intensiven Geschmack, darum empfehle ich meistens, es mit anderen Zutaten zu mischen. Man sollte auch bedenken, dass Kastanienmehl nicht wirklich bindet wie Weizenmehl (es ist glutenfrei) und Backwaren damit auch nicht aufgehen können. Sehr gut ist aber beispielsweise ein Spätzliteig, der halb mit Kastanien- und halb mit Weizenmehl (oder gesiebtem Vollkornmehl) hergestellt wurde.

Frische Kastanien verwende ich fast nie in meiner Küche, da das Rüsten sehr zeitaufwendig ist. Für Süßspeisen nehme ich gerne ein Fertigprodukt, das ich sehr schätze: gezuckertes Kastanienpüree in Bioqualität; mit etwas Cognac, Vanille und Schlagrahm gemischt, ergibt das eine sensationelle Kastanienmousse.

Es gibt auch gefrorene geschälte Kastanien, die den frischen sehr nahe kommen.

Für diejenigen, die es doch mit frischen Kastanien probieren wollen, hier einige Hinweise: die Früchte mit einem speziellen Messer (siehe Bild Seite 378, das Messer ganz links) rundum einritzen, wenige auf einmal 2 bis 5 Minuten im Wasser kochen, dann einzeln und noch heiß, eventuell im lauwarmen Wasser, schälen. Manchmal kann ein zweites kurzes Kochen nützlich sein, um das zweite Häutchen zu entfernen. Man wird auch bemerken, dass sich manche Sorten einfacher schälen lassen; diese Entdeckung ist aber nur dann nützlich, wenn man noch genau weiß, welche Kastanien man von welchem Baum gesammelt hat ... So könnte man übrigens auch die Sorten kennenlernen.

Passende Zutaten

Ingwer, Zimt, Vanille, Kardamom, Cognac, Grappa
Lorbeer, Rosmarin, Thymian, Nelken, Koriander, Bohnenkraut, Fenchelsamen, Fenchelkraut
Sellerie, Pilze, Zitrusfrüchte, Kohl, frischer Ricotta (Ziger)

vastana (Mti di Cugnasco)
rossera (Lodrino)
berögna (Prosito)
prevadicc (Mti di Bodio)
campascia (Mti di Pollegio)
magreta (Vezio)
lanee (Vezio)
tampuriva (Monticello)
berögna (Lodrino)
taramach (Lodrino)
lüina (Lodrino)
tenasca (Arosio)
buné negro (Calonico)
livin (Monticello)
verdesa (Robasacco)
morela (Soazza)
magreta (Miglieglia)
topia (Lostallo)
pinca (Vezio)
bertana (Soazza)
tempuriva (Soazza)
lüina (Lodrino)
marroni di Susa (Morbio Superiore)
boniröö (Vezio)
rapiscen (Miglieglia)
topia (Lostallo)
rossera (Mairengo)
torción bianch (Torricella)
magreta (Miglieglia)
bertana (Soazza)
marroni di Susa (Morbio Superiore)
rossera (Mairengo)
pinca (Vezio)
tampuriva (Monticello)
lanee (Vezio)
tenasca (Arosio)
campascia (Mti di Pollegio)
magreta (Vezio)
boniröö (Vezio)
livin (Monticello)
prevadicc (Mti di Bodio)
viusa (Torricella)
casgnéu (Mti di Pollegio)
tempuriva (Soazza)
marroni di Cuneo (Morbio Superiore)
marrone dei Pirenei (Robasacco)
topia (Lostallo)
buné negro (Lodrino)
vastana (Mti di Cugnasco)
morela (Soazza)
torción bianch (Torricella)
berögna (Prosito)
rapiscen (Miglieglia)
San Michee (Arosio)
taramach (Lodrino)
morlett (Soazza)

Rotwein-Kastanien

Diese Zubereitungsart ist meine Lieblingsvariante. Die Kastanien kann man dann einfach so knabbern, sie passen zu verschiedenem Gemüse und ersetzen vor allem die meist viel zu süßen Kastanien auf der Wildplatte. (Bild Seite 159 mit Rosenkohl)

150 g Dörrkastanien	Über Nacht einweichen, dann die Häutchen entfernen. 3 Minuten mit dem Einweichwasser im Druckdampftopf garen; abgießen und das Kochwasser auffangen.
1 EL Olivenöl	In eine Bratpfanne geben und die Kastanien darin anbraten.
1 EL Zwiebel, gehackt 1 EL Sellerie, in 1–2 mm große Würfel geschnitten	Beides dazugeben, weiter auf mittlerer Flamme braten, bis alles goldgelb ist.
3 Salbeiblätter, gehackt 2 Lorbeerblätter wenig Nelkenpulver 1 TL Gemüsebrühepulver 400–500 ml Rotwein	Diese Zutaten hinzufügen und alles auf kleinem Feuer einkochen lassen.

Marco Conedera von der Eidgenössischen Forschungsanstalt für Wald, Schnee und Landschaft WSL erforscht seit vielen Jahren die Kastanien in der italienischen Schweiz und hat mehr als sechzig verschiedene Sorten mit lokalen Namen katalogisiert. Wir durften eine Auswahl aus seinem Sortenfundus fotografieren.

Dörrkastanien muss man mehrere Stunden einweichen und eventuell vorhandene Häutchen entfernen, bevor man sie weiterverwendet (unten).

Kastanien-Pâté

Nach diesem Rezept kann man verschiedene Pâtés herstellen, indem man die Dörrkastanien durch große Linsen, schwarze Bohnen oder andere Hülsenfrüchte ersetzt. Mit einem außergewöhnlich schmackhaften Kürbis kann es auch gelingen. In diesem Fall 300 g im Dampf gegarten Kürbis nehmen; die aromatische Basis bleibt die gleiche.

140 g getrocknete Kastanien	Über Nacht einweichen; von den Häutchen befreien.
3 Lorbeerblätter	Mit den Kastanien und dem Einweichwasser 15 Minuten im Dampfdrucktopf garen. Abgießen, aber das Kochwasser aufheben. Auskühlen lassen.
80 g Schalotten, gehackt 80 g Sellerie, klein gewürfelt 1 EL Bratbutter	Schalotten und Sellerie in der Butter auf kleiner Flamme anbraten, bis sie goldbraun sind.
1 Knoblauchzehe, gepresst	Zuletzt dazugeben, noch 15 Sekunden weiter braten.
300 ml Weißwein 2 Lorbeerblätter 1 TL Majoran 1 TL Thymian wenig Nelkenpulver 1 TL Gemüsebrühepulver	Diese Zutaten mit dem Kastanien-Kochwasser hinzufügen, aufkochen und auf großer Flamme einkochen.
5 cl Sherry schwarzer Pfeffer	Beides dazugeben und nochmals fast komplett einreduzieren. Erkalten lassen.
	Die Kastanien mit dem reduzierten Fond fein pürieren.
100 g Butter, aufgeschlagen	Unter die Masse mischen.
Tamari Balsamicoessig	Mit Tamari und Balsamico abschmecken. Portionieren und im Kühlschrank fest werden lassen.

Castagnaccio mit Rosmarin

Eine Abwandlung des klassischen Castagnaccio-Rezepts: Zwiebeln und Sellerie durchbrechen den etwas monotonen Kastaniengeschmack. Im Prinzip ist Kastanienmehl mit Wasser, etwas Salz und Öl vermischt schon ein fertiger Teig, den man esslöffelweise in der Pfanne stocken lassen kann. Oder auf einer Stein-, Ton- oder Eisenplatte, die im Kamin erhitzt wurde, wie es die Tradition der »Necci« in Toskana vorschreibt. So kreiert man kleine Fladen; die man als Lasagnetta (siehe Seite 102), als Taler (siehe Seite 272) zum Füllen oder einfach anstelle von Brot zu Käse und Wurst oder (wie hier im Bild) zu weißem Speck (Lardo) und frischem, geräuchertem Ricotta verwendet.

125 g Kastanienmehl
etwa 250 ml Wasser
1 Prise Salz
schwarzer Pfeffer

Die Zutaten zu einem dickflüssigen Teig verarbeiten und 30 Minuten ruhen lassen.

120 g Zwiebel, gehackt
120 g Sellerie, klein gewürfelt
2 EL Olivenöl

Das Gemüse längere Zeit auf kleiner Flamme in wenig Öl zugedeckt anbraten und abkühlen lassen; dann zum Teig geben.
Ein rundes Backblech mit Backpapier auslegen, wenig ölen, den Teig daraufgießen (höchstens ½ cm hoch).

2 Zweige Rosmarin, Nadeln gehackt

Den Fladen damit bestreuen.

2–3 EL Olivenöl

Darüber verteilen. Im Ofen bei 200 Grad etwa 25–30 Minuten backen.

Kastaniensalat mit Fenchel und Räucherforelle

Dies ist ein Gericht mit frischen Kastanien. Noch exklusiver wird es mit Lachs – natürlich aus Biozucht – anstatt Forelle.

300 g geschälte Kastanien, frisch oder tiefgekühlt	Im Dampf 10 Minuten garen.
200 g Fenchel, grob gehobelt 1 Orange, Saft und abgeriebene Schale	Eine Bratpfanne sehr heiß werden lassen, den Orangensaft und sofort auch den Fenchel dazugeben, ½ Minute wenden und schnell wieder herausnehmen und auskühlen lassen.
1 Zitrone, Saft und abgeriebene Schale 1 Prise Kräutermeersalz 1 TL grober Senf 2 EL Haselnussöl, geröstet 1 EL Olivenöl 1 TL Dill oder Fenchelkraut 1 Prise gemahlener grüner Pfeffer 1 TL rosa Pfeffer	Alles zusammen mit der Orangenschale zu einer Sauce mischen.
200 g geräucherte Forelle	In Stücke zupfen und mit den Kastanien und dem Fenchel zur Sauce geben. Gut mischen.

VOM LAGERN

Neben dem wenigen Gemüse, das man im Winter ab Feld ernten kann (Lauch, Wirz, Rosenkohl, Nüsslisalat) haben wir dank Lagergemüse auch in der kalten Jahreszeit eine breite Palette an verschiedenem einheimischem Gemüse zur Verfügung. Dies sind die idealen Bedingungen für verschiedene Gruppen von Gemüse:

- Kalt und feucht: Möglichst tiefe Temperaturen, aber ohne Frost (0 bis 2 °C), bei hoher Luftfeuchte (> 95 %) mögen Karotten, Pastinaken, Kohlarten, Zuckerhut, Chinakohl, Sellerie, Lauch und viele andere Arten.
- Nicht ganz so kalt und feucht (4 bis 6 °C und > 95 % Luftfeuchte) ist gut für Randen (sonst gibt es schwarze Flecken) oder Kartoffeln (diese werden süß).
- Kalt und trocken mögen es fast nur Zwiebeln. Für ihre optimale Lagerung muss die Schale immer trocken sein; sie können, ohne Schaden zu nehmen, auch gefrieren – dürfen dann aber nicht bewegt werden.
- Warm und trocken ist unter den Wintergemüsen fast nur für Kürbisse ideal. Diese sollten nicht unter 12 °C gelagert werden, da sie sonst zu faulen beginnen.

Generell soll Gemüse nie zusammen mit Früchten gelagert werden, da Früchte Ethylen abgeben, das bei Gemüse zu vorzeitigem Altern oder sogar zu Bitterkeit (Karotten) führt.

Martin Koller, Forschungsinstitut für biologischen Landbau FiBL

Kastanien-Buchweizen-Blinis

Zu diesen Blinis passt hervorragend Bio-Räucherlachs aus Irland mit etwas Meerrettich-Sauerrahm sowie Wintergemüse wie zum Beispiel Federkohl oder rohes Sauerkraut oder ein Rübensalat.

75 g Kastanienmehl 75 g Buchweizenmehl 50 g Weißmehl	Die drei Mehlsorten mischen.
130 ml warmes Wasser 50 g Joghurt 50 g Sauerrahm 1 Ei 10 g Hefe	Alle flüssigen Zutaten mit der Hefe mischen, unter die Mehlmischung rühren und 1 Stunde gehen lassen.
1 EL Bratbutter	In eine warme Bratpfanne geben und den halbflüssigen Teig löffelweise darin auf kleiner Flamme braten; sobald der Teig stockt, umdrehen und auf der anderen Seite fertig braten.

Kastanien-Pilz-Ragout mit Polenta

Dies ist mein klassisches Winterragout. Das lange Schmoren des Gemüses gibt diesem Hauptgang einen sehr intensiven Geschmack; Polenta passt hervorragend dazu.

200 g getrocknete Kastanien	Über Nacht einweichen, dann die Häutchen entfernen und mit dem durchgesiebten Einweichwasser 3–4 Minuten im Druckdampftopf kochen; das Kochwasser abgießen und aufbewahren.
1 EL Olivenöl	In eine warme Pfanne geben; die Kastanien darin 10 Minuten anbraten.
1 Zwiebel, gehackt 100 g Sellerie, gewürfelt 2 Karotten, gewürfelt	Diese Zutaten zu den Kastanien geben und weiter auf mittlerer Flamme goldgelb braten.
100 g Champignons, geviertelt	Hinzufügen und weiter braten.
300 ml Rotwein 20 g getrocknete Steinpilze, 15 Minuten eingeweicht 3 Lorbeerblätter 1 EL Gemüsebouillon nach Geschmack Nelken, Thymian, Rosmarin 1 Prise Bohnenkraut	Diese Zutaten zum Bratgemüse geben und etwa 20 Minuten kochen; eventuell noch etwas Kastanienkochwasser hinzufügen.
1 Knoblauchzehe, gepresst 30 g Tomatenkonzentrat	Beides dazugeben und nochmals aufkochen lassen.
schwarzer Pfeffer 1–2 EL Tamari 1–2 EL Farina bona	Mit Pfeffer, Tamari und Farina bona abschmecken.

Für die Polenta:

1 l Wasser 1 TL Salz	Salzwasser zum Kochen bringen.
300 g Tessiner (oder anderes) Polentamehl	Mit dem Schwingbesen einrühren, die Hitze reduzieren und 1 Stunde auf sehr kleiner Flamme zugedeckt kochen; ab und zu umrühren.

Für die Polenta wird ein Vollkorn-Maismehl verwendet: Der rote Mais 'Mais rosso Ticino' (Arche des Geschmacks), eine alte Tessiner Sorte, und der 'Millo corvo' werden beide hier angebaut und gemahlen.

Kastanienkuchen

Die große Herausforderung war, einen nicht zu trockenen Kuchen zu kreieren, der nur mit Kastanienmehl und nicht mit den geschmacklich einfacheren frischen oder gekochten Kastanien auskommt. Nach verschiedenen Versuchen finde ich dieses Rezept schon mal sehr in Ordnung. Sicher könnte man noch weiter tüfteln ...
Für diesen Kuchen verwende ich Sultaninen, die ich einmal im Jahr einmache: In ein großes Glas kommen etwa 500 g Sultaninen, 2 Kassia- und 2 Zimtstangen, 1 TL Nelkenpfefferkörner, 8 Kardamomkapseln, 6 Ingwerscheiben, 6 Zitronenschalenstreifen. Dann wird das Ganze mit gutem Grappa bedeckt. Es dauert mindestens ein paar Tage, bis die Würze spürbar wird, aber die Mischung ist ewig haltbar und passt auch hervorragend zu Eis oder Cremes.

250 g Vollrohrzucker (z. B. Jacutinga, Mascobado) 100 g weiche Butter	Beides schaumig schlagen.
5 Eigelb	Dazugeben und weiter sehr luftig schlagen.
300 g süßes Kastanienmehl 100 g gemahlene Mandeln ½ Beutel Backpulver	Mehl, Mandeln und Backpulver mischen.
300 ml Milch	Erst mit der Mehlmasse mischen, dann alles mit der Eier-Butter-Zucker-Masse gut vermischen.
300 g Äpfel, geraspelt 100 g Sultaninen, in Grappa eingelegt	Beides dazugeben und nochmals gut mischen.
5 Eiweiß 1 Prise Salz	Eiweiß mit Salz steif schlagen; dann sorgfältig unter die Masse ziehen. Eine 28-cm-Springform mit etwas Butter einreiben, den Teig einfüllen und im Ofen bei 180–200 Grad 1 Stunde backen. Noch lauwarm aus der Form nehmen und komplett auskühlen lassen.

Süße, würzige Kastanien

Diese Dessertkastanien passen sehr gut ganz einfach zu Schlagrahm oder zu einem Fruchtsalat.

200 g Dörrkastanien	Über Nacht gut mit Wasser bedecken; dann Häutchen entfernen und mit dem durchgesiebten Einweichwasser in einem Topf aufsetzen.
4 Ingwerscheiben 2 Nelken 1 Lorbeerblatt 1 Stange Kassiazimt 2 Rispen Langpfeffer	Alles in den Topf geben und etwa 40 Minuten kochen, bis die Kastanien weich sind; zuletzt das Kochwasser einkochen lassen; auskühlen lassen.
2 EL Kastanienblütenhonig	Unter die Kastanien mischen.

ZUCHTPILZE

- **Champignon** *(Agaricus bisporus)*
- **Austernpilz, Pleurotus, Pleos, Austernseitling** *(Pleurotus ostreatus)*
- **Shiitake** *(Lentinula edodes)*
- **Brauner Kräuterseitling** *(Pleurotus eryngii)*
- **Enoki, Gemeiner Samtfußrübling** *(Flammulina velutipes)*
- **Gemeines Stockschwämmchen** *(Kuehneromyces mutabilis)*

Auch wenn Pilze botanisch gesehen nicht zu den Pflanzen (Flora) gehören, sondern eine eigene Lebensform bilden (Funga, Gesamtheit der Pilze), widme ich auch diesen Geschöpfen ein Kapitel in diesem Buch, da sie normalerweise über den Gemüsehandel vertrieben werden und unseren Herbst- und Winter-Speisezettel bereichern. Mein Interesse gilt dabei vor allem Zuchtpilzen, denn meist sind sie es, die wir im Laden angeboten bekommen. Der Kauf von Pilzen aus biologischer Zucht ist sehr zu empfehlen, da gerade Pilze dazu tendieren, Schadstoffe aufzunehmen. Die meisten Zuchtanlagen befinden sich in geschlossenen Gebäuden, aber auch in natürlichen Höhlen, alten Steinbrüchen oder in verlassenen Militärbunkern.
Letztes Jahr habe ich am Marché des Terroirs Suisse in Delémont eine spannende Entdeckung gemacht: Es gibt am Eingang zum Berner Oberland eine Freiland-Pilzfarm in Stockental. Gill Allenbach und Heidi Burkhalter leiten diesen Pionierbetrieb. Nachdem behördlich abgeklärt war, ob Pilzzucht überhaupt zur Landwirtschaft zu zählen sei und ob es eine Baubewilligung braucht, um Hunderte von Holzstücken auf die Wiese zu »pflanzen«, gingen die beiden voller Elan an ihr innovatives Projekt. Austernseitlinge sind im Moment ihr Hauptprodukt, auch weil sie am einfachsten gedeihen – sie ertragen sogar sehr tiefe Temperaturen, bis zu minus 20 Grad! Aber auch Shiitake, Stockschwämmchen und Kräuterseitlinge werden in die verschiedenen Holzstämme geimpft und diese dann draußen in der Natur aufgestellt, wo sie ohne Elektrizität gedeihen. Im Freien kultivierte Pilze sind saisonabhängig; je nach Wetterlage kann von April bis November geerntet werden. Doch auch die saisonunabhängige Produktion von Pilzen im Indoor-System, wie von mehreren hoch spezialisierten Betrieben ausgeführt, ist natürlich immer noch sinnvoll. Im geschlossenen Raum funktioniert die Pilzzucht dank ausgeklügelten Einstellungen des Raumklimas. Jeder Pilz hat besondere Ansprüche, was Temperatur, Feuchtigkeit, Licht und Substrat anbelangt. Die größte Herausforderung in der Biopilzzucht ist es, biologisches Substrat zu finden und dieses steril zu halten.

Ein Kapitel für sich sind die Trockenpilze: Manche Sorten schmecken getrocknet intensiver als frisch. Und gerade für die Züchter sind sie eine sehr gute Alternative, um nicht zu sehr den Markt- und auch den Produktionsschwankungen ausgeliefert zu sein. Es ist also durchaus empfehlenswert, dass wir vermehrt auch Rezepte mit Dörrpilzen oder Pilzpulver probieren.

Die gängigsten Zuchtpilze: Braune Champignons, Austernpilze oder Pleuros, Shiitake sowie Enoki aus dem Asialaden, Kräuterseitlinge.
Getrocknete Pilze haben oft mehr Geschmack, aber eine weniger interessante Konsistenz: Steinpilze (wild gesammelt), Austernpilze, Totentrompeten und Judasohren, Letztere oft aus China importiert.

Eine spezielle Rolle spielen die Trüffel. In den letzten Jahren wurden sie fast überall entdeckt, auch in Regionen, die nicht als Trüffelgebiete bekannt waren. So findet man immer öfter auch Schweizer Trüffel, sie werden sogar in Plantagen in größerem Stil angebaut. Es gibt viele verschiedene Trüffelsorten, die für Laien nicht einfach zu unterscheiden sind. Auch die Qualität der einzelnen Knollen ist nicht immer messbar. Es lohnt sich daher für jeden Trüffelsucher, sich mit der Materie zu beschäftigen, auch die Namen (die lateinischen!) der verschiedenen Arten zu kennen, sich mit den delikaten Verhältnissen im Wald und mit den Regeln des Sammelns zu befassen. In Deutschland sind Bestrebungen im Gange, das Trüffelernte-Verbot, das dort seit dem Zweiten Weltkrieg besteht, aufzuheben. Es werden in Deutschland auch schon vermehrt Trüffelplantagen angelegt. Somit besteht die Hoffnung, dass mit dem verstärkten Interesse der Sammler dieser Pilz für die Konsumenten etwas »zugänglicher« wird, vor allem, was den Preis anbelangt! Die geschmacklichen Unterschiede, sogar gegenüber Zuchtpilzen, scheinen mir nicht so groß zu sein wie die preislichen.

In der Küche

Zuchtpilze sind meistens küchenfertig zu kaufen; manchmal haften noch wenig Substratreste am Anschnitt, die sich mit einem feuchten Tuch oder dem Rüstmesser entfernen lassen. Eventuell vorhandenen Flaum, wie er beim Austernpilz vorkommen kann, darf man mitessen. Am besten sollte man Pilze nicht waschen, da sie wie Schwämme das Wasser aufsaugen.

Die meisten Pilze, vor allem aber Champignons, Steinpilze und Kräuterseitlinge, gewinnen viel an Geschmack, wenn man sie ganz scharf anbrät. Die Bratpfanne sollte bereits sehr heiß sein, wenn das Fett und gleich anschließend die Pilze in kleinen Mengen dazugegeben werden; dank der großen Hitze und möglichst wenig Wenden sollte kein Saft austreten und die Pilze in wenigen Minuten schön bräunen. Mit diesem Röstgeschmack werden sie zu einem würdigen Hauptbestandteil eines Gerichts oder können auch, gut ausgekühlt, später verwendet oder sogar eingefroren werden. Auch mariniert und sogar roh schmecken manche Pilze sehr interessant.

Austernpilze könnte man als fleischähnlich bezeichnen: Die schmackhafte, feste und elastische Konsistenz, die Saftigkeit und sogar die Form laden dazu ein, sie wie Fleischgerichte zuzubereiten.

Von den Champignons bekommt man manchmal große, schon etwas offene Exemplare, die ideal zum Füllen – beispielsweise mit einer Mischung aus Petersilie, Schalotten, Brot und Knoblauch – und zum Überbacken sind. Sie sind auch roh, gebraten in Saucen, zu Getreide oder Fleisch sehr schmackhaft.

Die Shiitake, mit ihrem sehr markanten Umami-Geschmack, verleiten mich eher zur asiatischen Küche. Ihren Stiel sollte man nicht verwenden; er ist zu hart. Shiitake passen gut in Suppen und eignen sich für gemischtes Bratgemüse. www.champignon-suisses.ch

Passende Zutaten

Petersilie, Lorbeer, Thymian, Ysop, Pfeffer
Lauch, Knoblauch, Schalotten, Tamari

Marinierte Champignons à la grèque

Diese Zubereitungsart ergibt eine Art Kurzkonserve, denn auf diese Art mariniert halten sich die Pilze über eine Woche im Kühlschrank. Man kann auch anderes Gemüse dazumischen, zum Beispiel Fenchel, Herbstrüben oder Topinambur (siehe Seite 187).

500 g Champignons, ganz oder halbiert
50 g Schalotte, in Scheiben geschnitten
1–2 Knoblauchzehen, gepresst
1 Prise Kräutermeersalz
1–2 Peperoncini (milde Chili)
3 Lorbeerblätter
1 TL Thymian
200 ml Weißwein
3 EL Olivenöl

Alle Zutaten zusammen in einen Topf geben. Aufkochen, danach zuerst 2 Minuten zugedeckt, dann ohne Deckel bei großer Hitze kochen, bis die Flüssigkeit vollständig eingekocht ist.

5 cl Sherry
ein wenig Tamari

Dazugeben und nochmals einkochen. Mit Tamari abschmecken und auskühlen lassen.

PATENTE AUF LEBENSMITTEL

Mit der Einführung von genetisch veränderten Organismen (GVO) in der Landwirtschaft wurde es in Europa erstmals möglich, Pflanzen patentieren zu lassen. Heute werden vermehrt auch Patente auf konventionell gezüchtete Pflanzen erteilt. Dies obwohl das Europäische Patentübereinkommen die Patentierung von Pflanzensorten, Tierrassen sowie im Wesentlichen biologische Verfahren zur Züchtung verbietet. Durch das Patent geschützt werden häufig nicht nur das Saatgut, sondern auch die Früchte, die Pflanzen sowie Produkte, die daraus hergestellt werden. Ein Patent ermöglicht es seinem Inhaber, die Nutzung der Erfindung anderen während zwanzig Jahren zu untersagen oder dafür eine Lizenzgebühr zu fordern. Vordergründig sollen Patente für Firmen einen Anreiz schaffen, um in die Zucht von neuen Pflanzensorten zu investieren. Doch sie bewirken das Gegenteil. Landwirte dürfen ihr aus der Ernte gewonnenes Saatgut nicht mehr behalten, und Züchter können mit dem patentierten Saatgut nur noch eingeschränkt weiterarbeiten. Patente auf Pflanzen und Tiere sind nicht nur ethisch problematisch, sie fördern auch die Marktkonzentration im Saatgutsektor, führen zu einer abnehmenden Biodiversität und gefährden die Ernährungssicherheit.
Erklärung von Bern

Austernpilze mit Thai-Basilikum

250 g Austernpilze
100 g Champignons, in Scheiben geschnitten
50 g Shiitake, in Scheiben geschnitten
3 EL Tamari
2–4 rote Chilis, gehackt oder aufgeschlitzt
2 EL Palmzucker

Alle Zutaten in eine weite Bratpfanne geben und auf großer Flamme 4 Minuten kochen.

3 EL Zitronensaft
2 Knoblauchzehen, gepresst
1 Handvoll ganze Thai-Basilikum-Blätter (Horapa)
1–2 Frühlingszwiebeln, gehackt

Diese Zutaten dazugeben, das Gericht vom Herd nehmen und auskühlen lassen.

Scharf angebraten schmecken Pilze am besten.

Enoki mit mariniertem Tofu

Diese dünnen Pilze muss man nur ganz kurz braten. Sie sind sehr schmackhaft und haben eine feste Konsistenz.
Im Kühlschrank aufbewahrt, hält sich der marinierte Tofu bis zu einer Woche. Er wird immer schmackhafter und eignet sich auch für andere Gerichte. Wichtig ist, dass er immer von der Marinade bedeckt ist. In Würfel geschnitten und gebraten macht er sich gut auf einem Salat oder in einer Sauce, in Curry oder als vegetarisches Schnitzel in einem Sandwich.

50–100 ml Tamari
je 1 TL Rosmarinpulver, Paprika, Pfeffer
1 Prise Nelkenpulver
1 EL Majoran

Alles zu einer Marinade mischen.

300 g pasteurisierter Tofu

In ½–1 cm dicke Scheiben schneiden und in ein rechteckiges Gefäß mit Deckel legen, sodass er relativ knapp darin Platz hat. Die Marinade und so viel kaltes Wasser dazugeben, dass die Scheiben gut bedeckt sind. Im Kühlschrank mindestens 3 Tage marinieren lassen. Zum Gebrauch die Scheiben herausnehmen und mit Küchenpapier trocken tupfen. Dann in wenig Öl beidseitig braten.

200 g Enoki

Den unteren Teil abschneiden und in grobe Stücke schneiden.

1 EL Bratbutter oder Olivenöl

In eine Bratpfanne geben und die Pilze darin 1–2 Minuten stark anbraten. Mit etwas Marinade vom Tofu oder mit Tamari würzen und über den gebratenen Tofu geben.

Tofu-Nuss-Burger mit Kräuterseitlingsauce

Fast alle Pilze eignen sich für eine solche Sauce – die natürlich auch zu Pasta oder Fleisch passt. Wichtig ist bei den meisten Pilzen das scharfe Anbraten, damit sie kein Wasser ziehen. Nur so gewinnen sie an Geschmack und Konsistenz. Das gilt vor allem für Champignons, Austernpilze, Kräuterseitlinge, Steinpilze und ähnliche Sorten.

1 EL Bratbutter	In eine heiße Bratpfanne geben.
200 g Kräuterseitlinge, in Scheiben geschnitten	In der Pfanne sehr heiß anbraten und öfter wenden.
1–2 Schalotten, gehackt	Nach einigen Minuten dazugeben und weiter braten, bis alles Farbe angenommen hat; dann die Hitze reduzieren.
2 EL Petersilie, gehackt	Hinzufügen und weiter braten.
1 Knoblauchzehe, gepresst	Noch wenige Sekunden mitbraten.
100 ml Weißwein je 1 Prise Thymian und Piment d'Espelette 2 Lorbeerblätter	Wein und Gewürze dazugeben und etwas einkochen lassen.
2 EL Tamari 100 ml Rahm 2 TL Farina bona	Mit Tamari und Rahm hinzufügen, nochmals kurz aufkochen lassen.

Für die Tofuburger:

100 g Zwiebel, sehr fein geschnitten 50 g Karotten, fein geraspelt 50 g Sellerie, fein geraspelt 350 g frischer Tofu 150 g Walnüsse, gemahlen 2 EL Petersilie, gehackt 3–5 EL Tamari ½ TL Paprika ½ TL Rosmarinpulver wenig Nelkenpulver	Alle Zutaten mit den Händen gut vermischen; kleine flache Bratlinge formen.
1 EL Olivenöl	Eine Pfanne auf kleiner Flamme erhitzen, die Bratlinge (nicht zu viele auf einmal) mit wenig Öl langsam anbraten; wenn möglich nur einmal wenden, wenn sie Farbe angenommen haben. Dazu passt die schwarze Quinoa mit Gemüsewürfeln (Rezept Seite 222).

Shiitake-Lauch-Suppe

Diese Suppe ist eine »Quick Soup«-Variante, die allerdings wegen des Einweichens etwas Vorausplanung benötigt, außer man verwendet frische Shiitakepilze und gelbe oder rote Linsen anstelle der rohen weißen Erdnüsse. Letztere geben dieser Suppe allerdings einen interessanten knackigen Biss (man findet sie in den Asia-Läden).

100 g rohe Erdnüsse	8 Stunden in kaltem Wasser einweichen; das Einweichwasser danach wegschütten.
10–15 getrocknete Shiitakepilze	In reichlich lauwarmem Wasser 1–2 Stunden einweichen; dann in dünne Scheiben schneiden.
800 ml Wasser oder Gemüsefond 1 TL Gemüsebrühepulver 10 Kaffirlimettenblätter	Diese Zutaten mit den Erdnüssen und den Pilzen 10 Minuten kochen.
2 Selleriestangen 4 Pak-Choi-Blätter 4 Chinakohlblätter 150 g Lauch 100 g Asia-Kürbis	Alles in Stifte, Ringe oder Streifen schneiden und noch 5 Minuten mitkochen.
1 EL Ingwer, geraspelt wenig Tamari abgeriebene Limettenschale eventuell etwas Limettensaft	Mit Ingwer, Tamari und Limette abschmecken und servieren.

Freiland-Pilzzucht
Oben: Austernpilze nach dem ersten Frost; solange man sie am Strunk auftauen lässt, nehmen sie keinen Schaden.

Unten: Die Pioniere der Outdoor-Pilzzucht, Gil Allenbach und Heidi Burkhalter, in ihrer geimpften Baumstrunk-Plantage in Stockental.

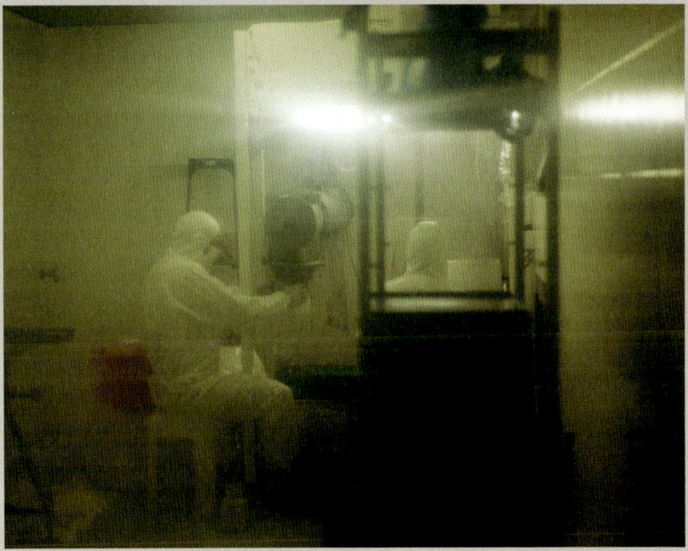

Indoor-Pilzzucht
Der größte Teil der heutigen Pilzzucht geschieht immer noch in Hallen mit kontrolliertem Klima. Vor allem die biologische Zucht braucht ein ausgeklügeltes Kontrollsystem. Patrick Romanens produziert seit vielen Jahren Bio-Zuchtpilze. Pilze zu züchten ist für ihn etwa so, »wie im Stall einen Operationssaal zu betreiben« – das schwierige Zusammenspiel von lebendiger Natur und sterilen Bedingungen.
Jeder Pilz gedeiht auf einem eigenen Substrat. Links Shiitake, auf den Gestellen Pleuros, in der Hand des Züchters Austernseitlinge.

Zimt Stangen
100g
biopartner
CASSIA
Curcuma
270g
biopartner
Pfeffer schwarz ganz
425g
biopartner
biopartner
GARAM MASALA
CARDA-MOM
Kurkuma

GEWÜRZE

Neben dem Gemüse liebe ich Gewürze. Mit ihnen gehe ich auf imaginäre Reisen und hole mir fremde, exotische Gerüche in die Küche. Die Geschichte der Gewürze verrät auch viel Interessantes über unsere Kultur und über geschichtliche Ereignisse. Und die Kontrolle über die Gewürzproduktion und den Gewürzhandel ist noch heute ein wichtiger ökonomischer und politischer Faktor.
Oft verwende ich Gewürze in relativ großen Mengen nach dem Motto »wenn schon, denn schon«. Gelernt habe ich das von der indischen Küche, da man dort, wie auch in anderen Kulturen, mutiger mit Gewürzen umgeht. Gerne verwandle ich manchmal unsere traditionellen regionalen und saisonalen Wirz- und Karottengerichte in etwas Neues, Unerwartetes – als Abwechslung zum stets guten, aber auch immer gleichen Lieblingsgericht. Also nur Mut! Es lohnt sich, mit Gewürzen ein bisschen experimentierfreudiger zu werden.

Gewürze kaufe ich wenn immer möglich in Bioqualität. Ich liebe aber auch all die kleinen Läden, die indische, asiatische, arabische oder südamerikanische Lebensmittel verkaufen, wo ich immer wieder auf Unbekanntes stoße. Falls man mir im Laden keine »Bedienungsanleitung« für das neu entdeckte Produkt geben kann, informiere ich mich in Büchern oder im Internet oder beginne einfach selbst zu degustieren und auszuprobieren.
Gewürze, vor allem nicht gemahlene, halten sich meistens sehr lange, weit über das angegebene Verfallsdatum hinaus. Bei gemahlenen Gewürzen verflüchtigen sich Duft und Aroma schneller. Manchmal reicht es dann, einfach etwas mehr davon zu nehmen, bei anderen lohnt es sich, eine neue Packung zu öffnen. Koriander ist vielleicht das Gewürz, das am schnellsten sein Aroma verliert: von zitronig-frisch zu Anfang reichen 3 bis 4 Monate, bis er nur noch ein fades Stroharoma hat. Im Gegensatz dazu riechen Nelken noch nach 6 Jahren fast zu intensiv.
Es ist immer schön, ein Gewürz selbst zu mahlen, auch wenn man zu Hause nicht ein so feines Pulver hinbekommt wie die Profis. Je nach Sorte genügt schon ein Suribachi (siehe Seite 378), ein japanischer gerillter Tonmörser, oder man muss einen speziellen Mahlaufsatz für die Küchenmaschine verwenden. Auch Kaffeemühlen können umfunktioniert werden; sie dürfen dann allerdings nur noch für Gewürze gebraucht werden.
Das Rösten der einzelnen Gewürze vor dem Mahlen ergibt einerseits einen intensiveren Geschmack, andererseits sind die Gewürze dann spröder und können besser pulverisiert werden.

Mein Gewürz-Bord: Seit vielen Jahren hat bei mir jedes Gewürz sein eigenes Glas; so finde ich sie schneller in der großen Auswahl. Ich habe die Gewürze im Regal mehr oder weniger nach den gleichen Kriterien geordnet, wie sie im folgenden Abschnitt vorgestellt sind. Mischungen habe ich nur wenige, da ich gerne selbst mische. Die aromatischen Kräuter befinden sich in einem separaten Regal. Ich verwende auch verschiedene Salze (unten links): Als Basis dienen Meersalz und Kräutermeersalz. Daneben habe ich noch verschiedene weitere Varianten (Tiefen- oder Vollmeersalz, Himalayasalz, schwarzes und grobes Salz, Fleur de Sel u.a.), aber das sind zugegebenermaßen oft zu feine Unterschiede für meine aromenstarke Küche. Hier bewahre ich auch die Gemüsebrühen, in Pulverform und als Paste, und verschiedenen Senfsorten auf.

Bei manchen Gewürzen herrscht einige Verwirrung und Verwechslung in Bezug auf ihre Benennung. Verantwortlich dafür sind einerseits die regionalen Namen und andererseits die Übersetzungen. Ein gutes Beispiel ist die Bezeichnung »Schwarzkümmel«, unter der man je nach Herkunftsland Nigella, Kala Jeera oder Zwiebelsamen versteht. Darum habe ich in diesem Kapitel zu den im Handel üblichen auch die eindeutigen lateinischen botanischen Namen aufgeführt sowie die englischen Bezeichnungen, unter denen sie in ethnischen Läden teilweise zu finden sind.
Zur Vertiefung und für mehr Informationen rund um das Thema Gewürze rate ich, einen guten Gewürzhändler aufzusuchen. Es gibt auch viele ausgezeichnete Bücher und nützliche Webseiten darüber. Die nachfolgenden Informationen beschränken sich daher auf das Notwendigste.
Die Gewürze werden hier nur grob in Kategorien eingeteilt, die bei der Anwendung jedoch nützlich sein können. Die aromatischen Kräuter werden hier nicht behandelt, da viele von ihnen frisch verwendet und somit in der warmen Jahreszeit geerntet werden.

www.gernot-katzers-spice-pages.com

DOLDENBLÜTLER-GEWÜRZE

(Apiaceae)

Botanisch gesehen sind es Früchte, aber in der Küche nennt man sie Samen. Sie alle fördern die Verdauung und lindern Blähungen, aber natürlich geben sie ihr Aroma auch an die Gerichte ab.
Die meisten von diesen Samen passen sehr gut zu Kreuzblütler-Gemüse (Kohl, Wirz, Rüben, Rettich), aber man kann sie überall einsetzen. Sie sind ein wichtiger Bestandteil von Curry- sowie anderen Gewürzmischungen aus aller Welt. Man kann die Samen ganz oder gemahlen verwenden; meist empfiehlt es sich, sie gemahlen zu verarbeiten, damit sich ihr Aroma gut in der Speise verteilt. Ganze Samen behalten ihr Aroma länger, aber viele Menschen empfinden es als störend, wenn sie auf einzelne Samen beißen. Diese sind schließlich wahre Geschmacksbomben. Eine gute Variante ist, die Samen in einen Beutel zu packen, den man am Ende der Kochzeit wieder herausnimmt. Wenn man sie vorher etwas zerstampft hat, ist das Aroma intensiver. Doldenblütler-Gewürze sind beispielsweise (von rechts oben im Uhrzeigersinn):

- **Kümmel, Echter, Wiesen- oder Gemeiner Kümmel,** *Carum carvi,* engl. Caraway. Im Norden beliebter und bekannter als in der mediterranen Region; er gehört zu vielen traditionellen Gerichten, beispielsweise zu Sauerkraut, Raclette, Schweinebraten sowie zu regionalen Brotspezialitäten.
- **Fenchelsamen,** *Foeniculum vulgare,* engl. Fennel seeds. Vielseitig einsetzbar, sogar in Süßspeisen; kurz geröstet hat er ein liebliches und nicht zu aufdringliches Aroma. Er ist der mediterrane Bruder des Kümmels.
- **Dillsamen,** *Anethum graveolens,* engl. Dill seeds. Etwas schwierig zu finden, hat ein feines Aroma.
- **Selleriesamen,** *Apium graveolens,* engl. Celery seeds. Angenehm bitter und aromatisch; passt sogar zu Sellerie selbst.
- **Koriander, Cilantro,** *Coriandrum sativum,* engl. Coriander (Früchte, Blätter und Wurzel). Die getrockneten Koriandersamen verlieren nach dem Mahlen sehr schnell ihr an Zitrusfrüchte erinnerndes, frisches Aroma. Man kann die Körner in eine Pfeffermühle füllen oder alle 2 bis 3 Monate eine Portion davon mahlen. Die frischen Blätter haben ein völlig anderes Aroma. In vielen Ländern außerhalb von Europa werden sie so eingesetzt wie bei uns die Petersilie: Sie werden überall darübergestreut. Ihr Duft wird von den einen als frisch, würzig, zitrusartig, von den anderen als abstoßend nach Wanzen oder Seife stinkend beschrieben. Mit etwas kulinarischer Neugier gewöhnt man sich daran, und irgendwann liebt man auch den frischen Koriander. In Thailand wird die Wurzel ebenfalls verwendet.
- **Kreuzkümmel, Kumin oder Cumin, Römischer Kümmel, Jeera,** *Cuminum cyminum,* engl. Cumin. Der zweite große Exot neben dem frischen Koriander, der für viele nach wie vor gewöhnungsbedürftig ist. Er ist Grundbestandteil der meisten außereuropäischen Gewürzmischungen, allen voran von Currymischungen. Auch dieses Gewürz kann je nach Kultur oder Geschmack als duftend oder unangenehm riechend eingestuft werden. Daher unbedingt auf die Verwechslungsgefahr mit dem Kümmel achten!
- **Anis,** *Pimpinella anisum,* engl. Anise. Intensives, lakritzartiges, süßes Aroma; macht sich gut in Gewürzmischungen, ist auch für süße Speisen geeignet.
- **Schwarzer Kumin oder Cumin, Schwarzer Kreuzkümmel, Kala jeera,** *Bunium persicum,* engl. Black cumin. Rar, in indischen Läden erhältlich; nicht zu verwechseln mit Nigella. Geschmacklich ist er zwischen Kümmel und Kreuzkümmel einzuordnen.
- **Ajowan, Adiowan, Königskümmel,** *Carum ajowan,* syn. Trachyspermum ammi, engl. Ajowan, fälschlicherweise auch Lovage seeds. Schmeckt nicht Doldenblütler-typisch, sondern eher nach Thymian; wird in der indischen Küche verwendet, zum Beispiel auf Fladenbrot.
- **Stinkasant, Asafoetida, Hing,** *Ferula assa-foetida,* engl. Asafetida (getrockneter Milchsaft aus der Wurzel). Seinen Namen bekam er nicht umsonst: Er hat einen sehr intensiven, eher abstoßenden, an Schwefel erinnernden Geruch. In der ayurvedischen Küche ersetzt er Zwiebel und Knoblauch. Er ist meist in Pulverform, mit Reismehl oder Gummi arabicum gemischt, erhältlich. In kleiner Dosis mitgekocht, ist er sehr schmackhaft in vielen Gerichten.

WARME UND EXOTISCHE GEWÜRZE

Diese Gewürze kann man sowohl in salzigen wie in süßen Gerichten verwenden. Sie sind sehr wohlriechend und geben Gewürzmischungen, wie beispielsweise Curry, die wärmende Duftnote.

Von links unten im Uhrzeigersinn:

- **Vanille,** *Vanilla fragrans* (Frucht und Samen). Ich verwende gerne Bourbon-Vanille in Pulverform. Dafür wird die ganze Schote gemahlen, was ich als durchaus sinnvoll erachte, denn auch die Fruchtwand hat Aroma, nicht nur die kostbaren Samen im Innern.
- **Tonkabohne,** *Dipterix odorata,* engl. Tonka bean (Samen, in Rum fermentiert und getrocknet). Das Cumarin, das in den Bohnen enthalten ist, riecht ähnlich wie Waldmeister *(Asperula odorata)* und erinnert an duftendes Heu. Man raspelt die Bohnen oder gibt sie im Ganzen in die Gerichte. Sie aromatisieren nicht nur Süßspeisen. Da Cumarin giftig ist, sollte man nur in kleiner Dosis davon Gebrauch machen!
- **Echter Zimt, Zimtblüten,** *Cinnamomum verum, Cinnamomum zeylanicum,* engl. Sri Lanka cinnamon (Rinde und Blüten). Das süßeste Aroma, ein geliebter Kindheitsduft! Die getrockneten Zimtblüten sind noch etwas blumiger und feiner im Geschmack.
- **Kassia-, Cassia- oder Chinazimt,** *Cinnamomum cassia,* engl. Chinese cassia (Rinde). Er ist schärfer und süßer im Geschmack als Echter Zimt und weniger kostbar; darum auch oft zum Strecken von Echtem Zimt verwendet. Eine interessante Alternative, gerade wegen des markanten Geschmacks.
- **Nelke, Gewürznelke,** *Syzygium aromaticum,* syn. *Eugenia caryophyllata,* engl. Clove (Blütenknospen). Eines der wenigen Gewürze, das man wirklich in kleinster Dosis verwenden sollte, da es sehr schnell dominiert und störend wirken kann; darum benutze ich es in Pulverform. Es gehört bei mir zur Grundmischung für Fleisch oder Tofu, zusammen mit Rosmarin, Lorbeer, Paprika und Pfeffer.
- **Nelkenpfeffer, Neugewürz, Jamaicapfeffer, Allgewürz,** *Pimenta dioica,* engl. Allspice, Jamaica pepper (Früchte). Ein tolles Gewürz, das an Nelken, Muskat, Zimt, Pfeffer und mehr erinnert. Ich verwende es gerne anstatt Nelken, da es nicht so aufdringlich schmeckt und die Gefahr des Überwürzens geringer ist als bei diesen.
- **Rosa Pfeffer, Brasilianischer Pfeffer,** *Schinus molle, Schinus terebinthifolius,* engl. Peruvian pepper (Frucht). Diese dekorativen, kleinen Beeren haben einen süßlichen, aromatischen Geschmack, sind aber nicht scharf. Sie passen zu delikaten Gerichten, denen sie als milder Geschmackskick etwas Spannung verleihen. Meistens auch in Pfeffermischungen enthalten.
- **Grüner Kardamom,** *Elettaria cardamomum,* engl. Cardamom (Samen/Kapsel). Besitzt ein speziell gutes Aroma und ist ein wunderbares Gewürz, das gut zu an sich »neutralen« Gemüsesorten passt (Kürbis, Kastanien, Karotten, Pastinaken). Es gibt verschiedene Varianten in dieser Gruppe, die sehr unterschiedlich schmecken können, zum Beispiel der Schwarze oder Braune Kardamom *(Amomum subulatum)*, der rauchig schmeckt.
- **Sternanis, Badian,** *Illicium verum,* engl. Star anise (Früchte). Im Aroma nahe dem Anis, aber etwas wärmer und an Holz erinnernd.
- **Muskatnuss und Muskatblüte, Macis,** *Myristica fragrans,* engl. Nutmeg, Mace (Samen/Samenmantel). Auch Muskatnuss hat einen sehr intensiven Geschmack, darum braucht man relativ wenig davon. Macis (eine Art Netz, das die Samenschale der Nuss umhüllt) ist etwas lieblicher und süßer im Aroma

Schärfe ist eine Sinnesempfindung, an die man sich gewöhnen kann; die Schmerzgrenze kann also immer weiter nach oben getrieben werden. Es gibt verschiedene Gewürze, die diesen Gaumenkitzel befriedigen, die sich aber auch im Aroma unterscheiden. Darum ist es beispielsweise spannend, mit den vielen Pfeffersorten zu experimentieren. Die Schärfe kann im Gaumen, im Rachen oder in der Nase empfunden werden.

Die verschiedenen Pfefferkörner oben rechts beginnend im Uhrzeigersinn:

- **Pfeffer,** *Piper nigrum,* engl. Pepper (Beerenfrucht). Von der nur in den Tropen gedeihenden Kletterpflanze gibt es unterschiedliche Produkte. Mit dem Fortschreiten der Reife steigen der Zuckergehalt in der Frucht und die vor allem in den Samen enthaltene Schärfe.
  Grüner Pfeffer: unreif, frisch, in Salzlake oder gefriergetrocknet, hat ein mildes, grasiges Aroma.
  Weißer Pfeffer: unreif, gewaschen, geschält (vom Fruchtfleisch befreit) und getrocknet, schmeckt scharf, hat aber wenig Geruch.
  Schwarzer Pfeffer: knapp ausgereift und im Ganzen fermentiert, hat eine feine würzige Note.
  Roter Pfeffer: sehr reif, getrocknet oder in Salzlake, schmeckt am schärfsten, mit einer süßen Note.
  Tellicherry-Pfeffer (Indien): sehr reif, schmeckt sehr scharf und sehr würzig.
  Voatsiperifery: Der wilde Pfeffer aus Madagaskar ist extrem aromatisch und hat eine milde Schärfe.
- **Sichuanpfeffer, Szechuanpfeffer, Japanischer oder Chinesischer Pfeffer,** *Xanthoxylum piperitum,* engl. Szechuan pepper, nepal. Timur (Fruchtwände, meist ohne Samen). Ein interessantes, in China sehr beliebtes Gewürz; es gibt viele unterschiedliche Sorten unter diesen Namen. Schmeckt scharf und aromatisch; manche *(X. simulans)* prickeln auf der Zunge oder betäuben sie.
- **Langer Pfeffer, Stangenpfeffer, Pippali,** *Piper longum, Piper retrofractum,* engl. Long pepper, Balinese pepper (Früchte). Warmer, fast animalischer Duft, angenehme Schärfe, etwas holziger und harziger Geschmack. In unterschiedlicher Größe.
- **Paradieskörner, Melegueta-, Guinea-, Malagettapfeffer,** *Aframomum melegueta,* engl. Grains of paradise, Guinea grains (Samen). Angenehm scharf mit frischer Note und mit Knabberkonsistenz. Mit Kardamom verwandt.
- **Chiloé-Pfeffer, Pimienta de canelo,** *Drimys winteri,* engl. Chiloé pepper (Früchte). Kleine, weiche Beeren. Interessantes Aroma, erinnert an Wein und Tomaten. Anfangs süß, dann milde Schärfe. Noch wenig bekannt.
- **Tasmanischer Pfeffer und Pfefferblätter, Bergpfeffer,** *Tasmannia lanceolata,* engl. Tasmanian pepper, Cornish pepperleaves (Früchte und Blätter). Fruchtiges Aroma, erinnert an grüne Bananen. Sehr scharf und süß im Gaumen. Die getrockneten Blätter sind scharf und krautig-aromatisch. Insgesamt leicht betäubend auf der Zunge.
- **Kubebenpfeffer, Stiel- oder Schwanzpfeffer,** *Piper cubeba,* engl. Cubeb pepper, Javanese pepper (Früchte). Schöne Schärfe, erinnert an Zitrone und Harz.

- **Cayennepfeffer, Chili,** *Capsicum frutescens* und andere Arten, engl. Chile, Chili, Cayenne pepper (Frucht). Wenn man an Schärfe gewöhnt ist, kann man die Aromen der verschiedenen Chilis genießen. Leider gibt es immer noch zu wenige Sorten auf dem Markt, die nicht so höllisch scharf brennen, dafür aber aromatisch sind.
- **Rosenpaprika, scharfer und milder Paprika,** *Capsicum annuum,* engl. Sweet pepper, Paprika (Frucht, mit oder ohne Samen gemahlen). Aus der Art der *Capsicum annuum* stammt die süße Paprikaschote, aber auch bei diesen Früchten kann es scharf werden – wie etwa bei den südamerikanischen Sorten.
  Piment d'Espelette (auch Gorria) ist ein sehr ausgewogen und fruchtig schmeckender Chili, er stammt aus dem französischem Baskenland.
  Für *Isot biber* (Türkei), in Form von braunen Flocken verkauft, werden Paprika im warmen Ofen getrocknet.

Pul biber sind milde bis wenig scharfe Paprikaflocken. *Biber Salçasi* ist eine gesalzene Paprikapaste.

- **Meerrettich, Kren, Cren,** *Armoracia rusticana,* engl. Horseradish (Wurzel; siehe auch Rettich). Stechender, zu Tränen reizender Geruch beim Raspeln; senfige Schärfe, die in die Nase steigt.
- **Wasabi, Wassermeerrettich,** *Wasabia japonica,* engl. Japanese horseradish (Wurzel). Als Paste oder in Pulverform erhältlich; das Pulver mischt man mit Wasser. Der scharfe Geschmack ist dem unseres Meerrettichs sehr ähnlich, diese japanische Variante ist grün und ihr Aroma nur sehr kurz haltbar. Darum bestehen die meisten Wasabipasten, die wir hierzulande, aber auch in Japan bekommen, vorwiegend aus Meerrettich.

Muskatfrucht mir frischem Macis. Durch die Trocknung verliert dieser die rote Farbe.

- **Gelbe Senfsamen, Weißer Senf,** *Sinapis alba,* engl. White mustard seeds (Samen). Eine relativ milde Sorte, sie wird zur Konservierung benutzt. In Pulverform (Colman's) kann man ihn mit etwas Wasser mischen. Kein Duft, aber gekaut dafür scharf und mit typischem Aroma.
- **Braune und schwarze Senfsamen,** *Brassica juncea, Brassica nigra,* engl. Black/brown mustard seeds. Je dunkler, desto schärfer! Außer zur Herstellung von Senf, für die er zum Teil geschält oder mit weißen Senfsamen gemischt wird, kann man die schwarzen Senfsamen auch in wenig Fett poppen: eine nussige Zutat zu Salaten, Joghurtsaucen usw.
- **Bockshornklee, Methi,** *Trigonella foenum-graecum,* engl. Fenugreek (Samen und Blätter). Nicht zu verwechseln mit Schabzigerklee, einem engen Verwandten; die Samen schmecken leicht bitter, vor allem, wenn sie geröstet werden, und haben ein liebliches, currytypisches Aroma. Sie eignen sich auch zum Keimen. Die getrockneten Blätter kann man in indischen Läden finden, sie werden als Würze verwendet.
- **Nigella, Schwarzkümmel, Kalonji** (die Bezeichnung Zwiebelsamen ist falsch!), *Nigella sativa,* engl. Nigella, Black seeds (Samen). Nigella hat wenig Duft, dafür entwickelt sich sein Aroma beim Kauen oder Rösten: ein sehr eigener Geschmack, auch etwas bitter.
- **Schabzigerklee, Brotklee, Zigerklee, Blauer Steinklee,** *Trigonella caerulea, Trigonella melilotus coerulea,* engl. Blue fenugreek (getrocknete Blätter). Das Pulver riecht angenehm aromatisch und erinnert an Curry. In der Schweiz wird damit der traditionelle Glarner Schabziger aromatisiert. Schabzigerklee ist im ganzen Alpenraum noch als Brot- und Käsewürze verbreitet. Man braucht sehr wenig davon, um den Speisen eine neue Richtung zu geben, zum Beispiel einem Kartoffelsalat.

- **Safran,** *Crocus sativus,* engl. Saffron (Staubfäden). Dieses Luxusgewürz ist überall auf der Welt teuer; was beutelweise am Marktstand in Marokko oder Thailand als Safran feilgeboten wird, ist kein echter Safran, sondern bestenfalls Färberdistel, die man als färbende Zutat durchaus brauchen kann, die aber keinen Geschmack hat. Safran passt nicht nur in Risotto, sondern auch zu mildem Gemüse genauso wie in Desserts, zum Beispiel in eine Joghurt-Honig-Creme.
- **Wacholderbeeren,** *Juniperus communis,* engl. Juniper (Zapfen). Ein etwas vergessenes Gewürz, das bei uns wild wächst. Es passt zu vielerlei Wintergemüse. Man sagt, es darf im Sauerkraut nicht fehlen.
- **Lorbeer, echter,** *Laurus nobilis,* engl. Bay laurel (Blätter). Mit ihrem typischen Duft und Aroma dienen Lorbeerblätter als Basiswürze für viele Zubereitungen; sie haben auch eine gewisse Süße. Man kann sie frisch oder getrocknet verwenden.

EXOTISCHE RHIZOME UND FRISCHE BLÄTTER

Diese Gewürze und aromatischen Kräuter sind frisch (im Asia-Shop) oder getrocknet erhältlich. Der Aromaunterschied zwischen frisch und trocken ist so groß, dass ich sie als verschiedene Gewürze behandle.
Weil die Rhizome und Blätter meistens relativ zäh und holzig sind, kocht man sie oft als grobe Stücke mit und lässt sie dann beim Essen einfach auf dem Tellerrand liegen. Mit scharfen Messern oder durch Raspeln kann man sie jedoch auch zerkleinern und sollte sie dann im Mörser oder Blitzhacker weiter pürieren.

Diese Gruppe von frischen Gewürzen ist die Ausnahme in meiner Küche. Sie werden von weither importiert, meistens per Flugzeug, und ich habe sie außer Ingwer bisher noch nicht in biologischer Qualität gefunden. Da ich davon im Verhältnis zu der großen Menge von regionalem und saisonalem Gemüse aber wirklich nur kleine Mengen verwende, scheint es mir dennoch vertretbar.

- **Ingwer,** *Zingiber officinale,* engl. Ginger, indones. Jahé (Rhizom). Die frische Wurzel duftet nach Zitrone und Harz und hat eine angenehme Schärfe. Getrocknet, meist als Pulver verkauft, hat Ingwer einen ganz anderen Geschmack; in dieser Form ordne ich ihn unter den »warmen Gewürzen« ein.
- **Kurkuma, Gelbwurz,** *Kurkuma longa,* engl. Turmeric (Rhizom). Das gelbc Pulver gibt dem bei uns bekannten Currypulver seine Farbe. In indischen Läden findet man Gelbwurz auch als frischen Wurzelstock. Da er zarter als Ingwer ist, kann man ihn gut raspeln; allerdings verfärbt er alles, was mit ihm in Berührung kommt. In guter Qualität hat er einen feinen, harzigen Duft.
- **Galgant, Thai-Ingwer, Laos** (Indonesien), **Khaa** (Thai), *Alpinia galanga,* engl. Galangale, Siamese ginger (Rhizom). Galgant hat von allen Rhizomen dieser Gruppe den härtesten Wurzelstock, dafür muss man ihn nicht schälen. Die frische Wurzel riecht blumig und nach Tannen und ist ziemlich scharf im Gaumen. Das Pulver ist eher süßlich und aromatisch, also auch wieder ein ganz anderes Gewürz als die frische Knolle, und passt gut zu Nasi Goreng (gebratenem Reis). Nach der heiligen Hildegard von Bingen ist Galgant ein sehr wichtiges Heilmittel.
- **Kencur, kleiner Galgant, Gewürzlilie** (nicht abgebildet), *Kaempferia galanga,* engl. Aromatic ginger, Sand ginger (Rhizom). Eine stark aromatische Pflanze; sie wird in der asiatischen Küche ähnlich wie Ingwer und Galgant verwendet.
- **Kachai, Fingerwurz, Chinesischer Ingwer,** *Boesenbergia rotunda,* engl. Fingerroot, Lesser ginger (Rhizom). Das Aroma erinnert an rohe Kartoffeln und Harz; Kachai passt gut zu Fisch und zu Gemüse der asiatischen Küche. Im Thai-Shop wird er schon in Streifen geschnitten angeboten.
- **Curryblätter,** *Murraya koenigii,* engl. Curry leaves (Blätter). In indischen Läden findet man diese elegant gefiederten Blätter frisch, weil die getrockneten wirklich viel weniger Geschmack haben. Sie werden kurz angebraten, damit sich das Aroma voll entwickeln kann. Nicht zu verwechseln sind sie mit dem mediterranen *Helichrysum angustifolium* oder *italicum,* das oft als Currykraut bezeichnet wird, das aber kaum eine Verwendung in der Küche findet.
- **Zitronengras, Lemongrass, Sereh,** *Cymbopogon citratus,* engl. Lemongrass, Citronella (Blätter). Ein feines erfrischendes Gras; man braucht vor allem die untersten 20 bis 30 Zentimeter, dort, wo die hellen, verdickten Blätter eine Art Stängel bilden. Aus dem grünen Teil der Blätter kocht man einen schmackhaften Tee. Zitronengras ist sehr zäh und lässt sich nur schwer schneiden oder raspeln, darum lässt man es oft grob zerkleinert in der Suppe. Zum Essen können die Teile dann einfach entfernt werden. Man kann es auch als aromatische Spieße oder als Rührstäbchen verwenden.
- **Kaffirlimette, Makrut,** *Cytrus histrix,* engl. Kaffir lime, Wild lime (Frucht und Blätter). Die gegenständigen, zweiteiligen Zitrusblätter werden manchmal noch am Ast verkauft; dann muss man auf die Stacheln aufpassen. Von den Früchten braucht man vor allem die dünn abgeriebene Schale, da die Früchte selbst sehr wenig Saft enthalten. Blätter und Frucht haben ein sehr intensives, fast seifiges Zitrusaroma. Die Blätter werden meist ganz verwendet und nach dem Kochen, wie Lorbeer, entfernt.

SAURE GEWÜRZE UND WÜRZZUTATEN

Außer Essig, Wein, Verjus und Zitrusfrüchten gibt es noch andere Zutaten und Gewürze, die für diese wichtige Geschmacksrichtung zuständig sind. Säure ist wichtig für ein ausgewogenes Genusserlebnis. Ich finde es spannend, mit unterschiedlichen Nuancen von Säuren zu spielen.

- **Tamarinde, Sauerdattel,** *Tamarindus indica,* engl. Tamarind (Fruchtfleisch der reifen Hülsen). Neben den ganzen, reifen Früchten, deren harte Schale einfach zu entfernen ist und die eigentlich schon zu süß sind, findet man in arabischen oder thailändischen Spezialitätenläden auch, in Plastik verpackt, das gepresste, unreife Fruchtfleisch, das sehr praktisch ist. Man weicht es in heißem oder warmem Wasser ein, knetet es nach 20 Minuten durch und drückt es durch ein Sieb, so bleiben die Fasern und Kerne zurück. Dieses Mus kann man auch für erfrischende Getränke verwenden. Man findet zudem ein fertiges Saftkonzentrat, das jedoch sehr dunkel ist und nicht mehr so aromatisch riecht.
- **Karkade, Hibiskus,** *Hibiskus sabdariffa,* engl. Hibiskus tea, Rosella (verdickte Blütenkelche). Man kennt Hibiskus als Tee oder als Farbzusatz in Hagebuttentee. Er hat eine schöne rote Farbe, ist sauer und adstringierend (zusammenziehend).
- **Mangopulver, Amchur,** *Mangifera indica,* engl. Mango powder (getrocknete, unreife Frucht). Dieses herbe und saure Produkt, mit einer leicht harzigen Note ist in indischen Läden als Pulver erhältlich. So lässt es sich leicht unter eine Masse und in Gerichte mischen, die einen leichten sauren Touch brauchen. Es soll auch Fleisch zarter machen.
- **Zitrusfrüchte:** Viele Zitrusfrüchte haben einen ausgeprägten sauren Charakter und jede hat ihre eigene Aromatik. Neben der **Zitrone** *(Citrus limon),* mit großen Unterschieden je nach Saison und Sorte, gibt es die **Limetten** *(C. aurantifolia),* größere und kleinere, die meist unreif verwendet werden, die runzlige kleine **Kaffirlimette** *(Citrus histrix),* von der es eine noch kleinere und aromatischere Variante gibt, die gerade so groß wie eine Kirsche ist. Die aus Asien stammende **Yuzu** *(Citrus ichangensis × C. reticulata)* ist eine kleine, sehr aromatische Zitrusfrucht, geschmacklich etwa zwischen Zitrone und Orange. Sie hat wenig Saft, dafür eine sehr komplex duftende Schale und ist interessant für die Küche. Ich habe Yuzu vom Gärtner eines Hotels am Lago Maggiore erhalten; dort wächst sie scheinbar gut.
- **Granatapfelsamen,** *Punica granatum,* engl. Pomegranate (getrocknete Kerne). Als Gewürz werden die Samen von sehr sauren Früchten verwendet, die auch tanninhaltig sind. Die mit dem Samenmantel getrockneten Samen werden ganz oder zerstampft den Speisen zugefügt. In arabischen Läden findet man davon auch eine Art eingedickten Saft, der als Säuerungsmittel verwendet wird.
- **Sumach, Gewürzsumach,** *Rhus coriaria,* engl. Sumac (getrocknetes Fruchtfleisch). Schon mit der Nase kann man seine Säure wahrnehmen; der Geschmack ist angenehm fruchtig. In arabischen Läden erhältlich.

ETHNISCHE GEWÜRZKOMBINATIONEN

Hier einige Beispiele, wie man mit wenigen Gewürzen unterschiedliche geografische Richtungen einschlagen kann. Es sind eher persönliche Interpretationen der ethnischen Geschmackspalette, die ich in meinen Streifzügen durch die Küchen und Bücher dieser Länder kosten durfte. Es ist natürlich nur eine sehr grobe Einteilung, die den regionalen Küchen in keiner Weise gerecht wird.

Indien

Zwiebel, frischer Ingwer, Knoblauch, Bratbutter (Ghee) oder Senföl
Kreuzkümmel, Koriander, Kurkuma

Diese Gewürzkombination kann als Grundidee für ein indisches Gericht dienen, das aber beliebig mit Gewürzen aus den Gruppen der warmen, der scharfen Gewürze sowie der Doldenblütler-Gewürze ergänzt werden kann, oder einfach mit »Garam Masala«, der indischen Fertig-Gewürzmischung (siehe rechts).
Auch Bockshornklee, Curryblätter oder gepoppte Senfsamen passen dazu.
Als Flüssigkeit können Wasser, Kokosmilch, Rahm, Joghurt oder Tomatenpüree dienen. Die letzten zwei enthalten schon Säure; ansonsten kann man dafür Zitrone, Tamarinde oder Amchur verwenden.
»Curry« ist ein inflationär gebrauchter Begriff, der je nach Land sehr Unterschiedliches beschreibt. Allgemein meint man damit das von den Engländern erfundene Currypulver, es kann aber auch Eintopf, Sauce, geröstete Gewürzpaste und vieles mehr bedeuten. In der traditionellen indischen Küche werden die Gewürze für jede Speise neu gemischt.

Naher Osten

Zwiebel, Knoblauch, Olivenöl
Koriander, Kreuzkümmel, Ingwerpulver, Zimt, Safran

Auch hier lässt sich mit vielen anderen Aromen spielen, vor allem mit den warmen und den scharfen Gewürzen. In dieser Küche werden auch sehr oft Dörrfrüchte und Nüsse für Eintopfgerichte und Saucen verwendet.

Mittel- und Südamerika

Zwiebel, verschiedene Peperoni- (Paprika) und Chilisorten, Knoblauch, Tomaten
Kreuzkümmel, Korianderblätter und -samen, Piment, Oregano, Agastache (Duftnessel, eine aromatische Pflanze aus Amerika, die auch bei uns gedeiht) oder Minze

Thailand

Kokosmilch, Palmzucker
Galgant, Zitronengras, frischer Ingwer, Kaffirlimette, Knoblauch, frischer Koriander

Das Prägende an dieser Küche ist das ganz kurze Anbraten oder das Kochen in würzigem Sud.

Garam Marsala

Garam Masala ist die einzige bereits fertige Gewürzmischung, die ich benutze. Sie wird aus im Ganzen gerösteten Gewürzen, die anschließend gemahlen und gemischt werden, hergestellt. Dafür wird jedes Gewürz einzeln in einer unbeschichteten Pfanne (am besten eine gusseiserne Pfanne) ohne Fett bei niedriger Hitze geröstet, bis es angenehm duftet. An einem Garam-Masala-Tag riecht mein Haus köstlich! Nach dem Auskühlen werden die Gewürze gemahlen. Es gibt unzählige Rezepte für Garam Masala, aus denen ich mir die Idee für meine eigene Mischung geholt habe, die ich nun seit vielen Jahren verwende. Es hält sich, gut verschlossen, bis zu einem Jahr, wobei es allerdings schon nach ein paar Monaten etwas an Aroma verliert. Aber es lohnt sich fast nicht, kleinere Mengen herzustellen.
Garam Masala kann man zum Abrunden warmen Speisen zufügen, unter Joghurt gerührt als kühlende Beilage reichen oder Salate und Gemüseplatten damit verfeinern.

8 EL Koriandersamen 8 EL Kreuzkümmelsamen 1 EL schwarze Pfefferkörner 2 TL Kardamomsamen 2 TL Nelken 1 TL Schwarzer Kumin	Jedes Gewürz einzeln, am besten in einer Eisenpfanne, rösten und auskühlen lassen.
8 Zimtstangen	Zimt grob zerbröckeln. Alles fein mahlen.
2 Muskatnüsse, geraspelt	Zur Mischung geben und die Mischung luftdicht aufbewahren.

Grüne Thai-Curry-Paste

Dies ist meine Variante des mittlerweile weitherum bekannten »Grünen Curry«. Ich mache die Paste gerne selbst, damit ich die Schärfe reduzieren kann. Ich verwende nur einen Bruchteil der Menge an grünen Chilis, die in traditionellen Rezepten vorgesehen sind, und ersetze sie durch grüne Peperoni (Paprika). Chili kann man dann, falls mehr Schärfe gewünscht ist, immer noch zugeben.
Dieses Rezept ergibt eine größere Menge als man sie für ein einmaliges Würzen braucht, aber die Paste lässt sich gut portionsweise einfrieren oder zwei Wochen im Kühlschrank aufbewahren. Zur Verwendung in einem Rezept wird die feuchtnasse Masse zuerst angebraten; danach kommt Kokosmilch oder Wasser und die eigentlichen Zutaten (Gemüse, Tofu, Fleisch oder Fisch) hinzu. Im letzten Moment, wenn alles gar ist, füge ich nochmals ein wenig Paste bei, um den Geschmack aufzufrischen. Salz und/oder Sojasauce, Zitronen- oder Limettensaft und Palmzucker, am Ende der Kochzeit dazugegeben, runden das Gericht ab.

400 g Schalotten	In Scheiben schneiden.
400 g grüne Peperoni (Paprika)	In grobe Stücke schneiden.
80 g Knoblauchzehen	Eventuell halbieren.
200 g frischer Galgant	
200 g frisches Zitronengras	
100 g frischer Ingwer	Alles in sehr dünne Scheiben hobeln.
200 g frische Korianderblätter mit Wurzel	
15 g grüne frische Chili, entkernt	Koriander und Chili fein hacken.
1 EL Salz	Alle Zutaten der Reihe nach im Blitzhacker oder Mixer so lange mixen, bis eine relativ homogene Masse entstanden ist.
1 EL Korianderpulver	
1 EL Kreuzkümmelpulver	
1 EL Kurkuma (Gelbwurz)	Koriander, Kreuzkümmel und Kurkuma dazugeben und nochmals mixen.

Rechts die Zutaten für das grüne Curry und in der Mitte das Resultat.
Die gleichen Zutaten kann man, grob geschnitten, als Suppeneinlage verwenden, und sie aromatisieren das Kochwasser für Gemüse (vor allem für Kohlgewächse geeignet) oder den Dampf, über dem dieses gegart wird.

Glossar

Zu Produkten und Küchentechniken

Agar-Agar: Aus Algen hergestellte Gelatine in Pulver- oder Flockenform. Agar-Agar muss wenige Minuten mitgekocht werden; die damit gebundene Masse stockt bereits bei circa 45 Grad Celsius.

Algen, auch »Meeresgemüse« genannt, werden meistens getrocknet angeboten und je nach Kultur und Algenart roh, gekocht oder verarbeitet konsumiert. Es gibt sehr viele essbare Arten, die große Unterschiede in Konsistenz, Farbe, Kocheigenschaften und Geschmack aufweisen, von fast neutral bis salzig, mit mehr oder weniger ausgeprägter Meeres- oder Fischnote. Da sie sehr einfach im Gebrauch sind, lohnt es sich, damit zu experimentieren. Die am meisten verbreiteten Sorten, die man im Bioladen findet sind: Dulse, Laitue de mer, Aonori, Arame, Hijiki, Nori, Kombu, Wakame, Spaghetti de mer.

Anbraten: Die in meinen Rezepten häufiger vorkommende Formulierung »lang und langsam anbraten« bedeutet, dass das Röstgemüse anfangs auf mittlerem, dann auf kleinem Feuer angebraten wird, sodass der im Gemüse enthaltene Zucker karamellisiert. Dieses langsame Anbraten, das bis zu 20 Minuten dauern kann, gibt dem Gericht eine runde, geschmacksintensive Basis. Beim Anbraten wärme ich immer zuerst die leere Pfanne oder den Topf auf die gewünschte Temperatur vor und gebe erst dann das Fett und sofort danach das Bratgut dazu. Dies hat den Vorteil, dass das Fett nicht verbrennt, auch wenn man mit höheren Brattemperaturen arbeitet, wie zum Beispiel bei Bratgut, das gerne Wasser zieht (oft bei Fleisch, aber auch bei Zwiebeln oder anderem Gemüse).

Apfel- oder Birnensaftkonzentrat: Zur Gewinnung des Konzentrats wird dem frischen Apfel- oder Birnensaft unter Vakuum bei niedrigen Temperaturen die Flüssigkeit schonend entzogen. Mit Wasser vermischt ergibt sich daraus wieder Apfelsaft (Süßmost) bzw. Birnensaft.

Berberitzenbeeren: Die kleinen, länglichen, roten Beeren des gleichnamigen einheimischen Busches *(Berberis vulgaris)* schmecken frisch und sauer. Die getrockneten größeren Berberitzenbeeren, die man im Handel findet, stammen aus Iran, wo sie in Kulturen angebaut werden.

Birnendicksaft, auch **Birnel** genannt: Eingedickter, teilweise entsäuerter Birnensaft. Das honigartige Produkt ist ein idealer und gesunder Zuckerersatz, vor allem für Früchtedesserts. Mit dem Konsum von Birnendicksaft unterstützt man nebenbei auch die Erhaltung der Hochstamm-Obstplantagen, die vom Aussterben bedroht sind. Apfeldicksaft wird auf die gleiche Weise produziert.

Bottarga sind gesalzene, gepresste und getrocknete, manchmal auch geräucherte Fischeier (Rogen). Bottarga wird am Stück angeboten und dann direkt über die Speisen geraspelt oder gehobelt oder ist auch in Pulverform erhältlich. Unterstützt von der Fischerkooperative von Orbetello, die den berühmten toskanischen Bottarga produziert, gibt es eine ähnliche traditionelle Bottarga-Produktion der Imraguen-Frauen in Mauretanien.

Brett und Messer gehören zur Grundausstattung der Küche (siehe Bild Seite 373). Ein großes Schneidebrett (40 x 60 cm, am besten aus Holz) hat den Vorteil, dass auch große Gemüse darauf Platz haben und man mit einem großen Messer schneiden kann. Dank Gummiringen (es gibt auch solche mit rutschfestem Gummirand) sitzt es fest auf der Unterlage. Für Süßes brauche ich immer ein separates Brett. Es lohnt sich, das Schneiden mit einem gut geschliffenen großen Messer zu üben; dieses muss nicht unbedingt teuer sein, ist aber am besten im spezialisierten Fachhandel zu kaufen. Dort wird einem auch das Schleifen mit dem Wetzstahl gezeigt, was man regelmäßig tun sollte. Kleine Rüstmesser mit abgerundeter Spitze sind praktisch für alle Vor- und Rüstarbeiten. Das noch kleinere Messer (im Bild ganz links) dient zum Einritzen von Kastanien. Außerdem unverzichtbar für mich: die japanische **Gemüsebürste** und der Kartoffel-Waschhandschuh, Knoblauchpresse und Timer. (Und nicht zuletzt gehören

auch Verbandsmaterial, Heilsalbe und erste Hilfe bei Verbrennungen dazu.)
Cuisine (Hafer-, Reis-, Soja-): Produktbezeichnung für vegane Alternativen zu Rahm (Sahne).

Dampfgaren: Normalerweise verwende ich einen einfachen Dämpf-Einsatz aus Metall, der sich allen Topfgrößen anpasst und im Schrank platzsparend verstauen lässt (im Bild Seite 376 oben links). Wichtig: Zum Dämpfen müssen die Töpfe immer über einen gut schließenden Deckel verfügen. Auch die asiatischen Bambuskörbe kann man dafür verwenden, vor allem wenn das Kochgut direkt darin serviert werden soll (siehe Foto). Wenn man dem unter dem Dämpfeinsatz kochenden Wasser (2–3 cm reichen) aromatische Zutaten beimischt, entwickelt sich ein aromatischer Dampf, der das Kochgut durchströmt.

Dip (vom englischen to dip, »eintunken«): Dickliche Sauce, die man zum Beispiel zu rohen Gemüsestängeln oder Cracker serviert.

Dunst, Hartweizen-: Sehr feiner Hartweizengrieß, verwendet für die Herstellung von Teigwaren.

Einkorn, Emmer und **Dinkel** gehören zu den ältesten kultivierten Getreidearten, die heute vor allem im Biolandbau als Alternative zum Weizen wieder sehr geschätzt werden. Das im Anbau anspruchslose Einkorn *(Triticum monococum)* hat vereinzelt als regionale Spezialität überlebt; Dinkel oder Spelz *(Triticum spelta)* ist besonders in Mitteleuropa sehr verbreitet, während Emmer *(Triticum dicocum)* in Italien beliebter ist. In den Rezepten in diesem Buch können sie jeweils durch Weizen ersetzt werden wie auch umgekehrt als Ersatz für diesen dienen. Siehe auch www.emmer-einkorn.ch.

Farina bona: Feines Mehl aus geröstetem Mais, ein traditionelles Produkt aus dem Tessiner Onsernonetal. Man kann es auch ungekocht für pikante und süße Speisen verwenden, z. B. zum Herstellen von Cremen und Mousses, für Salatsaucen, zum Eindicken von Gemüsepürees oder Saucen. Es hat einen kräftigen Röstgeschmack, der an Popcorn erinnert.
www.farinabona.ch

Formaggini (Büscion, Agrini): Kleine Frischkäse aus Kuh-, Ziegen- oder Schafsmilch, die mit Hilfe von Milchsäuerung hergestellt werden. Man isst sie vor allem frisch; in diesem Stadium haben sie eine etwas bröckelige, trockene, aber formbare Konsistenz.

Gemüsebrühepulver: Als konzentrierte Bouillon verwende ich Pulver anstelle von Paste oder Würfeln, da dieses sich besser dosieren und gut über das Kochgut verteilen lässt. Ich brauche es oft anstelle von Salz. Es gibt viele verschiedene Produkte, die sich im Geschmack sehr unterscheiden; verwenden Sie nach Möglichkeit ein Bioprodukt. Es lohnt sich, immer das gleiche Produkt zu verwenden, da man dann seinen Salzgehalt kennt und besser einschätzen kann.

Kräutermeersalz: Wegen seiner sehr feinen Struktur (das Salz löst sich schneller auf) und seinem ausgewogenen Geschmack verwende ich sehr oft das Produkt Trocomare anstelle von Salz.

Knoblauch: In fast allen Rezepten wird Knoblauch gepresst verwendet, das heißt nicht die ganzen gequetschten bzw. flachgedrückten Zehen, sondern nur das durch die Knoblauchpresse gedrückte Mark, das so einfach im Gericht zu verteilen ist.

Küchengeräte und -maschinen (siehe Bild Seite 376) erleichtern viele Arbeiten in der Küche, und manche Konsistenzen sind fast nur mit ihrer Hilfe zu erreichen. Eine gute, robuste **Universalküchenmaschine** ist eine sinnvolle Investition, da man durch verschiedene Aufsätze (Mixerglas, Cutter/Universalhacker, Raffeln, Fleischwolf, Gewürzmühle usw.) sowie das Rührwerk schon sehr viele Möglichkeiten hat. **Stabmixer** und/oder **Handrührgerät** empfehlen sich für den schnellen Einsatz. Mit einer **Getreidemühle** kann man einfach und schnell jedes Korn frisch mahlen. Weiter gehören zur Grundausrüstung eine gute **Küchenwaage, Kartoffelpresse** und/oder **Passe-vite, Kartoffel-**

stampfer, Spätzlisieb und eine Auswahl an **Schwingbesen.** Optional sind eine elektrische **Zitronenpresse, Teigwarenmaschine** und **Thermomix,** ein sehr leistungsstarker Mixer, in dem das Püriergut zugleich auch erwärmt werden kann.

Mandelpüree/Nusspüree: Im Bioladen oder Reformhaus erhältliches Nussmus, das aus Nüssen oder Ölsamen hergestellt wird, die ganz fein vermahlen werden. Da sie keine Zusatzstoffe enthalten, trennt sich im Laufe der Zeit das schwerere Nussmark vom Öl, wird aber durch Umrühren wieder homogen und geschmeidig. Nussmuse verleihen Gerichten einen feinen Geschmack (weißes Mandelpüree ist das neutralste) und eignen sich auch hervorragend zum Binden von kalten Massen und Flüssigkeiten.

Miso: Bei diesem traditionell japanischen Produkt handelt es sich um eine dunkle, dicke, salzige und aromatische Paste aus Sojabohnen (Hacho Miso), denen auch Reis (Kome Miso), Gerste (Mugi Miso) oder beides (Genmai Miso) beigemischt wird. Traditionell hergestelltes Miso fermentiert zwischen 6 und 24 Monate in Bottichen, während das industriell hergestellte in wenigen Stunden fertig ist. Miso enthält wertvolle Enzyme und sollte (an Stelle von Salz oder Bouillon) immer erst am Ende der Kochzeit zum Gericht gegeben werden.

Öle: Prinzipiell verwende ich für Salate und das Abschmecken von Gerichten, die nicht weiter gekocht werden, immer kaltgepresste Öle. Ich verfüge über eine große Auswahl davon, auch sehr spezielle, weil jedes den Gerichten eine andere, spezifische Note verleiht. Sie lassen sich natürlich durch die gängigen Sorten ersetzen. Bei den Wallnuss-, Haselnuss-, Mandel-, Erdnuss und Pinienkernölen handelt es sich meistens um solche, die aus leicht geröstetem Pressgut hergestellt

wurden, was ihnen einen intensiveren Geschmack verleiht (siehe z. B. www.huilerie-de-severy.ch). Geröstetes Walnussöl ist auch als Presidio-Huile-de-noix erhältlich. Bioläden bieten eine breite Auswahl weiterer kaltgepresster Öle, z.B. aus Sonnenblumenkernen (ausgeprägter Geschmack), Raps (ein Kreuzblütler), Disteln, Sesam, Kürbiskernen. Zum Kochen verwende ich Olivenöl (verschiedene Sorten, alle kaltgepresst) und das unter dem Markennamen »Biofrit« erhältliche milde Sonnenblumenöl (»Bratöl«), das aus einer High-oleic-Sonnenblumensorte (mit einem hohen Anteil an sehr hitzestabiler Ölsäure) gepresst wird. Dieses Öl ist daher hoch erhitzbar und kann sogar zum Frittieren gebraucht werden. Durch die sogenannte Desodorierung, den Entzug von Geruchsstoffen, bekommt es einen milden, relativ neutralen Geschmack. Man kann damit auch andere Öle mischen, die für ein bestimmtes Gericht sonst zu intensiv wären; es ist auch ideal für Mayonnaise (www.sabo-oil.com). Siehe auch www.oelist.ch.

Oxalsäure ist in höheren Konzentrationen gesundheitsschädlich; es erschwert u. a. die Resorption von Eisen, Kalzium und Magnesium und kann zu Nierensteinen führen. Oxalsäure kommt z. B. in Kakao, Rhabarber oder Schwarztee vor. Folgende Gemüse enthalten größere Mengen Oxalsäure: Spinat, Krautstiel, Mangold, Petersilie, Rande (Rote Bete), Sauerampfer.

Palmzucker: Der dunkle, konzentrierte und kristallisierte Pflanzensaft einer Palmensorte schmeckt aromatisch und hat eine leichte Karamellnote; kann durch Vollrohrzucker ersetzt werden.

Quark (in Österreich und Bayern Topfen genannt) ist eine Art cremiger Frischkäse. Die Milch wird durch Zugabe von Milchsäurebakterien zur Gerinnung gebracht. Die dadurch entstandene Masse wird nach dem Abtropfenlassen mehr oder weniger fein püriert oder durch ein Sieb gestrichen. Für Bioprodukte meist aus Vollmilch hergestellt.

Quinoa: Die kleinen Körner sind die Samen eines aus Südamerika stammenden Fuchsschwanzgewächses. Man verwendet sie wie Getreide. Quinoa ist glutenfrei und enthält unter anderem viel Eiweiß.

Raffel/Raspel, Gemüsehobel, Mandoline (Foto Seite 378) sind in der Gemüseküche unentbehrlich. Das Gemüse in verschiedene Dicken und Formen zu schneiden oder zu raspeln, hat einen großen Einfluss auf Geschmack und Mundwahrnehmung. Es lohnt sich also, verschiedene Raffeln und Hobel zur Verfügung zu haben. Wichtig ist, dass die Klingen und schneidenden Teile aus rostfreiem Stahl und scharf sind. Für relativ harte Lebensmittel sind spezielle Raffeln, z. B. Microplane, sehr zu empfehlen.

Ricotta, Ziger: Frischkäseprodukt aus der nach dem Käsen zurückbleibenden frischen Molke, die manchmal mit Milch oder Rahm verfeinert, aufgekocht und zum Ausflocken gebracht wird. Nach dem Abtropfen wird er frisch, gesalzen, geräuchert oder im Ofen gebacken verkauft.

Sherry: Neben Kräutermeersalz eine zweite typische Würzzutat in meiner Küche. Ich gebe gerne in letzter Minute etwas guten Sherry extra dry in Suppen, Risotti und Saucen. Ich liebe seine aromatische und leicht säuerliche Note.

Sbrinz: Schweizer Hartkäse, der sich besonders gut zum Reiben oder Hobeln eignet; kann durch Parmesan oder Grana Padano ersetzt werden, ist aber milder im Geschmack. Der Presidio-Alp-Sbrinz wird ausschließlich im Sommer auf der Alp hergestellt und reift mindestens drei Jahre.

Scamorza affumicata: Geräucherter italienischer Käse, ähnlich wie Mozzarella ein Brühkäse-Typ; er hat eine Birnenform und wird ungeschält genossen.

Seitan: Handwerklich hergestelltes Produkt aus Weizen oder Dinkel, das eine fleischähnliche Konsistenz (nassem Brot ähnlich) hat. Es besteht aus dem Getreide-Eiweiß Gluten. Dank der würzigen, mit Sojasauce angereicherten Marinade, ist es sehr schmackhaft. Siehe auch www.tigusto.ch.

Sprossen: Linsen, Bohnen und Kichererbsen kann man einfach zu Hause selbst keimen und sprießen lassen. Man weicht die Hülsenfrüchte circa 8 Stunden in kaltem Wasser ein, gießt sie anschließend wieder ab, spült sie und lässt sie in einem flachen Behälter mit nicht ganz geschlossenem Deckel bei Zimmertemperatur sprießen. Ab und zu mit Wasser spülen und gut abtropfen lassen. Nach 2–4 Tagen sind sie fertig verwendbar. Im Kühlschrank sind sie bis zu 5 Tage haltbar. Vor dem Verwenden nochmals spülen und kurz in kochendem Wasser abbrühen.

Suribachi: Japanischer Steingutmörser mit gerillter Innenseite und Holzstößel; ein sehr praktisches Werkzeug zum Zermalmen von Kräutern oder Gewürzen (siehe Foto Seite 376).

Tofu: Aus Sojabohnen hergestelltes Produkt mit relativ neutralem Geschmack. Beachten Sie beim Kauf, dass der Tofu aus biologischer Produktion stammt, um sicherzugehen, dass er handwerklich und ohne genetisch veränderte Bestandteile hergestellt ist (siehe auch www.tigusto.ch). Seidentofu ist ein speziell weicher Tofu, der sich ideal auch für süße Cremen eignet.

Tamari und Shoyu: Diese traditionellen japanischen Sojasaucen sind im Biohandel erhältlich und haben nichts mit den industriell hergestellten Sojasaucen zu tun. Durch die mehrjährige Fermentierung sind sie eine hervorragende Nahrungsergänzung und ein schmackhafter Salzersatz.

Vacherin fribourgeois: Schweizer Halbhartkäse aus Kuhmilch mit cremiger Konsistenz und guter Schmelzqualität, ideal für Fondue. Der Presidio-Vacherin-fribourgeois wird ausschließlich aus Rohmilch hergestellt, die im Sommer auf der Alp vom eigenen oder bis maximal 5 Kilometer entfernt lebenden Vieh gewonnen wird. Er wird mindestens 3 Monate gelagert. (Insgesamt sind nur noch 2 Prozent der 2500 Tonnen produzierter AOC-Käse aus Rohmilch.)

Verjus (auch Agrest oder Grünsaft genannt): Ein durch Pressen unreifer Trauben gewonnenes Säuerungsmittel, das schon im Mittelalter bekannt war und heute noch in der Türkei und im Iran verwendet wird. Meistens milder als Zitronensaft oder Essig, kann Verjus in der Küche diese oder den Wein ersetzen, je nach Säuregrad. Verjus wird meistens nur pasteurisiert und ist daher nach dem Öffnen nur begrenzt im Kühlschrank haltbar. Von Hans Oppikofer (www.mausacker.ch) gibt es seit kurzem auch einen Apfel-Verjus. In Italien wird der unreife Traubensaft manchmal eingekocht und/oder fermentiert oder aromatisiert und dann als **Agresto** bezeichnet.

Vin cuit (Raisinée): Bei dieser Spezialität aus der französischen Schweiz handelt es sich um einen eingekochten Fruchtsaft, meist aus Äpfeln oder Birnen. Durch das lange Einkochen karamellisiert der Saft und wird sehr dunkel und dickflüssig (nicht zu verwechseln mit Birnendicksaft oder Süßmostkonzentrat). **Apfelkraut** ist ein ähnliches deutsches Erzeugnis (im Glas erhältlich), bei dem zuerst die ganzen Früchte gekocht werden, wodurch es in der Konsistenz etwas fester wird. In anderen Regionen gibt es ähnlich hergestellte Produkte, auch aus Trauben oder Kirschensaft, mit verschiedenen Namen, z. B. in Italien **Saba** oder Sapa (aus Trauben), im deutschsprachigen Raum **Latwerge** (aus Zwetschgen, Pflaumen, Schlehen, Wacholder usw.), in Spanien **Arrope.**

Vollkornmehl: Ich mahle Weizen und andere Getreide nach Bedarf selbst in einer (Haushalts-)Getreidemühle (siehe Foto Seite 376). Die Kleie muss dann je nach weiterer Verwendung noch ausgesiebt werden; diese kann zum Beispiel in Füllungen und Ähnlichem verwendet werden. In Bioläden und Reformhäusern steht den Kunden oft eine Getreidemühle zum Selbermahlen zur Verfügung. Ersatzweise gekauftes Vollkornmehl verwenden.

Vollrohrzucker: Eingedickter, unraffinierter Saft des Zuckerrohrs. Er hat eine sehr dunkle Farbe und einen aromatischen, leicht bitteren Röstgeschmack und passt zu dunklen Backwaren, Schokolade, Nüssen, Samen und Geröstetem.

Wok: Die typischen Pfannen aus dem asiatischen Raum mit hohem, gebogenem Rand bestehen ursprünglich aus sehr dünnem Stahl oder Eisen und eignen sich am besten für den Gasherd, da es bei ihrer Verwendung gerade um die schnelle Reaktion auf Temperaturunterschiede geht. Auch spezielle Induktions-Wok-Platten funktionieren optimal. Man kann den Wok auch durch herkömmliche Bratpfannen ersetzen.

Zitrus-Olivenöl (Orangen-, Zitronen-, Mandarinen-): Für diese Extravergine-Öle (z. B. von Nicola di Capua) werden die jeweiligen Zitrusfrüchte zusammen mit den Oliven kaltgepresst. So mischen sich die ätherischen Öle aus den Zitrusschalen direkt mit dem Olivenöl. www.ledelizie.ch

Viele **regionale Schweizer Produkte** sind im Buch und auf der Website »Das kulinarische Erbe der Schweiz« beschrieben. www.kulinarischeserbe.ch

Zu Botanik und Sorten

Botanische Ordnung: Das Pflanzenreich wird in hierarchische Gruppen aufgeteilt; bei den hier vorgestellten Gemüsesorten geht es um die unterste Stufe der botanischen Ordnung. Zu ihrer Bezeichnung verwendet man lateinische Namen, die weltweit gültig sind.
Eine Pflanzen-**Familie** (Endung -aceae, z. B. Cucurbitaceae, Brassicaceae) kann von einer bis zu sehr vielen Gattungen enthalten, die sich in bestimmten morphologischen Kennzeichen ähnlich sind. Der (binäre) botanische Name einer Pflanze setzt sich zusammen aus der Bezeichnung der **Gattung** (Genus) und der **Art** (Species). Bei sehr formenreichen Pflanzenarten gibt es Unterarten (Subspecies, bezeichnet mit dem Kürzel »subsp.« oder »ssp.«), **Varietäten,** (»var.«) sowie **Convarietäten,** (»convar.«). Die kultivierten Sorten (Kultivare) besitzen meistens Fantasie-Namen; diese werden üblicherweise in einfache Anführungsstriche gesetzt.

Sorten und Sortenvielfalt: Viele Organisationen, Stiftungen und Vereine widmen sich dem Erhalt und Vermehrung alter Pflanzensorten: www.prospecierara.ch, www.arche-noah.at, www.viacampesina.org
Andere spezialisieren sich auf die Saatgutzüchtung neuer samenfester Sorten für den privaten und gewerblichen ökologischen Landbau: www.kultursaat.de; www.sativa.ch; www.semirurali.net (siehe auch Einleitung Seite 30)
Wärmstens zu empfehlen ist das kürzlich in Zusammenarbeit mit ProSpecieRara und Arche Noah erschienene Standardwerk *»Das Lexikon der alten Gemüsesorten«* von Marianna Serena und Michael Suanjak mit Fotos von Franca Pedrazzetti und Beat Brechbühl, in dem 800 alte Sorten porträtiert werden.

Organisationen

Arche des Geschmacks: Die Arche des Geschmacks, ein Slow-Food-Projekt, sucht und sammelt weltweit Lebensmittel, die zur Kultur, Geschichte und Tradition des Planeten gehören. Sie macht auf deren Existenz aufmerksam, weist darauf hin, dass sie zu verschwinden drohen und lädt dazu ein, etwas dagegen zu tun: Manchmal hilft bereits, dass man diese Produkte kauft und konsumiert; manchmal – wie bei wilden, vom Aussterben bedrohten Sorten – ist es besser, von einem Produkt möglichst wenig oder gar nichts mehr zu essen, damit sich der Bestand wieder erholen kann.
www.slowfood.ch (siehe auch Einleitung Seite 9, 20)

Slow Food Presidi sind ein internationales Projekt von Slow Food. Es handelt sich dabei um konkrete Beispiele einer neuen, nachhaltigen Landwirtschaft und Produktionsweise, durch die lokale Ökosysteme und regionale Traditionen erhalten und Lebensmittel von unverwechselbarer Qualität geschaffen werden. Die entsprechenden Produkte sind in diesem Buch mit dem Symbol gekennzeichnet. Auf der Homepage www.slowfoodfoundation.com sind die Beschreibungen dazu zu finden.

ProSpecieRara: ProSpecieRara ist eine schweizerische Stiftung, die seit 1982 Nutztierrassen und Kulturpflanzen vor dem Aussterben bewahrt. ProSpecieRara arbeitet eng mit den aus ihr entstandenen Zuchtvereinen und aktiven Züchtern und Anbauern zusammen. Zuchttiere, Obstbäume und Gemüse werden heute von über 3000 Privatpersonen und Institutionen betreut und gezüchtet. 2011 wurde zudem ProSpecieRara Deutschland gegründet, mit dem Ziel auch in Deutschland ein Netzwerk zum Schutz gefährdeter Nutzpflanzen aufzubauen.

Arche Noah: Die Erhaltungsorganisation ARCHE NOAH entstand 1989 in Österreich auf Initiative von GärtnerInnen, BäuerInnen und JournalistInnen, die das Saatgut als Grundlage der Ernährung buchstäblich wieder in die eigenen Hände nehmen wollten. Heute ist sie eine der größten Erhaltungsorganisationen in Europa und bewahrt und pflegt Tausende gefährdete Gemüse-, Obst- und Getreidesorten. Traditionelle und seltene Sorten werden wieder in die Gärten und auf den Markt gebracht – dank der Unterstützung von rund 10 000 engagierten Mitgliedern und zahlreichen Förderern.

Meret Bissegger Die im Tessin aufgewachsene Köchin Meret Bissegger spielt leidenschaftlich gerne mit Gewürzen und aromatischen Kräutern, mit Gemüse und vergessenen Produkten, und im Frühjahr mit essbaren Wildkräutern. Nach vierzehn Jahren als Wirtin (u.a. von 1990 bis 2000 in ihrem Ristorante Ponte dei Cavalli in Cavigliano) gibt sie heute Kochkurse auf Italienisch und Deutsch und verwöhnt in ihrer sanft renovierten »Casa Merogusto« in Malvaglia interessierte Feinschmecker bei ihren »Tavolata«-Anlässen. Die Verwendung biologischer, saisonaler und vollwertiger Produkte aus der Region ist für sie eine Selbstverständlichkeit. Sie engagiert sich in der Slow-Food-Bewegung und für nachhaltige Entwicklung. Durch ihre Auftritte in Radio, Fernsehen und Printmedien ist sie einer breiten Öffentlichkeit bekannt. Im AT Verlag ist von ihr bereits erschienen: »Meine wilde Pflanzenküche. Bestimmen, Sammeln und Kochen von Wildpflanzen«. Beide Bücher sind gleichzeitig auch auf Italienisch bei Edizioni Casagrande, Bellinzona, erschienen.
www.meretbissegger.ch

Hans-Peter Siffert 1954 in Bern geboren, lebt in Winterthur. Fotograf mit den Themenschwerpunkten Wein, Reisen und Gastronomie. Zahlreiche Reportagen in Zeitschriften in der Schweiz und Deutschland. Für den AT Verlag hat er folgende Bücher fotografiert: Stephan Thomas: Winzer und Weine im Aargau, 2013; Meret Bissegger: Meine wilde Pflanzenküche, 2011; Rudolf Trefzer: I Sapori del Piemonte, 2005
Sein Bildarchiv ist über die Bilddatenbank weinweltfoto.ch verfügbar.

Fett gedruckt finden sich die Rezepte zu den einzelnen Gemüsesorten.

Dank

Wir danken herzlich allen Gemüseproduzenten und ihren Mitarbeiterinnen und Mitarbeitern, den beigezogenen Fachleuten der Biobranche, dem Team des Verlages und unseren Freunden, die uns bei der Produktion dieses Buches mit Rat und Tat unterstützt haben. Es ist unmöglich, hier alle namentlich aufzuzählen, dennoch möchten wir hier einige von ihnen speziell erwähnen:

Organisationen, Berater, Helfer
Erklärung von Bern: François Meienberg, Flurina Doppler, Andrea Hüsser. **FibL:** Martin Koller, Adrian Krebs, Regula Bickel, Theresa Rebholz, Paolo van den Berge. **ProSpecieRara:** Marianna Serena, Sabine Lanfranchi, Manuela Ghezzi, Robert Hohlenweger, Natalie Scheibler, Philipp Holzherr. **Bioticino:** Milada Quadrella, Sara Widmer, Alessia Pervangher. **BioSuisse:** Urs Brändli, Valérie Monnin, Sabine Lubow. **WWF:** Jennifer Zimmermann. **Demeter:** Christian Butscher. **Kultursaat:** Christine Nagel. **Sativa:** Amadeus Tschungge. Des Weiteren: Costantino Cattivello, Felix Prinz von Löwenstein, Claudio Beretta, Marco Conedera, Stefano Cattori, Elena Camponovo. Roger Staub, Marianna Buser, Marlene Eggenberger, Cristina Scapozza, Marianna Serena, Mike Weibel.

Produzenten
Renzo Cattori, Donato Pedroia, Maurizio und Lina Cattaneo. Lilian und Urs Baumann, Daniel und Stefan Müller, Fritz Lorenz, Sybille Sigrist, Gerold Steiner, Trudi und Walter Bühlmann, Peter Aschmann und Daniel Gutswiller, Enderli & Deiss, Heinz Höneisen, Walter Hadorn Dähler, Georg Kuen, Christian Ratgeb, Gil Allenbach, Heidi Burkhalter, Karl-Heinz Ammann, Jutta Wieland, Ekkharthof. Nando Musso, Fausto Amelio, Donatella Ferraris, Gino Rolando, Daniela Bottero und Antonio Rinero, Paolo Odello.

Vielen Dank auch an Paula Martins de Souza, unsere unermüdliche Küchenfee.